普通高等教育经管类系列教材

运营管理

（新形态版）

主　编　刘　蕾

副主编　雷　东　姚　珣　李泓枢

参　编　李世林　梁德凤　刘晓丹

机械工业出版社

本书既注重传统运营管理的理论与方法，又紧跟新技术应用与运营管理的热点问题，同时注重这些理论方法在企业实践中的应用。全书共16章，从运营战略到运营系统设计，再到运营系统的运行与控制，系统地阐述了运营管理的理论及其应用，涵盖了运营管理战略、产品开发、质量管理、预测、选址决策、产能规划、流程策略和设施布置、综合计划、MRP与ERP、作业计划、库存管理、供应链管理、精益管理、服务运营管理、运营管理前沿等内容。本书为纸质版本与数字资源有机融合的新形态教材，除了第一章，其他章都包含数字配套资源，有助于教师课堂教学、学生自主学习。

本书可作为高等院校管理类专业本科生以及MBA的教材或参考书，也可供企业运营管理经理与管理人员学习和参考。

图书在版编目（CIP）数据

运营管理：新形态版／刘蕾主编．—北京：机械工业出版社，2021.6（2025.6重印）
普通高等教育经管类系列教材
ISBN 978-7-111-67980-6

Ⅰ.①运…　Ⅱ.①刘…　Ⅲ.①企业管理-运营管理-高等学校-教材　Ⅳ.①F273

中国版本图书馆CIP数据核字（2021）第062566号

机械工业出版社（北京市百万庄大街22号　邮政编码100037）
策划编辑：曹俊玲　责任编辑：曹俊玲　何　洋
责任校对：张　力　封面设计：张　静
责任印制：单爱军
中煤（北京）印务有限公司印刷
2025年6月第1版第6次印刷
184mm×260mm · 13印张 · 321千字
标准书号：ISBN 978-7-111-67980-6
定价：42.00元

电话服务	网络服务
客服电话：010-88361066	机　工　官　网：www.cmpbook.com
010-88379833	机　工　官　博：weibo.com/cmp1952
010-68326294	金　　书　　网：www.golden-book.com
封底无防伪标均为盗版	机工教育服务网：www.cmpedu.com

前言

运营管理是企业管理的基本职能之一，是对运营过程的计划、组织、实施和控制，是与产品生产和服务创造密切相关的各项管理工作的总和，决定着企业将资源转换为产出的价值转换过程的效率，决定着产业竞争力与国家竞争力。

运营管理是现代企业管理学科的一个重要分支，是新思想、新理论大量涌现的、最活跃的分支之一。随着数字经济与工业4.0时代的到来，大数据、物联网、AR等技术正深刻地改变着制造业和服务业的价值转换过程。可以说，运营管理正以前所未有的速度快速发展。传统的运营管理教材大多为纸质教材，难以做到实时更新，反映运营管理学科发展的最新内容；虽然内容较为系统丰富，但不够精练，书越变越厚，价格越来越高，且可供学生学习的参考资料有限。

基于这样的现状，我们在参考国内外教材内容的基础上，结合20余年的运营管理教学、科研和管理咨询的经验，编写了本书。本书在系统介绍运营管理经典理论、方法与工具的基础上，跟踪运营管理的前沿与热点问题。本书为纸质教材与数字资源有机融合的新形态教材，其优点是浓缩精简纸质教材的内容，为学生提供丰富、可及时更新的数字配套资源，以紧跟运营管理的最新发展，拓展学生的自主学习空间。

本书共16章，从运营战略到运营系统设计，再到运营系统的运行与控制，系统地阐述了运营管理的理论及其应用，涵盖了运营管理战略、产品开发、质量管理、预测、选址决策、产能规划、流程策略和设施布置、综合计划、MRP与ERP、作业计划、库存管理、供应链管理、精益管理、服务运营管理、运营管理前沿等内容。大多数章节配有引例、运营实践等实例，且提供教学视频、线上例题详解、线上学习资料等数字配套资源，有助于教师课堂教学、学生自主学习。数字配套资源通过扫描书中相应的二维码直接获得。本书还配有电子课件、课后习题参考答案、模拟试卷及其参考答案，凡使用本书作为教材的教师可登录机械工业出版社教育服务网（www.cmpedu.com）注册后免费下载。

编　者

目 录

前 言
第1章 导论…… 1
1.1 运营管理概述 …… 1
1.2 制造业与服务业中的运营管理 …… 1
1.2.1 产品与服务的差异 …… 1
1.2.2 制造业的运营管理 …… 2
1.2.3 服务业的运营管理 …… 2
1.3 运营管理的发展历程 …… 2
1.4 运营管理的热点问题 …… 4
习题…… 5
参考文献…… 5
第2章 战略…… 6
引例…… 6
2.1 战略金字塔 …… 6
2.1.1 企业使命、价值观与愿景 …… 7
2.1.2 企业发展战略 …… 8
2.1.3 运营战略与企业职能战略 …… 8
2.2 三大运营战略 …… 8
2.2.1 低成本战略 …… 8
2.2.2 差异化战略 …… 9
2.2.3 快速响应战略 …… 9
2.3 运营战略的制定…… 10
2.4 竞争维度…… 10
2.5 支撑运营战略的战略决策…… 11
2.6 生产率…… 11
2.6.1 生产率的概念…… 11
2.6.2 生产率的计算…… 12
2.6.3 生产率的影响因素…… 13
知识点复习 …… 13
习题 …… 14
参考文献 …… 15
学习资源清单 …… 16
第3章 产品开发 …… 17
引例 …… 17
3.1 产品开发概述…… 17
3.1.1 产品开发的必要性…… 17
3.1.2 产品开发的内容…… 18
3.2 产品开发流程…… 19
3.3 质量功能展开…… 20
3.3.1 质量功能展开的原理…… 20
3.3.2 质量屋…… 20
3.3.3 QFD应用于产品开发的具体步骤…… 20
3.4 并行工程…… 21
3.4.1 并行工程的概念…… 21
3.4.2 并行工程在产品开发中的应用…… 22
知识点复习 …… 23
习题 …… 24
参考文献 …… 25
学习资源清单 …… 25
第4章 质量管理 …… 26
引例 …… 26
4.1 质量管理概述…… 26
4.1.1 质量管理术语…… 26
4.1.2 质量管理的重要性…… 27

4.1.3 质量管理的发展历程……… 27
4.2 全面质量管理……………………… 28
4.2.1 全面质量管理的定义……… 28
4.2.2 全面质量管理的特点……… 28
4.2.3 PDCA 循环 …………………… 28
4.3 质量管理的统计控制方法……… 29
4.3.1 分层法………………………… 29
4.3.2 帕累托图法…………………… 30
4.3.3 因果图法……………………… 30
4.3.4 检查表法……………………… 31
4.3.5 直方图法……………………… 31
4.3.6 相关图法……………………… 32
4.3.7 控制图法……………………… 32
4.4 ISO 9000 体系与六西格玛管理………………………………… 33
4.4.1 ISO 9000 体系……………… 33
4.4.2 六西格玛管理……………… 34
知识点复习 ……………………………… 35
习题 ……………………………………… 35
参考文献 ………………………………… 37
学习资源清单 …………………………… 38
第 5 章 预测 …………………………… 39
引例 ……………………………………… 39
5.1 预测概述………………………… 39
5.1.1 预测的重要性……………… 39
5.1.2 预测的类型………………… 40
5.1.3 预测的时间范围…………… 40
5.1.4 预测的方法………………… 40
5.2 时间序列预测…………………… 40
5.2.1 时间序列预测概述………… 40
5.2.2 简单预测法………………… 41
5.2.3 移动平均法………………… 41
5.2.4 指数平滑法………………… 45
5.2.5 趋势外推法………………… 49
5.2.6 预测误差的衡量…………… 50
5.2.7 预测的监控与跟踪信号…… 51
5.3 相关预测方法…………………… 52
5.3.1 线性回归分析……………… 52
5.3.2 多元回归分析……………… 54
知识点复习 ……………………………… 54
习题 ……………………………………… 56
参考文献 ………………………………… 59
学习资源清单 …………………………… 59
第 6 章 选址决策 ……………………… 60
引例 ……………………………………… 60
6.1 选址决策的重要性……………… 60
6.2 选址决策的影响因素…………… 61
6.2.1 政策和法规因素…………… 61
6.2.2 战略因素…………………… 61
6.2.3 成本因素…………………… 61
6.2.4 竞争因素…………………… 61
6.2.5 劳动力因素………………… 62
6.2.6 与消费者、供应商的接近程度………………………… 62
6.2.7 基础设施因素……………… 62
6.2.8 自然因素…………………… 62
6.3 选址的一般步骤………………… 63
6.4 选址方案的评估方法…………… 63
6.4.1 因素分析法………………… 63
6.4.2 重心法……………………… 64
6.4.3 运输模型法………………… 67
知识点复习 ……………………………… 71
习题 ……………………………………… 72
参考文献 ………………………………… 73
学习资源清单 …………………………… 74
第 7 章 产能规划 ……………………… 75
引例 ……………………………………… 75
7.1 产能概述………………………… 75
7.2 产能分析………………………… 76
7.3 产能规划………………………… 76

7.3.1 产能决策 …… 76
7.3.2 需求与产能管理 …… 76
7.3.3 产能决策工具 …… 77
7.4 约束理论与最优化生产技术 …… 83
知识点复习 …… 85
习题 …… 85
参考文献 …… 87
学习资源清单 …… 87
第 8 章 流程策略和设施布置 …… 88
引例 …… 88
8.1 流程策略 …… 88
8.1.1 流程策略的重要意义 …… 88
8.1.2 流程策略的类型 …… 89
8.2 流程矩阵 …… 90
8.3 流程分析 …… 90
8.3.1 流程绩效指标 …… 90
8.3.2 流程效能参数 …… 91
8.4 设施布置决策 …… 91
8.4.1 设施布置决策的重要意义 …… 91
8.4.2 设施布置决策的原则 …… 92
8.4.3 设施布置的基本类型 …… 92
8.5 设施布置的定量分析 …… 94
8.5.1 作业相关法 …… 94
8.5.2 从至表法 …… 96
8.5.3 装配线平衡 …… 98
知识点复习 …… 101
习题 …… 102
参考文献 …… 105
学习资源清单 …… 106
第 9 章 综合计划 …… 107
引例 …… 107
9.1 运营计划 …… 107
9.1.1 运营计划的层次 …… 107
9.1.2 运营计划的分类 …… 108
9.2 综合计划与主生产计划 …… 108
9.2.1 综合计划的目标 …… 108
9.2.2 综合计划的制订步骤 …… 108
9.2.3 综合计划策略 …… 109
9.2.4 综合计划的编制 …… 109
9.2.5 主生产计划的编制 …… 115
知识点复习 …… 116
习题 …… 116
参考文献 …… 118
学习资源清单 …… 118
第 10 章 MRP 与 ERP …… 119
引例 …… 119
10.1 MRP 系统 …… 119
10.1.1 相关需求与独立需求 …… 119
10.1.2 物料需求计划 …… 120
10.2 MRP 的结构 …… 120
10.2.1 主生产计划 …… 120
10.2.2 物料清单 …… 121
10.2.3 库存状态文件 …… 121
10.3 MRP 的编制逻辑 …… 121
10.4 从 MRP 到 ERP …… 126
知识点复习 …… 127
习题 …… 128
参考文献 …… 130
学习资源清单 …… 130
第 11 章 作业计划 …… 131
引例 …… 131
11.1 作业计划的重要性 …… 131
11.2 作业计划的内容与特点 …… 132
11.3 作业计划的编制 …… 133
11.3.1 工作负荷与甘特图 …… 133
11.3.2 作业排序 …… 134
11.3.3 分派方法 …… 138
11.4 无限能力排程与有限能力排程 …… 140

11.4.1 无限能力排程…… 140
11.4.2 有限能力排程…… 141
11.5 高级计划与排程…… 141
知识点复习…… 141
习题…… 143
参考文献…… 146
学习资源清单…… 146
第 12 章 库存管理 …… 147
引例…… 147
12.1 库存管理概述…… 147
12.1.1 库存的功能和弊端…… 147
12.1.2 库存的类型…… 147
12.1.3 ABC 库存管理 …… 148
12.1.4 库存管理的相关成本…… 149
12.1.5 库存管理的目标…… 149
12.2 多周期需求的库存控制…… 150
12.2.1 多周期需求的库存控制策略…… 150
12.2.2 多周期需求的库存控制模型…… 152
12.3 单周期需求的库存控制…… 159
12.3.1 单周期需求的库存决策…… 159
12.3.2 单周期需求的库存控制模型…… 159
知识点复习…… 161
习题…… 162
参考文献…… 164
学习资源清单…… 165
第 13 章 供应链管理 …… 166
引例…… 166
13.1 供应链与供应链管理…… 166
13.1.1 供应链…… 166
13.1.2 供应链管理…… 167
13.2 牛鞭效应…… 167
13.3 供应链合作伙伴关系…… 169
13.3.1 供应链合作伙伴关系的基本概念…… 169
13.3.2 供应链合作伙伴关系的主要特点…… 169
13.3.3 供应商合作的层级架构…… 170
13.3.4 建立供应链合作伙伴关系的优势…… 170
知识点复习…… 171
习题…… 172
参考文献…… 173
学习资源清单…… 173
第 14 章 精益管理 …… 174
引例…… 174
14.1 精益生产与 JIT …… 174
14.1.1 精益生产与 JIT 的起源…… 174
14.1.2 精益生产与 JIT 的概念与内涵…… 175
14.2 JIT 的关键要素 …… 176
14.2.1 JIT 布置 …… 176
14.2.2 降低调整准备时间…… 177
14.2.3 JIT 调度 …… 177
14.2.4 JIT 供应商管理与精益供应链管理…… 178
知识点复习…… 179
习题…… 180
参考文献…… 181
学习资源清单…… 181
第 15 章 服务运营管理 …… 182
引例…… 182
15.1 服务运营管理概述…… 182
15.1.1 服务运营的特性…… 182
15.1.2 服务包…… 183

15.2　服务设计…… 183
15.3　服务质量管理…… 185
15.3.1　服务质量差距模型…… 185
15.3.2　SERVQUAL 模型…… 186
15.4　服务流程分析…… 187
15.5　收益管理…… 188
15.5.1　收益管理的概念…… 188
15.5.2　收益管理的起源与发展…… 188
15.5.3　收益管理的内容…… 189
15.5.4　收益管理的适用条件…… 189
知识点复习…… 190
习题…… 191
参考文献…… 191
学习资源清单…… 192
第 16 章　运营管理前沿…… 193
16.1　大数据与运营管理…… 193
16.1.1　大数据与运营管理的关系…… 193
16.1.2　大数据分析技术…… 193
16.1.3　大数据分析策略…… 194
16.1.4　运营管理中的大数据分析…… 195
16.2　AR 与运营管理…… 196
16.2.1　AR 的概念…… 196
16.2.2　AR 如何创造价值…… 196
16.2.3　AR 与运营管理…… 197
参考文献…… 198
学习资源清单…… 199
附录　标准正态分布表…… 200

第1章

导　　论

1.1 运营管理概述

运营管理是现代企业管理学科中的一个重要分支。运营管理是对运营过程的计划、组织、实施和控制，是与产品生产和服务创造密切相关的各项管理工作的总和。运营过程是一个投入转换为产出的过程，也是运营管理的主要对象。通俗地讲，运营过程就是投入资本、劳动、信息等“原料”，通过企业“加工”实现价值的增值，进而“售出”消费者认可的产品和服务的过程。

现代管理理论中，企业管理按职能划分主要包括财务会计、技术、生产运营、市场营销和人力资源管理五项职能，这五项职能相互依赖配合，从而实现企业的经营目标。生产运营职能包括与企业经营密切相关的一切活动，如预测、流程设计、设施选址、库存管理、质量管理等，决定着企业的市场经营成果，是五项职能的核心。

1.2 制造业与服务业中的运营管理

1.2.1 产品与服务的差异

西方学者把工厂生产有形产品的生产活动称为 production，而将提供服务的活动称为 operation。随着服务业在经济结构中占比的上升，企业经营管理的对象由产品转变为服务，生产管理（Production Management，PM）演化为运营管理（Operations Management，OM）。产品与服务之间存在显著的差异，如表 1-1 所示。

表 1-1　产品与服务的差异

比较项目	产　品	服　务
物质形态	有形的	无形的
生产和消费	不同时进行	同时进行
储存	可以储存	无法储存
质量	可以测量	难以测量
选址	重要	很重要
顾客交互程度	低	高

当然，产品和服务的运营管理还是有相似之处的。例如，通常都需要建立标准进行质量管理，以及对资源进行计划和分配等。现实企业运营中，一些制造型企业虽然以生产产品作为主要业务，也提供无形的服务，包括咨询、售后、配送等。服务型企业的服务也往往与有形的产品相结合，纯服务型企业并不多见。

1.2.2 制造业的运营管理

制造业将制造资源转为有形产品，其运营管理涉及产品设计、制造、采购、运输、质量等方面。现代制造企业的运营目标可以概括为高效、高质、灵活、准时以及绿色地生产产品，包含了对企业高效生产、准时交付和环境保护等方面的要求。

传统制造业的管理模式通常以产品为主导，将控制生产过程作为企业管理的重中之重。随着经济的全球化、市场竞争的加剧和技术的不断发展，制造业需要应对多样化的需求和多变的生产模式，其生产方式正从大批量生产向多品种小批量定制、大量定制、绿色制造以及智能制造转变。

1.2.3 服务业的运营管理

2013 年，服务业占 GDP 比重及其对增长的贡献均超过第二产业，这标志着我国的经济结构发生了重大变化，服务业产值已成为衡量国家经济发展的重要指标。由于服务具有无形性、易逝性、异质性、顾客参与、不可储存等特点，服务业运营管理的难点与制造业有所不同。首先，服务型企业需要通过塑造服务环境的风格、统一员工的着装等有形展示方式引导顾客感知服务；其次，服务的创造与提供是同时发生的，如何匹配服务的供给与需求是服务运营管理的一大难题；再次，顾客参与是服务业区别于制造业的显著特征，而不同顾客接受相同服务获得的感知也不同，因而对服务的评价也不同。顾客到达时间的随机性、服务时间的不确定性和服务能力的不稳定性也在一定程度上增加了服务业运营管理的难度。因此，服务业的运营管理重点在于对顾客感知、供需匹配、质量等方面进行管理。

随着互联网时代的到来，电子商务蓬勃发展，服务形式也从单纯的线下模式转变为线上线下有机结合的模式。随着 5G 时代的到来，各行各业萌发出了更多样化的服务形式，服务运营管理将随着时代的进步继续向前推进。

1.3 运营管理的发展历程

运营管理的发展经历了早期概念时期、科学管理时期、大量生产时期、精细生产时期以及定制生产时期。其发展历程如图 1-1 所示。

1. 早期概念时期

1776 年，亚当·斯密（Adam Smith）在《国富论》中第一次提出了劳动分工的观点，认为劳动分工能够提高生产效率。之后，查尔斯·巴贝奇（Charles Babbage）进一步发展了亚当·斯密关于劳动分工的理论，从时间节省、资源耗费、工人学习培训等方面分析了分工能提高劳动生产率的原因。

伊莱·惠特尼（Eli Whitney）被认为是较早通过标准化和质量控制来推广零部件互换性的人。1798 年，惠特尼在为美国政府生产枪支的合同中，通过提供标准枪械零部件获得了额外的利润。在这一时期，工业经济发展迅速，人们探讨更多的是如何通过选择策略最大化生产效率来提高收益。

阶段	发展历程	理论基础
(1) 18世纪70年代末至20世纪初	早期概念时期	劳动分工（亚当·斯密、查尔斯·巴贝奇）
(2) 20世纪初至20世纪10年代	科学管理时期	科学管理（泰勒、吉尔布雷思夫妇、亨利·甘特、哈林顿·埃默森）
(3) 20世纪10年代至20世纪50年代	大量生产时期	流水线生产（亨利·福特） 控制图（休哈特） 抽样检验（道奇、罗米格） 排队论、仿真和线性规划 决策理论、数学规划
(4) 20世纪50年代末至20世纪90年代	精细生产时期	全面质量管理（费根堡姆、朱兰） 精益生产 准时生产方式
(5) 20世纪90年代初至今	定制生产时期	企业资源计划 全球化 互联网

图 1-1　运营管理发展历程

2. 科学管理时期

20 世纪初期，科学管理之父泰勒（Frederick Winslow Taylor）通过观察、测量和分析，以及制定工作标准、挑选工人和培训，将科学方法运用到生产管理中，使生产效率得到了极大的提升。科学管理运动的代表人物还包括吉尔布雷思夫妇（Frank and Lillian Gilbreth）、亨利·甘特（Henry Gantt）、哈林顿·埃默森（Harrington Emerson）等。

吉尔布雷思夫妇将动作分解为单个动作单元，帮助工人消除多余动作，从而提高了工人的工作效率。亨利·甘特提出了具有激励性质的“奖励工资制”，并发明了甘特图。哈林顿·埃默森改进了泰勒的效率主张，提出了“十二效率原则”，并且将科学管理运用于铁路工程。

3. 大量生产时期

1913 年，福特汽车公司创始人亨利·福特（Henry Fort）将流水线生产应用到汽车制造行业中，不仅革命了工业生产方式，使得汽车成为一种大众产品，而且对现代社会和文化产生了巨大的影响。由此，制造业进入了流水线制造和大量生产时期。

20 世纪 30 年代，休哈特（W. A. Shewhart）设计了休哈特控制图，用于生产质量管理。道奇（H. F. Dodge）和罗米格（H. G. Romig）设计了一套计划表，广泛用于工业方面的抽样检验，对批量产品实行计数抽样。

1957 年，爱德华·布曼（Edward Bowman）和罗伯特·法特（Robert Fetter）出版了《生产与运作管理分析》一书。1961 年，埃尔伍德·伯法（Elwood Spencer Buffa）的《现代生产管理》一书面世。这些专家强调了排队论、仿真和线性规划等工具在运营管理中的具体应用。随着运筹学的进一步发展，许多美国和西欧的研究者将管理科学应用到生产系统中，减少了决策的主观成分。

4. 精细生产时期

20 世纪 50 年代末，美国通用电气公司的费根堡姆（Armand Vallin Feigenbaum）和质量管理专家朱兰（Joseph M. Juran）提出了“全面质量管理”的概念，应用数理统计方法进行质量控制。质量管理从产品质量的事后检验向生产过程中的质量控制发展。

日本制造业引入了全面质量管理理念，并促使全面质量管理活动迅速发展起来。以丰田公司为代表的日本制造企业创造的精益生产方式对全球制造业产生了重要的影响，是生产管理方式的一次革命。

5. 定制生产时期

20 世纪 90 年代，市场环境发生变化，以往的卖方市场转变为买方市场，顾客的需求变得多样化和个性化，产品生命周期缩短，企业开始转向生产多品种小批量产品。为了适应这种变化，1990 年美国高德纳咨询公司（Gartner Group）提出了企业资源计划，旨在在信息技术的基础上，实现以物料资源为核心的企业资源计划整体优化。大规模定制也应运而生，旨在通过产品结构和制造流程的重构，运用一系列高新技术实现低成本和快速响应。

1.4 运营管理的热点问题

随着经济全球化和企业竞争的加剧，运营管理正面临新的机遇与挑战。

1. 大数据

企业运营数据分析对经营策略的调整优化至关重要，随着大数据时代分析工具能力的提升，运营数据分析在分析海量客户数据、挖掘客户诉求等方面逐渐发挥重要作用，能够推动业务、产品的设计优化，改善客户体验。

2. 云计算

企业不仅需要集中管理其内部的 IT 应用以获取更加精确的企业状态信息，还迫切需要加入外部信息网络中，以获取企业需要的有价值的信息。

3. 智能制造

智能制造是一种基于智能科技的新型制造模式，它通过使用各种智能传感器、自适应决策模型、先进材料、智能设备和数据分析，缩短研发和生产周期，提高生产效率、产品质量和服务水平。智能制造相关技术、产业和应用的发展已成为各国战略规划的重点，如美国的“工业互联网”、德国的“工业 4.0 计划”和我国的“中国制造 2025”。智能制造正在全球制造业中快速兴起。智能制造技术、产业和应用在全球不断发展，智能水平在研发设计、生产设备、流程管理、物流配送、能源管理等关键领域不断提升。未来智能制造的研究方向包括智能制造的通用框架（如智能设计、智能机器、智能监控、智能控制和智能调度）、集成模块化仿真系统（IMSs）、人机协作、智能制造的应用等。

4. 绿色制造与绿色供应链

随着世界经济持续、快速的增长，资源浪费和环境破坏事件频繁发生，实施绿色供应链以减少碳排放对环境的不利影响成为政府的重要议程。通过环境立法，生产商开始为其产品的逆向物流负责，包括旧产品和工业废品的处理。另外，一些全球性的企业，如 IBM、施乐公司等均采取有效措施，整合它们的供应商、批发商等，改善设计和生产工艺，以提高产品的可重用性，促进绿色供应链的发展。

5. 能源管理

从环境保护的另一个方面来看，能源管理也是一个重点。提供高效的能源利用解决方案，是未来政府监管企业运营管理的重要方向。

6. 企业伦理

企业在获得社会资源进行生产的同时，也承担着对社会各方面利益相关者的责任。从长期可持续发展的角度来看，如何从诚信经营、环境保护、员工权益等方面实施基于社会责任的企业伦理管理，是增强企业核心竞争力的重要途径。

习题

一、多项选择题

运营管理的发展历程经历了（　　）。

A. 早期概念时期　　B. 科学管理时期　　C. 大量生产时期

D. 精细生产时期　　E. 定制生产时期

二、简答题

1. 简述什么是运营管理。
2. 简述制造业与服务业的运营管理的特点，以及它们之间的区别。
3. 简述现代企业发展应该注意的问题。

参考文献

[1] RAÚL, CARVAJAL. Operations research (OR), management science (MS), systems science, and Russell Ackoff: the development of two paradigms [J]. Systems Practice, 1992, 5 (3): 291-318.

[2] HAASIS H D, INDERFURTH K, SPENGLER T. Operations research and environmental management: the pole position towards sustainable development [J]. OR Spektrum, 2001, 23 (1): 1-2.

[3] SVENSSON G, WOOD G, SINGH J, et al. Ethical structures and processes of corporations operating in Australia, Canada, and Sweden: a longitudinal and cross-cultural study [J]. Journal of Business Ethics, 2009, 86 (4): 485-506.

[4] GAUTAM P, KISHORE A, KHANNA A, et al. Strategic defect management for a sustainable green supply chain [J]. Journal of Cleaner Production, 2019, 233: 226-241.

第 2 章

战　　略

引例

好市多的运营战略

2019 年 8 月，好市多（COSTCO Wholesale）在中国的第一家门店在上海正式开业。开业当天门庭若市，其新颖的会员制零售商业模式引发了社会极大的关注。

好市多是美国第一大连锁会员制仓储式超市、第二大零售商，是全球第七大零售商。1983 年 9 月 15 日，其创办者杰弗里·布罗特曼（Jeffrey Brotman）和吉姆·辛内加尔（Jim Sinegal）在美国华盛顿州西雅图市开设了第一家好市多仓储超市。到 2018 年为止，好市多已开设超过 700 家分店，遍布全球 11 个国家，在当年《财富》评选的世界 500 强排行榜中位列第 35 名。

在竞争激烈的零售业中，好市多的运营战略使其脱颖而出：

（1）选择购买或租用郊区高速公路附近的廉价土地。

（2）采用简单的卖场布局，其设计装饰都非常简洁，采用仓储式陈列。

（3）超市内不设导购员，各岗位人员设置也非常精简。

（4）几乎不做广告营销，主要依靠口碑进行宣传。

（5）利用高周转摊薄仓储费用，商品基本不再拆包重包。

（6）70% 的货物由厂商送到中心库，30% 的货物由厂商直送门店。

（7）严选货品，在保证质量的基础上控制成本。

（8）维持超低的 SKU（Stock Keeping Unit，库存保管单位），仅提供约 4000 个 SKU，包括约 3000 个生活必需品和约 1000 个冲动型消费品。

“最好的生意不是向所有人做同一个生意，而是向一群相近的人做所有的生意。”在美国，好市多的目标人群主要是中产阶级家庭。初入中国的好市多，面临着消费结构不同、文化差异、竞争激烈等各种挑战，能否通过调整运营战略适应本土环境，是其开拓中国市场面临的首要问题。

2.1　战略金字塔

企业使命、愿景、价值观到企业发展战略再到职能战略构成了一个类似“金字塔”的逻辑层级关系，如图2-1所示。

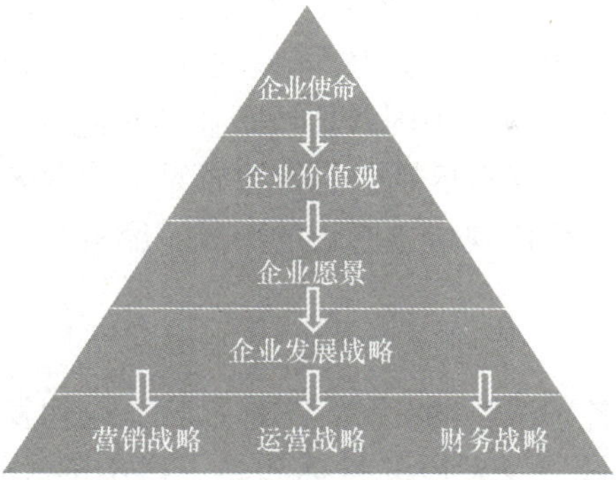

图2-1 战略金字塔

2.1.1 企业使命、价值观与愿景

1. 企业使命

企业使命是企业对自身及社会的发展所做出的相应承诺。例如，华为的使命是“聚焦客户关注的挑战和压力，提供有竞争力的通信解决方案和服务，持续为客户创造最大价值”；京东的使命是“持续创新，为用户提供令人激动的产品、服务和体验，为利益相关者创造最大价值，为人类文明进步做贡献”；IBM的使命是“带动人类进步”。

使命具有重大意义，代表着企业的目标、方向以及责任。使命保证企业经营的目标一致性，明确企业的发展方向，划定企业的核心业务，为企业的资源配置提供标准和基础，构建一致的环境氛围，协调企业内外的各种矛盾，提供企业稳健向上发展的整体框架。

使命制定应当遵循以下几个基本要求：①使命应当呈现行业特征，要让消费者能够一眼看出企业的核心竞争力。例如，麦当劳的使命是“控制全球食品服务业”，让人一看便知其提供的是食品类产品。②使命的定位应当要高，要体现出企业的社会责任。新东方的使命是“为提升学生终身竞争力，塑造学生公民素质，赋予学生全球眼光而努力！”③使命最好简洁明了。简洁明了的使命不仅让消费者和社会容易记住企业的承诺，而且便于帮助员工融入企业文化。

2. 企业价值观

企业价值观是指企业在追求经营成功过程中所推崇的基本信念和奉行的目标，是对企业性质、目标、经营方式的取向做出的选择，是员工所接受且支持员工精神的共同观念。

企业价值观决定了企业的基本特性，能起到提高企业凝聚力、指导和规范企业以及员工行为、激发员工潜能的作用。

价值观与使命的关系是：使命决定价值观，价值观服从于使命。企业应当基于自身使命、所处行业、价值主张等确立具有个性化的价值观。

3. 企业愿景

企业最高管理者对企业未来的设想便是企业愿景。企业愿景应当回答三个问题：我们的企业是什么？我们的企业将是什么？我们的企业应该是什么？

一般而言，企业愿景通常包含四个方面的内容：使整个人类社会受惠受益；实现企业的繁荣昌盛；员工能够敬业乐业；使客户心满意足。每个企业都应当明确自身的愿景，并且在愿景的描述中需要有明确的目标，即企业为了实现使命而制定的 10～30 年的中长期指标。愿景中的目标需要量化，以指明企业的努力方向。通俗而言，企业愿景可以理解为企业的一种梦想。例如，万科的愿景是“成为中国房地产行业的领跑者”。

企业价值观和愿景既有联系又有区别。企业愿景是对企业未来的期盼，而企业价值观是对企业经营理念的一种定位。价值观指导愿景的形成，愿景是未来价值观构建的基础。

2.1.2 企业发展战略

企业发展战略是对企业各种战略的统称。具体而言，企业发展战略是指在一定时期内对企业发展的方向、速度、质量以及发展的目标和能力做出的长远性、纲领性、总体性的选择、规划以及策略。其目的是保证企业实现快速、健康和持续的发展，解决企业面临的各类发展问题。

企业发展战略有四个特征：全局性、长期性、基本性和谋略性。企业发展战略是企业发展中长期计划的灵魂与纲领。发展战略与愿景、价值观、使命的关系可以概括为：通过制定并实施企业发展战略来达到所确定的愿景，践行企业的价值观，实现企业的使命。

2.1.3 运营战略与企业职能战略

运营战略是指企业在迅速变化、面临严峻挑战的环境下，为谋求生存及长期稳定发展而进行的对企业运营职能的谋划。运营战略是企业发展战略思想的集中体现，是对企业运营范围的科学界定，是制订计划的基础。具体而言，运营战略是企业在使命、价值观、愿景与发展战略的引领下，对目标市场定位、价值主张、核心能力培养、产品和服务提供等做出的中长期谋划。质量战略、产品差异化战略、快速响应战略、研发战略、区域布局战略等都是运营战略。

运营战略与营销战略、财务战略等都属于职能战略，是对企业相应的职能或业务做出中长期谋划。这些职能战略相互配合，相得益彰。

运营战略及其他职能战略与发展战略的关系可以概括为：发展战略指导运营战略与其他职能战略的制定，而运营战略与其他职能战略一起对发展战略起到支撑作用。运营战略的覆盖范围小于发展战略，但运营战略所确定的内容更为具体。企业制定并实施运营战略，通过运营战略指导企业的运营活动，提升企业的竞争力。

2.2 三大运营战略

2.2.1 低成本战略

低成本战略又称成本领先战略，是指企业通过加强对研发、生产、选址、库存、服务和设施布置等活动的成本控制，使企业产品或服务的成本明显低于竞争对手，成为行业中的成本领先者，由此获得更高市场占有率的一种竞争策略。

总的来说，企业实现成本领先战略的具体方法有改进设计、节约材料、简化产品、实现自动化、生产创新、降低人工费用、精简服务等。低成本战略一般适用于市场价格竞争激烈、产品标准化和同质化程度高、消费者转换成本低等情形。虽然通过低成本战略可以有效地形成行业进入壁垒，但可能会带来企业的利润减少、市场预见能力降低等问题。

运营实践

阿尔迪被誉为“穷人店”，是德国最大的连锁超市。2006年，沃尔玛在德国市场与阿尔迪正面交锋。出乎意料的是，最终以零售巨头沃尔玛亏损约3.6亿美元退出德国市场结束了这场战争。阿尔迪正是通过低成本战略，战胜了强大的对手。

阿尔迪实现低成本战略的主要措施如下：

（1）不购入高价格的品牌产品，创造自己的低成本品牌。

（2）经营较少的品类，以降低运营和库存成本。

（3）在租金便宜的城郊等地设立商店。

（4）阿尔迪数以千计的连锁店都坚持只使用最简单的收银机和现金，不采用读卡器和条码扫描仪等常见的现代超市设备。

（5）采取简单、紧凑的店面设计，采用多种措施节省商品空间。

2.2.2 差异化战略

差异化战略是指企业在产品、服务、形象等方面与竞争对手形成明显的区别，从而获得竞争优势的战略。一般而言，企业可以通过品牌形象差异化、产品设计差异化、顾客服务差异化等多种方式实现差异化战略。然而，差异化的活动通常会带来高昂的成本，如需求的深入分析、精细的产品设计、高品质的材料、周到完善的顾客服务等都会造成运营成本的上升。因此，在实际情况下，企业需要准确地把握顾客需求，不是每一个顾客都愿意或有能力为差异化的产品或服务支付较高的价格。

从外部而言，差异化战略的实施条件包括顾客认同差异的价值、顾客需求具有一定差异性、技术变革快等；从内部而言，差异化战略的实施条件包括企业研发能力强、员工具有创新性、市场营销能力较强、拥有协调的销售渠道等。

2.2.3 快速响应战略

快速响应战略是指企业通过提高响应速度，比竞争对手更快地认识到顾客需求的变化并做出反应，从而获得竞争优势。快速响应战略适用于市场需求快速变化的行业。快速响应的目的是通过减少从原材料购置到成品销售的时间以及降低供应链的整体库存水平，以此提升整个系统的运作效率。

运营实践

当行业平均增长率只有约16%时，戴尔公司的增长率在十几年内却一直维持在35%左右。戴尔公司所取得的成就取决于它所采用的快速响应战略。

戴尔公司实现快速响应战略的主要措施如下：

（1）使用先进的订单分配系统进行零部件的入厂、出厂管理以及生产调度。

（2）简化整个供应链，其供应链仅由零部件供应商、戴尔组装厂以及顾客三个环节组成。

(3) 使用通用零部件进行生产组装。戴尔采用的零部件规格相同，以此降低装配时间和采购的不确定性。

(4) 严格管理供应商。戴尔要求其零部件供应商在其组装厂的周围设立厂区和仓库，并且要求他们维持相当的库存；公司同时与供应商建立订单共享信息系统，保障零部件供应的稳定性和效率。

2.3 运营战略的制定

按照“战略金字塔”的逻辑层次关系制定运营战略：

1. 环境分析

准确分析企业内外部环境，把握内部具有的优势和劣势，认识外部面临的竞争和挑战。对内而言，企业应当科学盘点拥有的资源和能力，明确自身的优势和劣势；对外而言，企业应当洞察外部环境的变化和影响，抓住机会，应对挑战。

2. 明晰企业的使命、价值观和愿景

明确企业存在的原因，制定企业使命；明确企业的基本特性和员工共同理念，形成企业价值观；明确企业未来发展的方向和目标，构建企业愿景。

3. 企业发展战略的制定

制定服从于企业使命、价值观和愿景的发展战略，注意企业发展战略与商业环境的匹配，考虑企业的区域优势，保证企业的资源和能力与企业发展战略的匹配。

4. 企业运营战略的制定

根据企业的发展战略和企业具有的资源和能力，确定企业的竞争优势，如低成本、快速响应、差异性等，在此基础上形成企业的运营战略。

2.4 竞争维度

2000 年，伦敦商学院的特里·希尔（Terry Hill）教授首先提出了订单资格要素和订单赢得要素的概念。订单资格要素和订单赢得要素是决定企业竞争优势以及市场导向的功能特性维度。

1. 订单资格要素

订单资格要素（Order Qualifier）是指允许企业的产品参与竞争的资格筛选标准。例如，对许多制造企业而言，及时交货、一致性质量通常都是其订单资格要素。订单资格要素是一个企业立足于市场的根本，只有具备了订单资格要素的企业才拥有与竞争对手在市场上竞争的资格。例如，对于餐饮企业而言，“卫生许可证”便是其订单资格要素之一。没有卫生许可证的餐饮店不能在市场上立足。

2. 订单赢得要素

订单赢得要素（Order Winner）是指企业所具备的在产品或服务上优于竞争对手的要素。在不同情况下，这些要素可以侧重于产品的价格、质量及可靠性。同样以餐饮企业为

例，餐厅销售的特色菜系、提供的特色服务等都可能是订单赢得要素。

3. 订单赢得要素与订单资格要素的动态性

订单资格要素和订单赢得要素在不同的市场、对不同的消费者以及在不同的时间可能会发生转化。当原本少数企业所具有的特质，如特色服务、定制、高质量等订单赢得要素已成为大多数企业的特征，那么订单赢得要素就会转变为订单资格要素。例如，餐饮行业刚开始出现为等待的顾客提供免费的茶水和小吃时，这类服务是餐饮公司的订单赢得要素；但随着竞争的加剧，各餐厅都为消费者提供此类服务，那么这种特色服务便转变为餐饮企业的订单资格要素之一。又如，20 世纪 70 年代，日本企业进入世界汽车市场时，改变了汽车产品原先的订单赢得要素，从成本导向转变为质量和可靠性导向。企业需要根据不同的客户和市场制定不同的战略，确定其订单赢得要素并且做到与时俱进。

2.5 支撑运营战略的战略决策

在制定运营战略以及识别企业竞争维度后，应通过实施运营战略决策支撑企业的运营战略。通过对产品和服务设计、流程、质量管理、选址、设施布置、供应链管理、库存管理、作业计划等领域战略决策的制定，实现低成本、差异化以及快速响应。以经营超市为例，超市选择不同的运营战略，需要做出不同的运营战略决策，如表 2-1 所示。

表 2-1 不同运营战略下超市的战略决策

决策领域	低成本	差异化	快速响应
产品和服务设计	不设导购员；不购入高价格的品牌产品；自助收银	开发自营品牌；增加配送服务	提升各类服务效率
质量管理	保证基本质量	严选货品；严格员工培训	配送频率高；保证商品新鲜度
选址	选在郊区等土地廉价地区	选在市区繁华地带	在需求点附近建立门店，门店密集布点
设施布置	采用简单的卖场布置；仓储式陈列	精美的卖场布置；精心设计顾客购买路线	卖场布置便于商品到货上架及出货
供应链管理	简化供应链结构；减少供应商数量；与供应商达成合作伙伴关系	选择品牌供应商；拓展销售渠道	选择高响应速度供应商，实行供应商管理
库存管理	供应商管理库存；设立中心库、直送门店；维持较低 SKU	产品品类丰富	维持高库存水平

2.6 生产率

2.6.1 生产率的概念

产品和服务的提供是通过各种资源转化而来的，如图 2-2 所示。转化效率越高，产出就越多，也就能提供更多的产品或服务价值。生产率即投入产出比，是一个相对指标。运营经理的职责是提高或改善投入产出比。

提高生产率有两种途径：①保证产出的情况下减少投入；②维持投入的情况下增加产出。从经济意义上讲，投入包括劳动力、管理和资本，是生产系统的组成部分；产出是企业所提供的产品和服务。

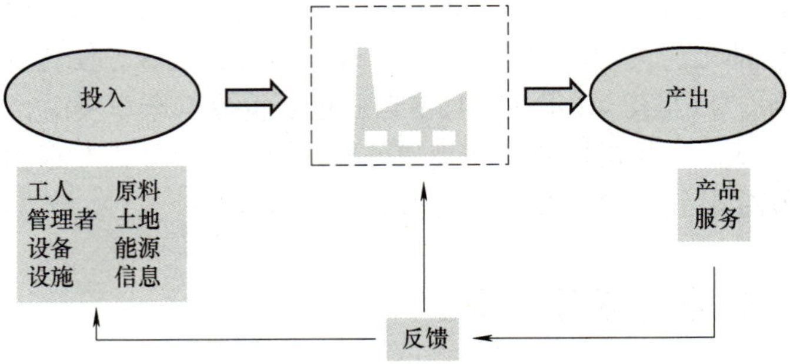

图 2-2　运营过程

2.6.2　生产率的计算

根据生产率的定义，其计算公式如下：

$$生产率=\frac{产出}{投入} \tag{2-1}$$

单要素生产率是指只考虑一种投入资源所计算出的生产率，例如可以通过产出/工时、产出/能源、产出/资本等方式衡量；多要素生产率也称为全要素生产率，是指考虑到生产产品或服务的全部资源所计算的生产率，通过产出/生产过程中的全部投入来衡量，其中生产中的全部投入可以通过换算为成本来进行计算。

例 2-1　品诺办公用品厂每天生产 500 台办公桌，其每天的资源消耗如下所示：

劳动力：每天 400 工时，每工时 100 元。

原材料：每天 20t，每吨 2 000 元。

能源：每天 10 000 元。

资本：每天 10 000 元。

（1）品诺办公用品厂的单要素生产率（工时）是多少？

（2）品诺办公用品厂的多要素生产率是多少？

（3）品诺办公用品厂的老板决定投入新的生产设备，平均每天会增加 20% 的资本投入，但是会减少 25% 的劳动力消耗和 10% 的能源消耗。其单要素生产率和多要素生产率会如何改变？

[解]

（1）$单要素生产率=\frac{500\ 台}{400\ 工时}=1.25\ 台/工时$

（2）$多要素生产率=\frac{500\ 台}{(400\times100+20\times2\ 000+10\ 000+10\ 000)元}=0.005\ 台/元$

(3) 投入新设备后的单要素生产率 $=\dfrac{500\text{ 台}}{[400\times(1-25\%)]\text{ 工时}}\approx 1.67$ 台/工时

投入新设备后的

$$\text{多要素生产率}=\frac{500\text{ 台}}{[400\times100\times(1-25\%)+20\times2\ 000+10\ 000\times(1-10\%)+10\ 000\times(1+20\%)]\text{ 元}}$$

$\approx 0.005\ 5$ 台/元

单要素生产率增加值 $=1.67$ 台/工时 -1.25 台/工时 $=0.42$ 台/工时

多要素生产率增加值 $=0.005\ 5$ 台/元 -0.005 台/元 $=0.000\ 5$ 台/元

$$\text{单要素生产率增加幅度}=\frac{(1.67-1.25)\text{ 台/元}}{1.25\text{ 台/元}}\times100\%=33.6\%$$

$$\text{多要素生产率增加幅度}=\frac{(0.005\ 5-0.005)\text{ 台/元}}{0.005\text{ 台/元}}\times100\%=10\%$$

2.6.3 生产率的影响因素

影响生产率的因素很多，如政策、文化、劳动力、科技、资本、教育、管理等。这些因素共同作用于生产率，它们相互影响、相互制约。

影响企业生产率的内部因素主要有容易发生变化的劳动力、管理方法、工作方法等，以及不容易变化的技术、设备、能源和材料等；影响企业生产率的外部因素包括宏观管理政策、科技水平、人力资源等。企业应当适应外部环境的变化，做出能够提高企业生产率的决策。

知识点复习

知 识 点	主 要 内 容
使命、价值观、愿景和战略	◆ 使命：企业存在的原因 ◆ 价值观：企业的基本信念和奉行目标 ◆ 愿景：企业未来的设想 ◆ 战略：企业完成使命的行动计划 ◆ 关系： (1) 使命决定价值观，价值观服从于使命 (2) 价值观指导愿景的形成，愿景是未来价值观构建的基础 (3) 通过实施战略达到确定的愿景，践行企业价值观，实现企业使命
运营战略	◆ 运营战略：企业运营的职能谋划 ◆ 三大运营战略： (1) 低成本战略 (2) 差异化战略 (3) 快速响应战略 ◆ 运营战略的制定： (1) 环境分析 (2) 明晰企业的使命、价值观和愿景 (3) 企业发展战略的制定 (4) 企业运营战略的制定
订单资格要素与订单赢得要素	◆ 订单资格要素：企业的产品或服务值得购买所必备的基本要素 ◆ 订单赢得要素：企业具备的在产品或服务上优于竞争对手的要素 ◆ 动态性：订单资格要素和订单赢得要素在一定条件下会发生转化

（续）

知 识 点	主 要 内 容
支撑运营战略的战略决策	◆ 通过对产品和服务设计、流程、质量管理、选址、设施布置、供应链管理、库存管理、作业计划等领域战略决策的制定，实现低成本、差异化以及快速响应
生产率	◆ 概念：投入产出比 ◆ 单要素生产率：$生产率=\frac{产出}{投入}$ ◆ 多要素生产率：$生产率=\frac{产出}{劳动力+物资+能源+资本+其他}$

习题

一、单项选择题

1. 某企业通过比竞争对手更快地认识顾客需求变化，并且做出反应，从而获取竞争优势。该企业的战略是（　　）。

A. 差异化战略　　B. 快速响应战略　　C. 低成本战略　　D. 聚焦战略

2. 西南航空公司在飞行途中不提供飞行用餐和零食，而且公司不在市区内设售票窗口，并且选择使用更少的机组成员以及进行更长时间的飞行。这样的战略选择属于（　　）。

A. 差异化战略　　B. 快速响应战略　　C. 低成本战略　　D. 聚焦战略

3. 下列不属于差异化战略的是（　　）。

A. 罗亚服装公司通过特别的服装外观设计吸引顾客

B. 伊思办公设备供应商为顾客提供优质完善的售后服务

C. 味可糕点闻名于其对优质食材的选取和透明的制作过程

D. 乐玩游戏开发公司依据市场调查结果每月推出一款新的手游

二、判断题

1. 企业价值观是企业存在的原因，是企业对自身和社会发展做出的承诺。（　　）

2. 企业使命决定其价值观，其价值观服从于使命。（　　）

3. 价值观和愿景既有联系又有区别。愿景是对企业未来的期盼，而价值观是对企业经营理念的定位。（　　）

4. 三大运营战略包括低成本战略、全球化战略和差异化战略。（　　）

5. 晟阳餐厅依靠其特色菜系和特色服务获得消费者认可，这些是该餐厅的订单资格要素。（　　）

三、解答题

1. 请各列举一个采用差异化战略、成本领先战略和快速响应战略的例子。

2. 请说出经营一家药店的订单资格要素和订单赢得要素。

3. 小宋负责为合家社区配送桶装纯净水，他每天工作8h，可以配送120桶水。

（1）他的生产率是多少？

（2）小宋经过一段时间的工作，熟悉了社区的路线。现在，他每天只需工作6h便能完成120桶水的配送。新的生产率是多少？生产率变化的百分比是多少？

4. 罗斯在望思中学附近开了一家洗鞋店，11月他一共清洗了400双鞋，消耗的资源如下：

劳动力：180工时，每工时80元。

清洁剂：50kg，每千克10元。

机器租赁：20天，每天60元。

（1）单要素生产率为多少？

（2）多要素生产率为多少？

5. 约克公司是某品牌计算机显示器的组装工厂，6 月新型组装机器上市，老板约翰逊购置新机器并进行了相关测试，他对生产率增长的幅度非常感兴趣。请依据表 2-2 所示的 7 月资源消耗信息分析该月生产率的变化幅度，其中需要包括单要素生产率和多要素生产率的情况。

表 2-2 7 月资源消耗信息

	购 置 前	购 置 后	成 本 信 息
组装数量	2 000 台	2 500 台	
劳动力	400 工时	380 工时	60 元/工时
原材料	6 000 单位	6 000 单位	500 元/单位
能源	500 单位	450 单位	1 000 元/单位
资本	100 000 元	110 000 元	

6. 梦席是一家床垫生产厂商，工厂每天可以生产 800 个床垫，其资源消耗如下：

劳动力：每天 1 600 工时，每工时 30 元。

原材料：每天 20t，每吨 3 600 元。

能源：每天 40 000 元。

资本：每天 36 000 元。

（1）梦席工厂的单要素生产率（工时）是多少？

（2）梦席工厂的多要素生产率是多少？

（3）如果梦席工厂不改变其他生产要素，仅将能源消耗减少 10 000 元，那么多要素生产率会怎样改变？

7. 卢茜经营着一家特色巧克力蛋糕店，现在是 6 月末，统计得出 6 月共售出 1 800 份蛋糕。7 月暑假期间，学生类顾客将增多，预计可以售出 2 700 份蛋糕。

（1）每位工人每小时可以生产 2.812 5 份蛋糕，每位工人每月工作 160h。如果只能通过招聘工人制作出更多的蛋糕，7 月需要多招聘几名工人？

（2）假设卢茜可以通过购买一台更好的烤炉来提高产量，购买新的烤炉需要每月投资 5 000 元，这种方式也可以满足 7 月的需求。那么与招聘人手相比（工人的工资为每小时 15 元），哪一种方案更好？

参考文献

[1] ANAND G, GRAY J V. Strategy and organization research in operations management [J]. Journal of Operations Management, 2017, 53-56: 1-8.

[2] GLIGOR D M, ESMARK C L, HOLCOMB M C. Performance outcomes of supply chain agility: when should you be agile? [J]. Journal of Operations Management, 2015, 33-34: 71-82.

[3] NARAYANAN S, NARASIMHAN R, SCHOENHERR T. Assessing the contingent effects of collaboration on agility performance in buyer-supplier relationships [J]. Journal of Operations Management, 2015, 33-34: 140-154.

[4] SYVERSON C. What determines productivity? [J]. Journal of Economic Literature, 2011, 49 (2): 326-365.

[5] BOYER K K, SWINK M, ROSENZWEIG E D. Operations strategy research in the POMS journal [J]. Production and Operations Management, 2009, 14 (4): 442-449.

[6] MARTÍN-PEÑA M L, DÍAZ-GARRIDO E. Typologies and taxonomies of operations strategy: a literature review

[J]. Management Research News, 2008, 31 (3): 200-218.
[7] 尚玉钒，席西民，赵童．愿景、战略与和谐主题的关系研究［J］．管理科学学报，2010，13（11）：4-11.
[8] 倪文斌，田也壮，姜振寰．制造战略研究：现状、问题及趋势［J］．管理科学学报，2003（5）：79-86.

学习资源清单

第 3 章

产品开发

引例

IDEO 的创新设计

IDEO 是全球顶尖的设计咨询公司，以产品开发及创新见长。它的特别之处在于从人的角度，而不仅仅是从技术或商业的角度出发探索创新方法。

IDEO 历经多年探索，已经形成一套以人为本的创新设计流程。首先需要观察和理解用户。IDEO 在进行消费者调研时，引入不同教育背景的人因工程专家同商业、艺术背景的工作人员一起工作，采用定性研究法和换位思考的方式来了解设计对象，寻找消费者真正的需求。之后运用视觉化的方式来呈现找到的主题和机会点，并进行头脑风暴。IDEO 在进行头脑风暴时，要求不批评别人的构思，鼓励异想天开的想法，可在别人的想法上进行扩展。头脑风暴之后需要快速建模和故事讲述。快速建模是通过粗糙、迅速的制作过程具象化地呈现创意。故事讲述则围绕解决方案给出情景和内容，表达故事的方式可以是情景表演、故事板等。最后是快速改善，即交替往复地进行头脑风暴和快速建模，在抽象和具象的结合中不断改善。

目前，IDEO 已成功设计并开发了诸多创新产品，其中包括苹果公司的第一款鼠标、世界第一台笔记本电脑（GRID 电脑）、宝丽来的 i-Zone 大头贴相机、Zyliss 的厨房用具、欧乐 B 的软柄儿童牙刷、宜家的 2025 概念厨房、美的的空气平衡器、治疗疼痛的可穿戴设备 Quell 以及 Nauto 公司的人造智能相机等，还为 PillPack 设计了在线药房、为新西兰航空重新设计了长途旅行体验。

3.1 产品开发概述

3.1.1 产品开发的必要性

1. 市场竞争日益激烈，促使企业不断开发新产品

一方面，经济全球化的加剧使企业需要面对国内外的众多竞争对手；另一方面，通信技术和计算机技术的发展、物流运输成本的下降、各国贸易壁垒的降低等多方面因素在一定程

度上加剧了企业间的竞争。这两方面使企业难以在日趋激烈的市场竞争环境下保持竞争优势。企业只能通过重视开发投入、不断创新和开发新产品维持其市场竞争力，并且寻找机会开拓潜在消费市场。

2. 消费者需求的变化，推动企业不断开发新产品

满足消费者的需求是企业努力的方向。消费者的需求不会一成不变，而是在不断地变化，具有无限拓展性。随着经济的发展，人们收入水平的不断提高，消费者需求也更加多样化。企业需要做好市场调研，不断开发新产品以应对消费者多样化的需求。

3. 科学技术高速发展，引导企业不断开发新产品

科学技术是第一生产力。科技的发展与突破，带来很多新材料和新工艺，为企业开发新产品提供了良好的土壤。一方面，利用新型科学技术开发的产品可以为经济、社会、生态等多方面带来好处。例如，波音 787 客机使用了大量轻型复合材料，包括 61% 的复合物料（碳纤维）、20% 的铝、11% 钛的和 8% 的钢，大大减轻了飞机的重量。这个设计可以使其每小时比同等机型节约 1t 左右的燃油，即减少约 5 000 美元的支出，在成本和环保上都带来了重大突破。另一方面，由于科学技术的迅速发展，新产品的开发周期大大缩短，产品迭代速度不断加快，引导企业不断利用新科技和新技术开发新产品。

4. 产品生命周期理论，要求企业不断开发新产品

一种新产品推入市场后，初期一般会出现热销的局面，但随着时间的推移，产品在市场上的销售及获利能力会逐渐减退，直到该产品停产，最终退出市场。产品所呈现的这种从出生、成长、成熟到最终走向衰亡的变化规律，与人的生命周期类似，故称为产品生命周期理论。产品生命周期曲线展示了产品自投入到衰退整个周期的收入和利润情况，如图 3-1 所示。如今，随着科技的发展以及市场竞争的加剧，产品的生命周期变得越来越短，抓住机遇并及时推出新产品是企业掌握市场主动权、保持竞争优势的重要准则。例如，在个人计算机领域，如果新产品推迟 6 ~ 8 个月上市，将失去近 50% 的市场份额。产品生命周期的缩短使各类产品加速进入衰退期，这要求企业不断推出新产品弥补退出产品的空缺，维持企业的活力和市场地位。

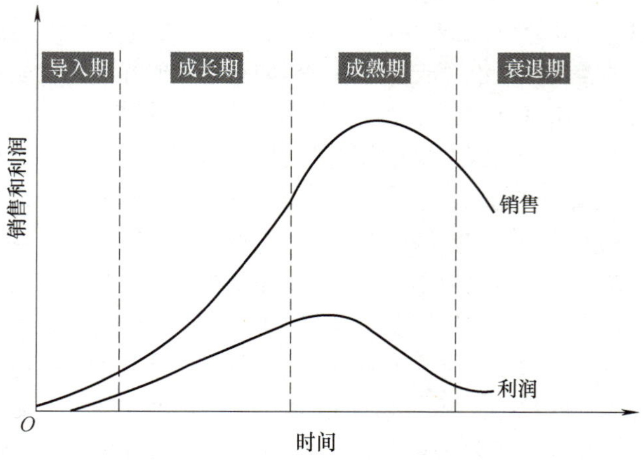

图 3-1 产品生命周期曲线

3.1.2 产品开发的内容

产品开发是指采用新技术原理与新设计构思研发和生产全新产品，或在工艺、结构、材质等方面改进原产品，从而显著提高产品性能或扩大其使用功能的活动。

在产品开发过程中，需要遵循以下基本原则：①产品开发是为了在满足市场需求的同时能够为企业创造经济效益。企业开发出来的新产品必须是基于市场需求并在未来一段时间内存在发展空间的，应遵循“从市场中来，到市场中去”的规则。②产品开发应顺应新产品的发展方向，紧跟科技发展的脚步。新产品的发展方向具体可体现在产品智能化、微化、高工艺精湛度、外观设计文化底蕴感及艺术感、产品绿色环保性等方面。③企业在开发一种新产品时，应结合目标消费者的年龄结构、消费层次、购买力和当地的风俗习惯，开发与同类产品相比具有明显优势和差异的产品。这些差异主要体现在产品的特性，服务人员的能力和态度，售前、售中和售后服务，企业形象四个方面。④企业开发新产品时，应注重成本和收益的测算，进行量本利分析后再对新产品开发做出决策。

产品开发策略通常包括领先型、追随型、替代型和混合型产品开发策略（见表3-1）。企业采取何种产品开发策略取决于自身技术水平和市场竞争地位。

表3-1 领先型、追随型、替代型和混合型产品开发策略

产品开发策略	策略要求	企业特征
领先型开发策略	要求企业努力追求产品用途的新颖性，保持产品在技术上的持续优势以及产品在市场竞争中的领先地位	有丰厚的资源和很强的产品研发能力
追随型开发策略	要求企业具有较强的跟随竞争对手的能力，当市场上出现较好的新产品时，企业能对这种新产品进行仿制或者改进，并迅速占领市场	具有很强的“消化吸收”能力
替代型开发策略	企业有偿使用其他单位的研发成果替代自主研发	资源有限，研发力量不强
混合型开发策略	企业根据实际情况，以提高企业经济效益为准则，混合使用领先型、跟随型和替代型产品开发策略	资源和研发能力一般，具有较强的管理能力

3.2 产品开发流程

产品开发流程是指在企业战略的指导下，将新产品创意通过预测、开发和管理转化为最终市场计划的一系列过程。企业的产品开发流程一般可以概括为概念生成阶段、产品开发阶段和产品商业化阶段三个主要阶段，如图3-2所示。

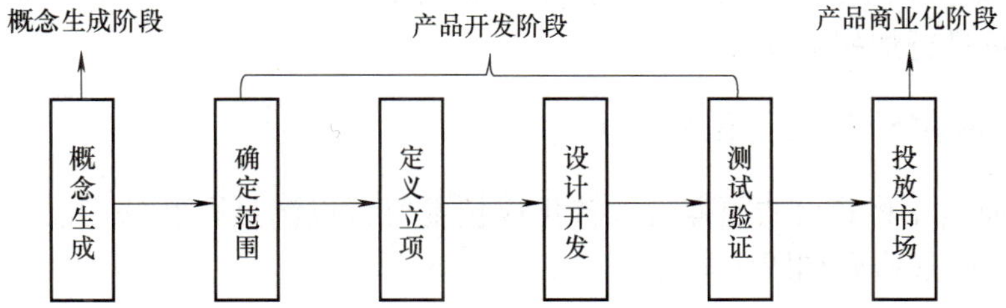

图3-2 产品开发流程

概念生成阶段是指企业通过市场分析将产品从构思到形成设计的阶段。产品开发阶段是指企业通过相关活动将全新的产品设计方案转换成新产品实体的阶段，包括确定范围、定义立项、设计开发和测试验证四个步骤。产品商业化阶段是指企业对新产品进行商业化包装并投放市场销售的阶段。

3.3 质量功能展开

3.3.1 质量功能展开的原理

质量功能展开（Quality Function Deployment，QFD）是一种从顾客的角度出发开发产品以及保证质量的方法。该方法能够有效地将顾客的需求传递到产品的每个环节中，使得最终的产品包含顾客需求信息，从而最大限度地满足顾客对产品的期望。

具体而言，QFD 从顾客的角度出发，获取顾客需求信息，通过逻辑分析和关系矩阵将顾客需求转化成产品生产制造中的具体参数，以确保最终开发出的产品既能满足市场需求，又能得到质量保证。

3.3.2 质量屋

QFD 方法是通过质量屋（House of Quality，HOQ）来完成从需求信息向技术要素的传递。质量屋的一般形式如图 3-3 所示。

（1）顾客需求及权重：对顾客需求信息的描述。

（2）市场竞争力评估：在市场中挑选出与本企业产生直接竞争关系的企业，从顾客需求的角度去评估二者满足顾客需求的水平。

（3）技术要素：包含产品提供的各项技术要素信息。

（4）关系矩阵：反映顾客需求与产品技术要素之间关联程度的判断矩阵，表明改进某项技术要素对满足相应顾客需求的贡献大小。

（5）技术要素自相关矩阵：让设计人员能够明确技术要素之间的矛盾冲突。因为企业的资源是有限的，在某一技术项上投入更多的资源，势必减少其他技术项的资源投入，如何平衡资源利用是产品开发的重要工作。

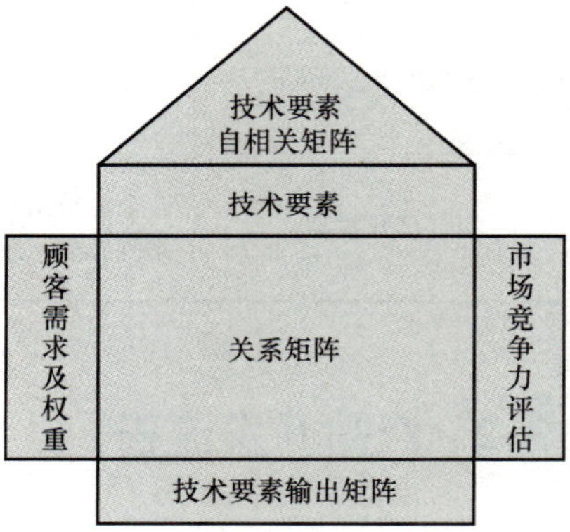

图 3-3 质量屋的一般形式

（6）技术要素输出矩阵：用以判断技术要素的重要性。技术要素权重根据相关系数结合顾客需求权重进行加权求和得到。

3.3.3 QFD 应用于产品开发的具体步骤

QFD 通过质量屋将获得的顾客需求转化成技术要素以满足顾客的产品期望。运用 QFD 进行产品开发的一般步骤如图 3-4 所示。

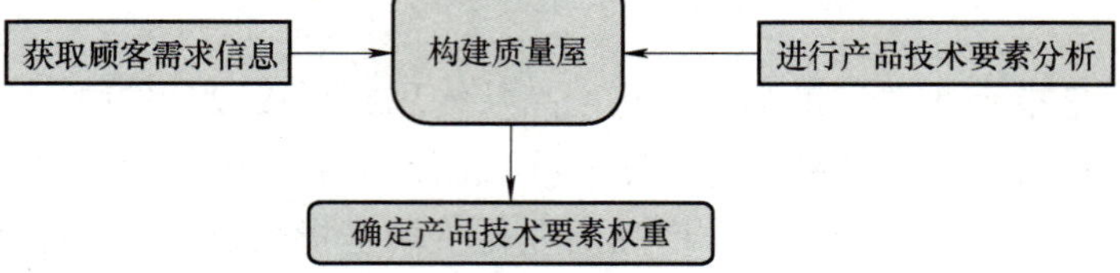

图 3-4 运用 QFD 进行产品开发的一般步骤

（1）获取顾客需求信息。顾客需求是产品开发的出发点，获取顾客需求信息也是 QFD 应用于产品开发的第一步。

（2）进行产品技术要素分析。需求信息获取之后，接下来的工作是识别满足相应需求的技术要素。技术要素的选择对最终的产品开发方案能否符合顾客期望起决定性作用。在进行产品技术要素分析时，需要同时考虑顾客需求与企业自身资源，才能保证产品技术要素既包含顾客需求信息，又符合企业实际状况。

（3）构建质量屋。凭借以上两步获得的顾客需求与产品技术要素信息构建质量屋关系矩阵。关系矩阵中的相关系数由专家根据改进某项产品技术要素对满足相应顾客需求的贡献大小打分得到。

（4）确定产品技术要素权重。技术要素权重由关系矩阵纵向加权求和得到。权重决定了产品技术要素在产品开发中的优先级，依据优先顺序合理分配资源，有针对性地进行改进，提高产品质量。

某旅游纪念品的质量屋如图 3-5 所示。

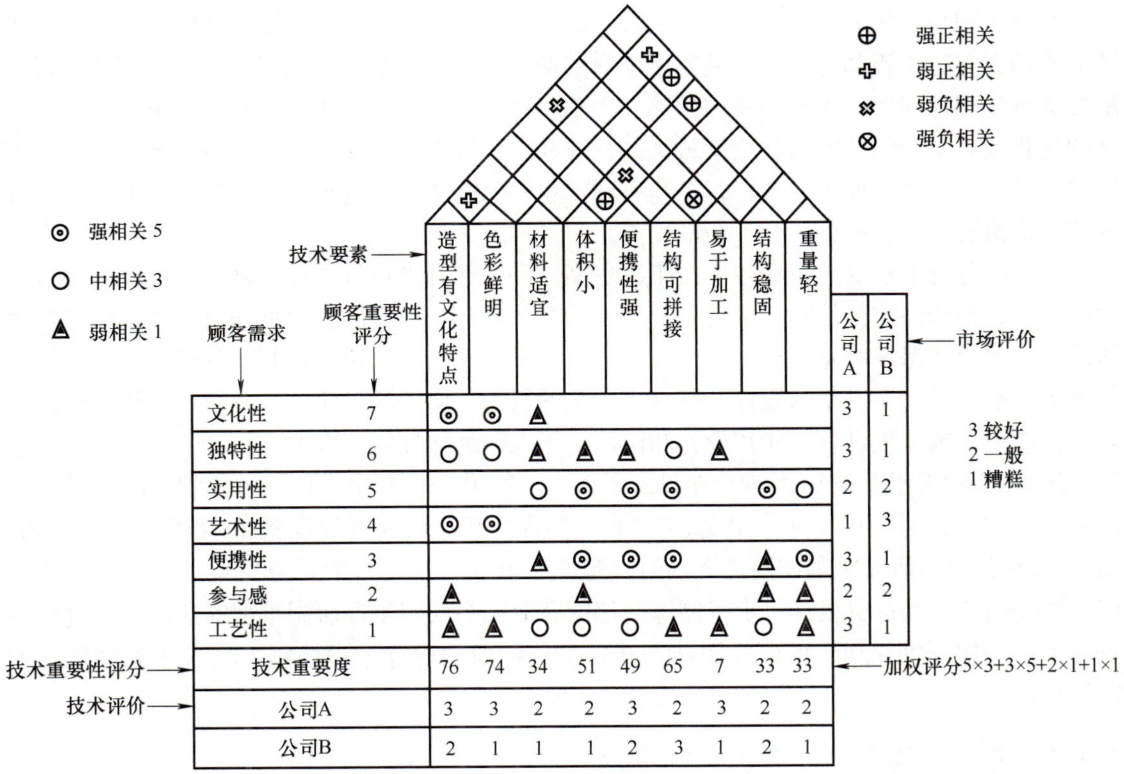

图 3-5　某旅游纪念品的质量屋

3.4　并行工程

3.4.1　并行工程的概念

并行工程是对产品及其相关过程（包括制造和支持过程）进行集成并行设计的系统化

工作方式。这种方式从设计一开始就要求开发人员考虑产品的整个周期，包括质量、成本、进度以及顾客需求等，以便最大限度地提高产品的开发效率以及一次性的成功率。

并行工程有以下几个特点：①并行工程将更多活动进行并行交叉操作，而不是使活动单向流动、顺序进行；②并行工程让整个生命周期中的部门提前知悉所有信息并提前开始评估和反馈；③并行工程进行信息的系统化管理与流通，以保证信息的及时性、准确性和有效性；④并行工程组建跨部门多功能小组，同时协作并行完成所有事项。

并行工程的发展历程经历了五个阶段，由单纯的信息集成向人、管理、技术三种集成发展，如图 3-6 所示。

图 3-6　并行工程的发展历程

并行工程与传统的串行工程比较而言，前者侧重强调产品在研发设计初期，研发项目团队需要结合并行工程的理念对产品整个生命周期中的各个环节进行思考，如成本问题、可装配性及可生产性问题、报废回收问题等，注重整体优化及系统的集成；后者侧重某个局部工序的优化或者某个部分的功能指标最优，往往在设计基本完成的时候考虑可装配性和可生产性的问题。从这个层面来看，串行工程有利于将产品的某些功能模块做到最优，而并行工程的特点恰恰有利于产品整体竞争力的提高。

另外，并行工程的效率相较串行工程更高。一系列计算机软硬件及网络工具配合并行工程的实施，如产品数据管理是实现并行工程的有效工具，将产品的数据和信息共享给研发团队的各个小组，保证研发小组之间的沟通都会基于统一的数据源，有利于创建一个协同工作的环境，避免了天马行空的设计，约束了团队的行为。由于研发团队有了统一整体的设计理念，并能把相关过程进行一体化设计和协调，很大限度地提高了效率。

20 世纪 80 年代以来，不少企业投入了人力、物力在企业中推广并行工程，特别是在新产品研发中的运用取得了非常显著的效果，产品的研发周期平均缩短了 30% 左右。例如，瑞士 ABB 公司在研发火车控制系统的时候建立了基于并行工程的计算机系统，组织了跨部门的研发团队，既负责设计也负责制造。德国企业巨头西门子在研制重型雷达设备的过程中创立了“一次开发成功”的研发团队，开发了一种新的设计过程控制工具来跟踪循环中的时间延迟。

3.4.2　并行工程在产品开发中的应用

1. 基于并行工程进行产品开发的原则

并行工程方案的实施就是要让所有参与到产品开发的人员及时地分享和交换数据，避免不同区域、组织、产品工艺等因素的影响，从而进行并行、集成的一体化开发。因此，并行工程的方案在设计及实施时应遵循以下原则：

（1）重视并积极满足顾客的需求。在产品开发过程中，需要与顾客多互动，重视并满足顾客的需求，积极协助优化开发流程，以达到顾客预想的品质效果。

（2）重视早期的产品设计。产品的设计阶段是整个产品开发进程中最重要的阶段，对最终产品开发的质量、成本和周期至关重要。设计越早得到改善，就能更大限度地减少后期不必要的修改。

（3）协同工作的环境以及组织形式。区别于传统的串行工作方式，并行工程中的各个部门以及工艺流程相互协作、相互分享、相互沟通，通过技术软件、数据管理系统以及可视化工具将所有的信息汇集于同一平台开展工作。

（4）集成并行的一体化设计。开发过程中不局限于单一部门、单一工序或单一要素的最优化，而是力求达到产品开发整体的最佳优化效益。

（5）重视人员在组织中的作用。任何组织优化、技术优化、管理流程优化，都离不开人进行具体实施，以人为中心，再辅助以各项工具完成产品开发的整个流程。

（6）持续不断地优化改进。在产品开发的过程中，会不可避免地发生各种问题，需要及时发现和纠正，并不断进行优化，保证产品品质。

2. 基于并行工程的产品开发四大关键要素

并行工程方案要得以实现，需要从以下四大关键要素进行重点改进与优化：

（1）组织要素。优化组建跨部门的多功能团队组织。

（2）环境要素。建立支持协同、并行开发的集成化环境。

（3）流程要素。重构传统的串行开发方式，建立项目并行开发的标准流程。

（4）过程要素。充分运用新技术和新方式，辅助相关工具和手段以达到整体的最优效益。

知识点复习

知 识 点	主 要 内 容
产品开发	◆ 必要性： （1）市场竞争日益激烈，促使企业不断开发新产品 （2）消费者需求的变化，推动企业不断开发新产品 （3）科学技术高速发展，引导企业不断开发新产品 （4）产品生命周期理论，要求企业不断开发新产品 ◆ 概念：采用新技术原理、新设计构思研法、生产全新产品，或在工艺、结构、材质等某一方面对原产品进行改进 ◆ 基本原则： （1）从市场中来，到市场中去 （2）顺应新产品的发展方向和紧跟科技发展的脚步 （3）适应消费者需求 （4）注重成本和收益的测算 ◆ 产品开发策略： （1）领先型开发策略 （2）追随型开发策略 （3）替代型开发策略 （4）混合型开发策略 ◆ 产品开发流程：主要包括概念生成阶段、产品开发阶段和产品商业化阶段三个阶段

（续）

知 识 点	主 要 内 容
质量功能展开	◆ 原理：从顾客需求出发，获取顾客需求信息，通过逻辑分析和关系矩阵将顾客需求转化成产品生产制造中的具体参数 ◆ 质量屋：QFD 方法通过质量屋来完成从需求信息向技术要素的传递。质量屋包括六个要素： （1）顾客需求及权重 （2）市场竞争力评估 （3）技术要素 （4）关系矩阵 （5）技术要素自相关矩阵 （6）技术要素输出矩阵 ◆ QFD 用于产品开发的具体步骤： （1）获取顾客需求信息 （2）进行产品技术要素分析 （3）构建质量屋 （4）确定产品技术要素权重
并行工程	◆ 概念：对产品及其相关过程（包括制造和支持过程）进行集成并行设计的系统化工作方式 ◆ 原则： （1）重视并积极满足顾客的需求 （2）重视早期的产品设计 （3）协同工作的环境以及组织形式 （4）集成并行的一体化设计 （5）重视人员在组织中的作用 （6）持续不断地优化改进

习题

一、单项选择题

1. 根据产品生命周期理论，利润最大的阶段是（　　）。

A. 导入期　　B. 成长期　　C. 成熟期　　D. 衰退期

2. QFD 的最基本输入是（　　）。

A. 产品需求　　B. 技术需求　　C. 顾客需求　　D. 工业特性

3. 质量屋的屋顶是（　　）。

A. 技术要素　　B. 技术要素自相关矩阵　　C. 关系矩阵　　D. 顾客需求

4. 一个完成的质量屋包括（　　）部分。

A. 4　　B. 5　　C. 6　　D. 7

二、判断题

1. 采用替代型开发策略的企业一般具有较强的学习能力。（　　）

2. 在产品开发流程中，测试验证属于产品开发商业化阶段。（　　）

3. QFD 是一种从顾客角度出发进行产品开发的方法。（　　）

4. 技术要素自相关矩阵反映了改进某项技术要素对满足相应顾客需求的贡献大小。（　　）

三、解答题

1. 请绘制一台笔记本电脑的质量屋。
2. 请简要分析并行工程与传统串行工程的区别。
3. 请简述产品开发的必要性。

参考文献

[1] SWINK M L. A tutorial on implementing concurrent engineering in new product development programs [J]. Journal of Operations Management, 1998, 16 (1): 103-116.

[2] VAIRAKTARAKIS G L. Optimization tools for design and marketing of new/improved products using the house of quality [J]. Journal of Operations Management, 1999, 17 (6): 645-663.

[3] MENOR L J, TATIKONDA M V, SAMPSON S E. New service development: areas for exploitation and exploration [J]. Journal of Operations Management, 2002, 20 (2): 135-157.

[4] ANDERSON E G, JOGLEKAR N R. A hierarchical product development planning framework [J]. Production & Operations Management, 2005, 14 (3): 344-361.

[5] MULLENS M A, ARIF M, ARMACOST R L, et al. Axiomatic based decomposition for conceptual product design [J]. Production & Operations Management, 2005, 14 (3): 286-300.

[6] KRISHNAN V, LOCH C H. A retrospective look at production and operations management articles on new product development [J]. Production and Operations Management, 2009, 14 (4): 433-441.

[7] 翟丽. 质量功能展开技术及其应用综述 [J]. 管理工程学报, 2000 (1): 52-60.

学习资源清单

第 4 章

质 量 管 理

引例

MFOP 质量模式

20 世纪 80 年代，海尔用“砸冰箱”砸出质量意识；90 年代，海尔将 ISO 9000 标准引入国内，形成标准化的质量管理体系；智能物联网时代，海尔基于智慧家庭的特性量身打造了对标军工品质的无维修周期（Maintenance Free Operating Period，MFOP）质量模式。

海尔物联网 MFOP 质量模式一方面通过 HIHM 核心技术预先诊断产品部件或系统的功能状态以及使用寿命，结合用户使用需求，事前为用户提供产品保养、远程维护、纠正偏差等服务，确保产品不会宕机；另一方面，产品端通过大数据综合分析用户的习惯、挖掘需求痛点，为产品和服务的进一步升级提供精准导向，持续迭代以保证用户的最佳体验。

以海尔智慧冰箱为例，海尔通过 MFOP 质量模式形成了包括产品寿命、整机制冷能力、蒸发器结霜等在内的 10 个预测模型，借助大数据对冰箱运行的状况进行综合分析，预判可能出现的故障。例如，当冰箱制冷能力下降时，系统会自动分析可能引发故障的原因，如果是由操作不当引起的，系统会及时提醒和引导用户；如果确认存在故障隐患，系统会预先安排上门服务，以防止故障发生。

MFOP 质量模式将物联网与家电产业进行融合，大幅度提升了产品的质量可靠性，将传统的家电行业“坏了再修”的质量补救模式升级为物联网时代的“产品不坏”的质量预控模式。

4.1 质量管理概述

4.1.1 质量管理术语

质量管理是指确定质量方针、目标和职责，并通过质量体系中的质量策划、质量控制、质量保证和质量改进来使其实现所有管理职能的全部活动。

质量策划是指确定质量以及采用质量体系要素的目标和要求的活动。

质量控制是指为满足质量要求所采取的作业技术或活动。

质量保证是指为使人们确信某实体能满足质量要求，在质量体系内所开展的并按照需要进行证实的有计划和有系统的全部活动。

质量改进是指为向本组织及其顾客提供增值效益，在整个组织范围内所采取的提高活动和过程的效果与效益的措施。

4.1.2 质量管理的重要性

质量管理是企业成功的关键要素之一。一方面，好的质量管理可以帮助企业减少残次品的数量、返工次数和顾客退换货次数，以及减少顾客投诉和降低企业成本；另一方面，质量管理可以帮助企业生产优质产品，提高企业声誉，提升企业竞争力。

4.1.3 质量管理的发展历程

质量管理的发展大致经历了以下三个阶段：

1. 质量检验阶段

20 世纪前，产品质量的好坏取决于手工操作者自身的技术水平和经验。20 世纪初，“科学管理理论”的出现促使产品的质量检验从加工制造中分离出来。企业纷纷设置专职的检验部门，专门负责产品质量的检验工作。采用的检验方法均属于事后检验的质量管理方式，即按照既定的要求检验成品。该方法只能避免废品流入下一道工序，但无法预防废品的产生，且浪费了大量的人力和物力。

2. 统计质量控制阶段

1924 年，美国数理统计学家休哈特（Walter A. Shewhart）博士首次提出“控制和预防缺陷”的概念，他认为，应该用统计质量控制方法来预防质量缺陷。与此同时，美国贝尔研究所提出了关于抽样检验的概念及实施方案。但在当时，只有少数企业运用数理统计方法解决质量问题。

以数理统计理论为基础的统计质量控制是在第二次世界大战时被推广开的。由于事后控制无法预防废品的产生，检验工作量大，常常使得军用品延期交货，影响了军用物资的供应。于是，运用数理统计理论解决质量问题被重新重视起来，美国国防部和相关协会制定了有关数理统计方法应用于质量管理方面的规划，成立了专门的委员会，并于 1941 年至 1942 年先后公布了一批美国战时的质量管理标准。第二次世界大战之后，美国产业界顺利地从战时生产转为和平生产，统计方法在国民工业生产中得到了广泛的应用。随后，数理统计方法在欧美各国企业相继推广开来。

应用简单的数理统计方法控制生产过程中的产品质量可以预防废品的产生并检验产品的质量。但这一阶段过分强调数理统计方法，忽视了组织管理者和生产者的能动作用，阻碍了数理统计方法的推广。

3. 全面质量管理阶段

到 20 世纪 60 年代初期，科学技术和信息化开始得到大规模发展，经济全球化和市场竞争的加剧使得企业越来越重视产品的质量问题，仅仅依靠数理统计方法已经无法满足质量工作的需求。企业不仅要关注质量问题产生的原因，还要运用科学的方法解决问题，以避免再次发生质量缺陷。在这种情况下，费根堡姆（Armand Vallin Feigenbaum）提出了“全面质量管理”的概念，并指出企业管理者和生产者不仅需要运用数理统计方法预防和控制质量，而且应当对整个生产过程进行质量管理。

4.2 全面质量管理

4.2.1 全面质量管理的定义

全面质量管理（Total Quality Management，TQM）是指一个组织以质量为中心，全员参与为基础，目的在于通过让顾客满意和本组织所有成员及社会受益而达到长期成功的管理途径。

4.2.2 全面质量管理的特点

1. 全面性

全面质量管理的全面性包括管理对象的全面性、管理方法的全面性和经济效益的全面性。管理对象的全面性是指管理对象不仅包括产品质量，还包括工作质量和过程质量；管理方法的全面性是指在质量管理过程中要针对不同的情况，灵活运用各种现代化的管理方法和手段，如数理统计、质量设计、反馈控制、信息化技术等；经济效益的全面性是指企业除保证自身能获得最大的经济效益外，还应从社会和产品寿命循环全过程的角度考虑经济效益问题。

2. 全员参与性

全面质量管理的全员参与性是指质量管理是企业所有部门的共同任务，需要企业所有部门的全体人员都具备质量意识，承担具体的质量职能，关注产品质量。

3. 全过程性

全面质量管理的全过程性是指将产品质量形成和实现的全过程都纳入质量管理的范畴。不仅要对产品的加工制造环节进行管理，而且要对产品的市场调查、研发设计过程、销售以及售后服务等环节进行总体的质量管理。

4.2.3 PDCA 循环

全面质量管理活动是质量管理计划制订、执行、检查并且不断修正的过程，是按照 PDCA 循环运转的。PDCA 循环中，P 代表计划（Plan），D 代表实施（Do），C 代表检查（Check），A 代表处置（Act）。

1. PDCA 循环的步骤

（1）计划阶段。计划阶段主要是制定全面质量管理的目标、活动计划和管理项目的具体实施措施。计划阶段需要依据过去项目的整体情况分析现状，找出存在的质量问题，运用各种分析工具找出导致质量问题的主要原因或主要影响因素并制订改进计划。

（2）实施阶段。实施阶段就是全面、有效地执行改进计划，以及全面监控质量改进计划的整个实施过程，详细地记录各种数据和报告。

（3）检查阶段。检查阶段需要总结执行计划的效果，判断检查执行情况是否达到计划的预期效果。如果检查结果不符合预期效果，需要从中找出原因并提出解决方案。

（4）处置阶段。处置阶段是对检查结果进行处理。对成功的经验要加以肯定，并进行标准化；对失败的教训，也要进行总结并找出原因；对没有解决的问题和出现的新问题，应提交到下一个 PDCA 循环中去解决。

2. PDCA 循环的特点

PDCA 循环使得质量管理的思想方式和工作步骤更加条理化、系统化、图像化和科学化。它具有以下三个特点（见图 4-1）：

（1）按顺序形成一个大圈，四个阶段不停地运转。PDCA 循环是一个完整的系统，必须按照先后顺序来处理问题。PDCA 循环不是运行一次就可以解决所有问题，一个循环结束，部分问题得到解决，可能还有部分问题尚未解决，或者又产生了新的问题，需要按照顺序周而复始地进行。

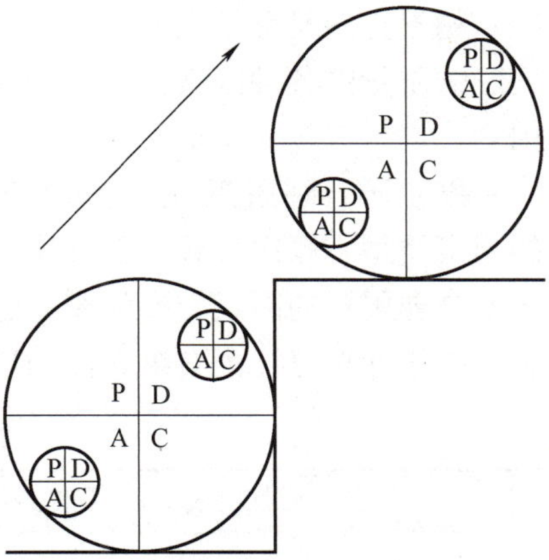

图 4-1 PDCA 循环的特点

（2）大环套小环。PDCA 循环适用于质量管理的各个方面，即整个企业为一个大 PDCA 循环，各个部门、小组和员工又有自己的小 PDCA 循环。大 PDCA 循环围绕小 PDCA 循环为其制定规划战略，小 PDCA 循环又为大 PDCA 循环的目标实施贯彻和具体化。

（3）循环上升。PDCA 循环不是停留在一个水平上的循环，而是每经历一次循环，都需要巩固取得的成果并修订和提高标准，按照更高的标准进行新一轮循环。PDCA 循环过程就是质量水平不断提升的过程。

4.3 质量管理的统计控制方法

质量管理常用的统计控制方法如表 4-1 所示。

表 4-1 质量管理常用的统计控制方法

名 称	作 用
分层法	从不同角度、层面发现问题
帕累托图法	确定主要因素
因果图法	寻找引发结果的原因
检查表法	收集、整理资料
直方图法	展示过程的分布情况
相关图法	展示变数之间的线性关系
控制图法	识别波动的来源

4.3.1 分层法

分层法又称分类法、分组法，是一种整理数据的方法。分层法是将收集的数据按来源、性质等加以分类，把性质相同的数据归在一起，从而将总体分为若干层次分别加以研究。分层法常与其他统计方法结合在一起应用，如分层直方图法、分层排列图法、分层控制图法、分层散布图法、分层因果图法。

4.3.2 帕累托图法

帕累托图又称排列图、主次图，是一种分析和寻找影响质量主要因素的方法。它通过排列影响质量的各种因素，可以较为便捷地在大量数据中找出导致质量问题的主要因素和次要因素。

以“不合理用药的问题分析”举例说明帕累托图的制作步骤。首先，确定不合理用药的因素类型、频次、频次百分比及累计百分比，按照从高到低排序，如表4-2所示；然后，以不合理用药的因素类型为横坐标，以频次为左纵坐标绘制直方图；最后在直方图的基础上添加以累计百分比为右纵坐标的折线图，如图4-2所示。

表4-2　不合理用药的问题分析

序　号	不合理用药的因素类型	频　次	百　分　比	累计百分比
1	用法用量不适宜	900	37.6%	37.6%
2	联合用药不合理	583	24.4%	62.0%
3	遴选的药品不适宜	362	15.1%	77.1%
4	药品剂型或给药途径不适宜	258	10.8%	87.9%
5	其他用药不适宜情况	159	6.6%	94.5%
6	无正当理由不使用国家基本药物	106	4.4%	99.0%
7	书写不规范处方	25	1.0%	100.0%

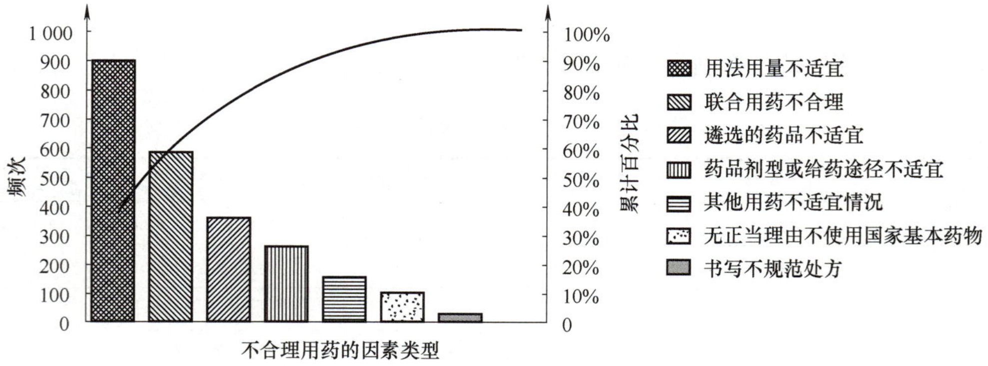

图4-2　不合理用药问题分析的帕累托图

4.3.3 因果图法

因果图又称鱼骨图，是一种识别质量问题和检查点的方法。因果图一般从“人、机、料、法、环、测”六个方面分析质量问题的成因。某车间换件时间过长的因果图如图4-3所示。

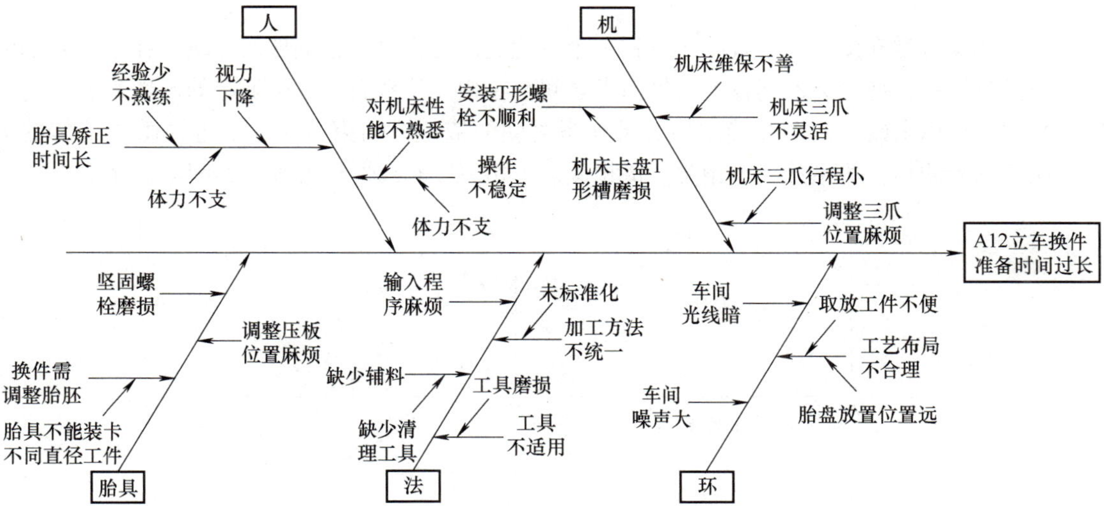

图 4-3 某车间换件时间过长的因果图

4.3.4 检查表法

检查表是利用统计表对数据进行记录和整理的一种工具，其格式可多种多样。检查表法虽然较简单，但实用有效，主要用于记录或者点检。

4.3.5 直方图法

直方图又称质量分布图、柱状图，它是对定量数据分布情况的一种图形表示，由一系列矩形组成。它将一批数据按取值大小划分为若干组，在横坐标上将各组为底作矩形，以落入该组的数据的频数或频率为矩形的高。通过直方图可以观测并研究这批数据的取值范围、集中及分散等分布情况。某厂成品尺寸规格的直方图如图 4-4 所示。

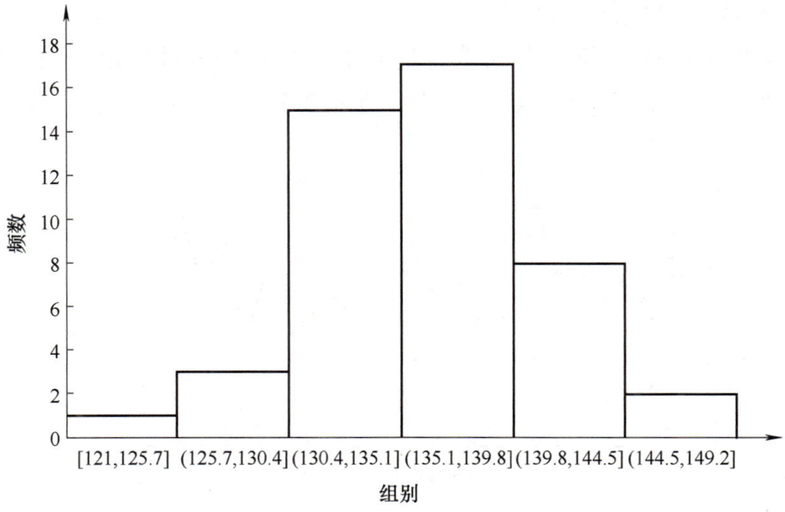

图 4-4 某厂成品尺寸规格的直方图

4.3.6 相关图法

相关图又称散布图，是一种用来分析两个变量之间是否具有相关性的方法。在质量问题的产生原因分析中，往往会遇到各个质量因素之间存在相关关系而无法用确定的函数来表示的问题，相关图可用来研究两个非确定性关系变量之间的依赖或约束关系，如近视眼与遗传的关系。相关图中的相关关系分为正相关、负相关、不相关、非线性相关等，如图 4-5 所示。

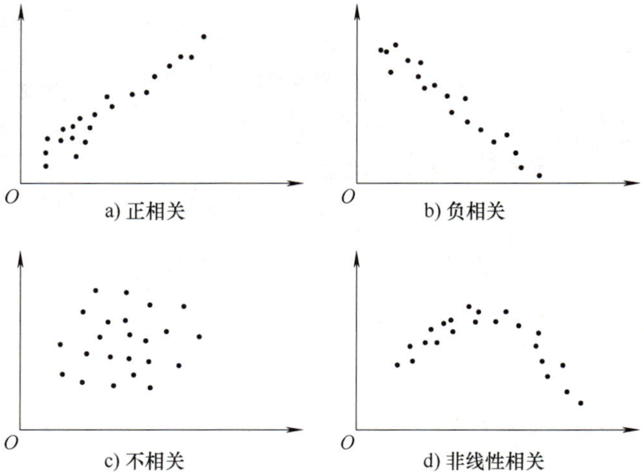

图 4-5 相关图

4.3.7 控制图法

控制图又称管制图，是一种用于分析和判断生产过程是否处于控制状态的方法。控制图由中心线（CL）、上控制限（U_{CL}）、下控制限（L_{CL}）和按时间顺序抽取的样本统计量数值的描点序列构成。中心线是所控制的统计量的平均值，上、下控制限与中心线相距数倍标准差，通常设定在 ±3 倍标准差的位置。若控制图中的描点落在 U_{CL}、L_{CL}之外，或描点在 U_{CL}、L_{CL}之间的排列不随机，则表明过程异常。

控制图根据数据的种类不同，可分为计量值控制图和计数值控制图。计量值控制图主要有均值–极差控制图（见图 4-6）、均值–样本标准差控制图、中位数–极差控制图和单值–移

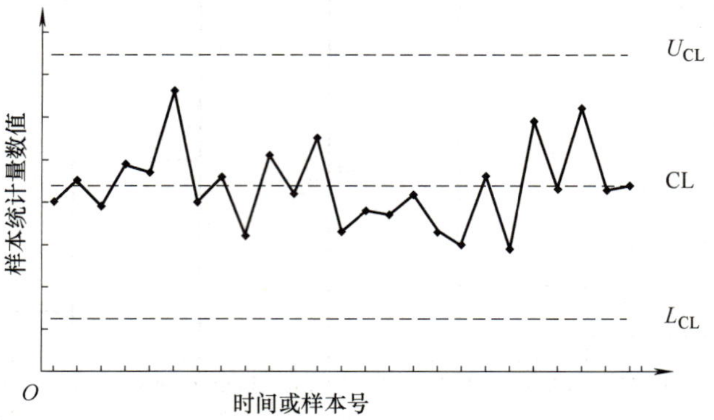

图 4-6 均值–极差控制图

动极差控制图；计数值控制图主要有不合格品率控制图、不合格品数控制图、缺陷数控制图和单位缺陷数控制图。

4.4 ISO 9000 体系与六西格玛管理

4.4.1 ISO 9000 体系

1. ISO 9000 系列标准

ISO 9000 系列标准是指“由国际标准化组织质量管理和质量保证技术委员会（ISO/TC 176）制定的所有国际标准”。该系列标准由若干相互关联或补充的单个标准组成，不受具体的行业或经济部门的限制，可以帮助不同类型、产品、规模和性质的组织实施并有效运行质量管理体系，是质量管理体系通用的要求或指南。

但值得注意的是，ISO 9000 并不是企业生产与产品质量的最终标准，它只是一个基本要求和规范，帮助企业根据自身的特点与生产要求建立一个科学合理的质量体系，提高产品质量。因此，一个企业通过了 ISO 9000 质量体系认证并不意味着其产品的质量水平能够满足国际市场的需求，达到了国际上的标准水平。这是一种常见的对质量管理体系的错误认识。质量体系认证能够帮助企业规范生产技术，促进企业建立科学合理、与国际标准接轨的产品质量认证标准，提高企业的市场竞争力。

2. ISO 族标准

ISO 族标准是指国际标准化组织（International Organization for Standardization，ISO）质量管理和质量保证技术委员会（ISO/TC 176）制定的标准。截至 2020 年 10 月 21 日，ISO 已经发布了超过 23442 项国际标准和相关文件，涵盖了技术、食品、农业、医疗保健和环境在内的所有领域。表 4-3 列举了不同领域的部分技术规范。

表 4-3 不同领域的部分技术规范

技术规范	领域
ISO 13485	医疗器械行业
ISO 17582	各级政府的选举组织
ISO 18091	地方政府
ISO/TS 22163	铁路组织业务管理系统要求
ISO/TS 29001	石油、石化及天然气工业
ISO/IEC 90003	软件工程
ISO 22000	食品安全管理
ISO 14000	环境管理
ISO/IEC 17025	测试和校准实验室
ISO 639	语言代码
ISO 316	国家代码
ISO 4217	货币代码
ISO 26000	社会责任

（续）

技术规范	领　域
ISO 31000	风险管理
ISO/IEC 27001	信息安全管理
ISO 20121	可持续事件
ISO 45001	职业健康与安全
ISO 37001	反贿赂管理体系
ISO 8601	国际公认的表示日期和时间的方法
ISO 50001	能源管理
ISO 13216	道路车辆

运营实践

奇瑞的全球质量管理体系

奇瑞内部存在一个共识：品牌的基础是质量，质量的基础是质量管理体系。早在2002年，奇瑞就通过ISO/TS 16949认证，以及ISO 14000、ISO 10012、ISO/IEC 17025认证。通过多年自主创新和质量管理实践，奇瑞形成了独具特色的全球质量管理体系，涵盖了全球产品策划、设计开发、供应链管理、生产制造和营销服务等环节。

奇瑞每开发一款新车型，都需要开展30台次以上可靠性试验，覆盖24种路况，累计里程近200万km。奇瑞还建立了覆盖全球温度、湿度、油品、腐蚀、光照、降水、沙尘等环境的适应性开发验证体系。公司常年在沙特阿拉伯测试极端高温，在俄罗斯测试极端高寒，在巴西进行油品适应性开发……每一款产品都要经历多项严苛考验。在客户产品审核方面，奇瑞建立了全球客户产品审核（CCPA）体系，包含客户价值工程（VE）评价、尺寸匹配审核、过程能力审核、产品确认审核等七大类审核，共计2414项审核项。

奇瑞全球质量管理体系不仅可以降低产品的开发周期，还可以降低产品的故障数。奇瑞的瑞虎系列、艾瑞泽系列、星途系列的产品千车故障数在2016年至2019年内已经累计降低66%。

4.4.2 六西格玛管理

20世纪80年代末，六西格玛（6σ）管理在摩托罗拉公司成型并付诸实践，后由通用电气、惠普、戴尔、西门子、索尼、东芝等众多跨国企业应用并发展。六西格玛（6σ）管理已经成为一种有效提高企业竞争力的管理模式。

在全面质量管理中，6σ 有两种定义。从统计学的角度来看，“σ”代表标准差，是用来描述任意一组数据或过程输出结果的离散程度，是一种评估产品生产过程质量特性波动大小的参数。西格玛水平与质量控制水平成正比关系，与产品缺陷率成反比。六西格玛质量水平意味着在所有的过程和结果中，99.999 66%是无缺陷的。也就是说，生产100万件产品，只有3.4件是有缺陷的。

从管理的角度来看，6σ 管理是一种经营管理策略。6σ 管理是在提高顾客满意度的同时降低经营成本和周期的过程革新方法，是通过提高组织核心过程的运行质量，进而提升企业盈利能力的管理方式，也是在新经济环境下企业获得竞争力和持续发展能力的经营策略。

知识点复习

知识点	主要内容
质量管理概述	◆ 质量管理：确定质量方针、目标和职责，并通过质量体系中的质量策划、质量控制、质量保证和质量改进来使其实现所有管理职能的全部活动 ◆ 质量管理的三个阶段：质量检验阶段、统计质量控制阶段和全面质量管理阶段
全面质量管理	◆ 全面质量管理：一个组织以质量为中心，全员参与为基础，目的在于通过让顾客满意和本组织所有成员及社会受益而达到长期成功的管理途径 ◆ 全面质量管理的特点：全面性、全员参与性和全过程性 ◆ PDCA 循环：全面质量管理活动是质量管理计划制订、执行、检查并且不断修正的过程，是按照 PDCA 循环运转的 ◆ PDCA 循环的特点：一定要按顺序形成一个大圈，接着四个阶段不停地转；大环套小环；循环上升
质量管理的统计控制方法	◆ 分层法：一种整理数据的方法 ◆ 帕累托图法：一种分析和寻找影响质量的主要因素的方法 ◆ 因果图法：一种识别质量问题和检查点的方法 ◆ 检查表法：一种对数据进行记录和整理的工具 ◆ 直方图法：一种对定量数据分布情况的图形表示方法 ◆ 相关图法：一种用来分析两个变量之间是否具有相关性的方法 ◆ 控制图法：一种用于分析判断生产过程是否处于控制状态的方法
ISO 9000 体系和六西格玛管理	◆ ISO 9000 系统标准：由国际标准化组织质量管理和质量保证技术委员会（ISO/T C176）制定的所有国际标准 ◆ ISO 族标准：国际标准化组织质量管理和质量保证技术委员会制定的标准 ◆ 六西格玛（6σ）管理：一种有效提高企业竞争力的管理模式 ◆ 六西格玛质量水平：在所有的过程和结果中，99.99966% 是无缺陷的。也就是说，生产 100 万件产品，只有 3.4 件是有缺陷的

习题

一、单项选择题

1. 以提高质量，降低消耗为目的，通过分析检验，制定改进的目标，确定达到这些目标的具体措施和方法，这是 PDCA 循环的（　　）。

A. 计划阶段　　B. 实施阶段　　C. 检查阶段　　D. 处理阶段

2. 在相关图中，成对的数据形成点子云，研究点子云的分布状态，便可推断成对数据之间的相关程度，若 X 增加，Y 却减少，说明 X 与 Y 之间的关系是（　　）。

A. 不相关　　B. 正相关　　C. 负相关　　D. 非线性相关

3. 质量改进是消除（　　）的问题。

A. 偶发性　　B. 系统性　　C. 复杂性　　D. 持续性

4. 某机器生产电子盘片，为控制其重量，应采用（　　）。

A. 不合格品率控制图　　B. 均值-极差控制图

C. 中位数-极差控制图　　D. 不合格品数控制图

5. 质量保证是质量管理的一部分，致力于（　　）。

A. 满足质量要求　B. 增强满足质量要求的能力
C. 制定并实施质量方针和质量目标　D. 提供质量要求会得到满足的信任

6. 质量计划通常是（　　）的结果之一。
A. 质量策划　B. 质量保证　C. 质量控制　D. 质量审核

7. PDCA 循环的用途是（　　）。
A. 找出质量问题的主要影响因素　B. 发现主要质量问题，抓住关键少数
C. 制订实施计划　D. 从不同角度发现质量问题的特征

8. 现代质量管理发展不包括经（　　）阶段。
A. 质量检验　B. 统计质量控制　C. 质量改进　D. 全面质量管理

9. 一个企业要想达到六西格玛质量水平，那么它的出错率不能超过（　　）。
A. 百分之 3.4　B. 万分之 3.4　C. 十万分之 3.4　D. 百万分之 3.4

10. 区别关键的少数与相对不重要的多数的图形方法是（　　）。
A. 因果图　B. 控制图　C. 帕累托图　D. 相关图

二、判断题

1. 全面质量管理的七种工具：分层法、帕累托图法、因果图法、调查表法、直方图法、相关图法、控制图法。（　　）

2. 全面质量管理和 ISO 9000 系列标准的目的是不一致的。（　　）

3. 因果图一般是从“人、机、料、法、环”五方面着手进行分析。（　　）

4. 因果图法是一种区别关键少数与相对较不重要的多数的图形方法。（　　）

5. 控制图是生产现场较常用且有效的一种图表，它可以提高产品的合格率。（　　）

三、解答题

1. 表 4-4 列出了导致收音机质量不合格的原因，使用帕累托图对造成质量不合格的原因进行分析。

表 4-4　不合格原因

不合格内容	不合格品数（台）
高频音质不佳	92
接合不佳	31
灵敏度不佳	23
信号不佳	56
外观不佳	48
音频不佳	14
其他	18

2. 如果解答题 1 中对不合格品的处理方式是减价，各种情况下的减价金额如表 4-5 所示，使用帕累托图对造成严重经济损失的主次原因进行分析。

表 4-5　不合格原因及其减价金额

不合格内容	不合格品数（台）	减价金额（元/台）
高频音质不佳	92	12
信号不佳	56	16
外观不佳	48	21
接合不佳	31	14

（续）

不合格内容	不合格品数（台）	减价金额（元/台）
灵敏度不佳	23	18
音频不佳	14	19
其他	18	12

3. 绘制一张影响门诊患者等候时间的因果图。

4. 表4-6是某交警在2020年统计的某事故多发地段过往车辆的速度大小与发生交通事故的次数，使用相关图分析车速与事故次数之间的相关程度。

表4-6　车速与交通事故次数

车速/(km/h)	60	70	80	90	100	110	120
事故次数（次）	1	4	6	8	10	11	13

5. 某工厂的机床负责人认为车床转速是影响加工产品表面抛光情况的一个影响因素。为了验证这种推测的合理性，他收集了不同转速下的产品表面抛光量，数据如表4-7所示。请使用相关图分析它们之间的相关性。

表4-7　车床转速与产品表面抛光量

序　　号	产品表面抛光量	车床转速/(r/min)
1	45.44	225
2	42.03	200
3	50.10	250
4	48.75	245
5	47.92	235
6	42.79	237
7	52.26	265
8	50.52	259
9	45.58	221
10	44.78	218

参考文献

[1] RADZIWILL N M. A review of research in the quality management journal: influential resources, key themes, and emerging trends [J]. Quality Management Journal. 2013, 20 (1): 7-36.

[2] DAHLGAARD-PARK S, CHEN C-K, JANG J-Y, et al. Diagnosing and prognosticating the quality movement-a review on the 25 years quality literature (1987-2011) [J]. Total Quality Management & Business Excellence, 2013, 24 (1/2): 1-18.

[3] SRINIVASAN A, KUREY B. Creating a culture of quality [J]. Harvard Business Review, 2014, 92 (4): 23-25.

[4] PSOMAS E, ANTONY J. The effectiveness of the ISO 9001 quality management system and its influential criti-

cal factors in Greek manufacturing companies [J]. International Journal of Production Research, 2015, 53 (7): 2089-2099.
[5] SANTOS G, REBELO M, LOPES N, et al. Implementing and certifying ISO 14001 in Portugal: motives, difficulties and benefits after ISO 9001 certification [J]. Total Quality Management & Business Excellence, 2016, 27 (11/12): 1211-1223.
[6] SUNDER M V, GANESH L S, MARATHE R R. A morphological analysis of research literature on Lean Six Sigma for services [J]. International Journal of Operations & Production Management, 2018, 38 (1): 149-182.
[7] VAN KEMENADE E, HARDJONO T W. Twenty-first century Total Quality Management: the emergence paradigm [J]. TQM Journal, 2019, 31 (2): 150-166.
[8] KAUR M, SINGH K, SINGH D. Synergetic success factors of total quality management (TQM) and supply chain management (SCM): a literature review [J]. International Journal of Quality & Reliability Management, 2019, 36 (6): 842-863.
[9] 宁墨. 企业应步出质量认证的六大误区 [J]. 决策借鉴, 1997 (2): 34-35.
[10] 和金生, 郭智玲, 刘新明, 等. ISO 9000 标准的知识结构和贯标支持系统解决方案 [J]. 管理科学学报, 1998 (4): 53-58.
[11] 郭声琨. 实施质量战略: 从 ISO 9000 到 6σ [J]. 管理世界, 2004 (12): 1-2, 22.
[12] 王新平, 汪方军, 万威武, 等. 企业质量管理体系及其认证的有效性研究综述 [J]. 管理评论, 2008 (10): 20-27, 63.
[13] 张小海. 质量管理体系标准中的质量技术及应用 [J]. 工业工程与管理, 2013, 18 (1): 20-24.

学习资源清单

第 5 章

预　　测

引例

预测为 Coop 带来竞争力

Wheatsville Food Coop（简称 Coop）是位于得克萨斯州奥斯汀市的一家大型零售食品合作社，已经运营了近十年。Coop 在开业前期面临着一个重大的困难：缺货导致顾客流失。无论是合作社、独立食品杂货商还是食品连锁店，企业都必须维持供需平衡，为感恩节等食品销售旺季以及日常购物做好准备。节日期间或者一年中任何时候的缺货都可能导致顾客去其他商店购物。因此，对于食品这类快速消费品而言，准确预测需求非常重要。

为国际食品杂货行业提供咨询服务的凯捷咨询（Capgemini Consulting）公司负责人戴比·斯坦顿·约翰逊（Debbie Stanton Johnson）指出："分类、定价、促销决策并不能简单地通过计算和使用电子表格解决问题，需要对顾客需求进行准确预测，而预测的准确性依赖于分析技术、商业智能、数据管理软件和服务提供商。"

Coop 通过销售系统中的数据来预测顾客需求。销售系统中存放着过去十年的销售数据、库存数据、产品属性数据、交易区人口统计数据以及天气变化数据，依据这些数据，Coop 可以确定特定时期的顾客需求。例如，感恩节到来之前，可以根据历年的销售数据确定受欢迎的传统商品品类，并通过比较过去的销售金额、最近的顾客数量和平均购物量，对今年感恩节期间的销售做出合理的估计。此外，Coop 每年都会监测各类商品的流行程度以调整明年的订单，使用连续性盘点管理系统，以确保食品合作社不会缺少关键货品。对 Coop 而言，预测是企业成功和赢得竞争优势的关键成功因素。

5.1　预测概述

5.1.1　预测的重要性

在需求和供给都存在很大不确定性的市场环境中，良好的需求预测对于制订合理的生产计划、降低库存水平、实现有效的供需匹配，从而提高顾客满意度、增加销售收入具有重要的意义。不良的预测则会导致库存积压或使企业丧失盈利的机会，显著影响企业的收益和竞争优势。虽然不少企业在市场分析等方面投入了大量的人力、物力，但预测的准确性低仍然是困扰企业运营决策的主要问题之一。

5.1.2 预测的类型

预测一般可分为经济预测、技术预测和需求预测。

（1）经济预测。经济预测是对经济现象的未来情景的推测和估计，即根据经济发展过程的历史和现状，运用科学的预测方法，揭示经济发展过程的发展规律及各类经济现象之间的相互联系，指出经济现象未来的发展趋势和可能达到的水平。

（2）技术预测。技术预测是对科技发展的未来目标、可能途径及资源条件做出的预测。

（3）需求预测。需求预测是对企业产品或服务的需求做出的预测。

5.1.3 预测的时间范围

预测按照时间范围来分，可以分为长期预测、中期预测和短期预测。

（1）长期预测。长期预测的时间范围一般是 3 年或者 3 年以上。长期预测一般用于新产品的开发计划、设施选址规划等。

（2）中期预测。中期预测的时间范围一般是 3 个月到 3 年。中期预测一般用于销售计划、生产计划等。

（3）短期预测。短期预测的时间范围通常在 3 个月内。短期预测一般用于工作进度安排、采购计划等。

5.1.4 预测的方法

预测的方法一般分为定量预测法和定性预测法。

（1）定量预测法。定量预测法基于历史测量值通过构建数学模型来进行预测。定量预测法主要包括时间序列预测法和相关预测法。

（2）定性预测法。定性预测法基于决策者的情感、个人经验、主观直觉和价值体系来进行预测。定性预测法主要包括德尔菲法、部门主管集体讨论法、销售人员意见综合法和消费者市场调查法。

本章主要对定量预测的方法进行讨论。

5.2 时间序列预测

5.2.1 时间序列预测概述

1. 时间序列预测的概念

时间序列是按时间顺序测量所得到的一组数值。在一段连续的时间点上测量所得到的一组数值，称为连续时间序列；在一组离散的时间点上测量所得到的一组数值，称为离散时间序列。时间序列预测就是依据时间序列中测量值的变化趋势来预测未来的发展。时间序列预测法可用于短期预测、中期预测和长期预测。简单预测法、移动平均法、指数平滑法都属于时间序列预测方法。

2. 时间序列的分解

时间序列中的测量值一般有4个组成成分：趋势、季节、周期和随机成分。

（1）趋势。趋势成分解释了时间序列在很长一段时间内逐渐向相对较高或较低的值转移的原因。

（2）季节。季节性成分解释了在某些时间段内的规律性变化模式。

（3）周期。任何在趋势线以上和趋势线以下且持续一年以上的有规律的数值序列都可以归因于周期性成分。

（4）随机。随机成分是由影响时间序列值的短期、不可预测和不可重复的因素造成的。

5.2.2 简单预测法

简单预测法假定下一个周期的预测值和上一个周期的测量值相同。

5.2.3 移动平均法

移动平均法是取一组测量值的平均值作为未来一段时间的预测值。平均值中包含的实际测量值的数目由预测人员指定，并保持不变。使用移动平均值这个术语，是因为随着每个新测量值的出现，都可以计算出一个新的平均值，并将其用作预测。移动平均法有简单移动平均法和加权移动平均法。

1. 简单移动平均法

简单移动平均法是将最近k期的测量值加以平均，作为下一期的预测值。设移动平均间隔为k，则$t+1$期的简单移动平均值为

$$\text{SMA}_{t+1} = \frac{\sum_{i=t+1-k}^{t} A_i}{k} \tag{5-1}$$

式中，SMA_{t+1}为t期期末的简单移动平均值，可作为$t+1$期的预测值；A_i为第i期的实际测量值；k为平均值中包含的实际测量值的数目；t为时间段。

对预测人员而言，为了确定合适的移动平均周期，需要使用不同的平均周期进行预测，然后计算每个预测的预测误差，选择预测误差较小的移动平均周期。

运营实践

京东雀巢联合预测补货

自2012年雀巢与京东合作以来，雀巢在京东平台的销售就保持着高速增长。目前，雀巢在京东销售的商品已达数百个SKU，包含冲调谷物、糖果、进口食品、母婴用品、宠物食品、全球购跨境业务等诸多品类。如何管理如此复杂的商品品类，对销售进行精准预测，保证高供货效率与低库存成本，是京东与雀巢面临的艰巨挑战。

为实现精准预测，京东与雀巢联合打造了智能预测系统。首先基于双方的信息共享，通过Web、EDI数据平台，由双方确认未来1~3个月的促销计划和信息；确认后的信息将输入到京东智能预测系统，并通过机器学习建模，输出预测结果，再通过建模计算，得

到未来1~3个月的周期性连续补货计划。该计划用于指导生产、备货及后续入库等环节，从而保证雀巢商品在京东稳定的现货率。

2016年3月，雀巢供应链和京东事业部及采销团队制订了13周的销售预测和补货计划，支持雀巢的备货策略、计划制订和材料采购。在“618大促”和“双11”期间，通过双方联合预测，订单满足率从60%提高到87%，平台产品有货率从73%提高到95%，为雀巢增加了超过3000万元的线上销售收入。

例5-1 CE超市2018年的牛奶销售情况如表5-1所示，取$k=4$和$k=5$，请用简单移动平均法进行预测。

表5-1 CE超市2018年的牛奶销售情况

月份	销量/L	月份	销量/L
1月	870.31	7月	934.00
2月	828.60	8月	891.29
3月	937.10	9月	824.72
4月	947.09	10月	846.97
5月	1 007.70	11月	813.88
6月	977.99	12月	858.20

[解]

当$k=4$时，5月的预测值为

$$SMA_5=\frac{\sum_{i=1}^{4}A_i}{k}=\frac{(870.31+828.60+937.10+947.09)\text{L}}{4}=895.78\text{L}$$

同理计算6月的相关预测值。

所有的计算结果如表5-2所示。

表5-2 预测值（一）

月份	销量/L	预测值/L（$k=4$）	预测值/L（$k=5$）
1月	870.31		
2月	828.60		
3月	937.10		
4月	947.09		
5月	1 007.70	895.78	
6月	977.99	930.12	918.16
7月	934.00	967.47	939.70
8月	891.29	966.70	960.78
9月	824.72	952.75	951.61
10月	846.97	907.00	927.14
11月	813.88	874.25	894.99
12月	858.20	844.22	862.17
次年1月		835.94	847.01

测量值与预测值的对比如图 5-1 所示。从中可以看出，预测值与简单移动平均所选的时段有关，k 越大，对干扰的敏感度越低，预测的稳定性越好，响应性越差。

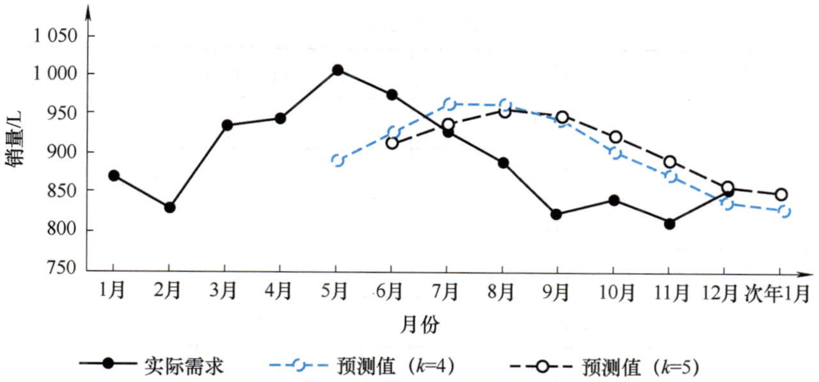

图 5-1 测量值与预测值的对比

2. 加权移动平均法

简单移动平均法适用于预测较为平稳的时间序列。当时间序列存在比较明显的趋势时，可以通过权重来进行调整。

加权移动平均值是将每期测量值乘以权重之后再加以平均，作为下一期的预测值。设移动平均间隔为 k，则 $t+1$ 期的加权移动平均值为

$$\mathrm{WMA}_{t+1} = \frac{\sum_{i=t+1-k}^{t} A_i \alpha_i}{\sum_{i=t+1-k}^{t} \alpha_i} \tag{5-2}$$

式中，WMA_{t+1} 为 t 期期末的加权移动平均值，可作为 $t+1$ 期的预测值；A_i 为第 i 期的实际测量值；α_i 为 i 期实际测量值的权系数；t 为时间段。

例 5-2 参考例 5-1 的数据，取 $k=4$ 和 $k=5$，请用加权移动平均法进行预测。其中前 5 个月的权重如表 5-3 所示。

表 5-3 当 n 月为预测月时前 5 个月的权重

权 重	月 份
3	$n-1$
2	$n-2$
1	$n-3$
0.2	$n-4$
0.1	$n-5$

[解]

当 $k=4$ 时，5 月的预测值为

$$\mathrm{WMA}_5 = \frac{\sum_{i=1}^{4} A_i \alpha_i}{\sum_{i=1}^{4} \alpha_i} = \frac{(870.31\times 0.2 + 828.60\times 1 + 937.10\times 2 + 947.09\times 3)\mathrm{L}}{3+2+1+0.2}$$

$$= 922.28\mathrm{L}$$

同理计算 6 月的预测值。

所有的计算结果如表 5-4 所示。

表 5-4　预测值（二）

月　　份	销量/L	预测值/L（$k=4$）	预测值/L（$k=5$）
1 月	870.31		
2 月	828.60		
3 月	937.10		
4 月	947.09		
5 月	1 007.70	922.28	
6 月	977.99	970.98	969.39
7 月	934.00	981.27	978.85
8 月	891.29	960.50	960.13
9 月	824.72	922.81	923.19
10 月	846.97	868.76	870.97
11 月	813.88	849.75	851.78
12 月	858.20	828.80	830.47
次年 1 月		841.01	841.81

不同 k 值下预测值与测量值之间的差距如图 5-2 所示。

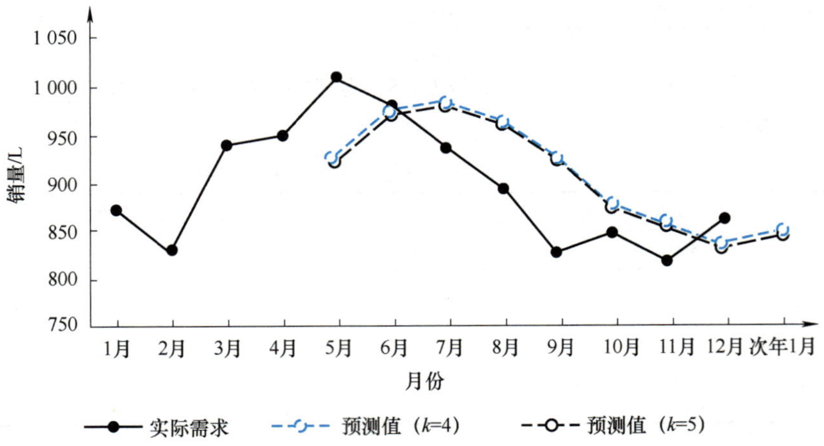

图 5-2　测量值与不同 k 值下的预测值

简单移动平均法和加权移动平均法都能有效地平滑需求中的偶然波动。但是，无论是简单移动平均法还是加权移动平均法，都存在滞后现象，即预测值滞后于测量值，如图 5-3 所示。

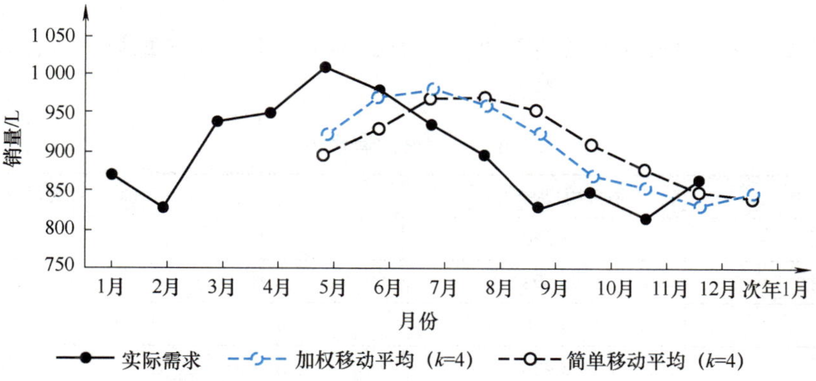

图5-3 测量值与简单移动平均值、加权移动平均值的对比

5.2.4 指数平滑法

由于最近的观测包含了关于将来会发生什么的最新信息，因此它们应该比以前的观测受到更多的重视。指数平滑法是一种复杂的加权移动平均法，该方法满足这一要求，并且只需要运用较少的历史测量值。

1. 一次指数平滑法

一次指数平滑法的预测模型为

$$F_{t+1} = \alpha A_t + (1-\alpha)F_t = F_t + \alpha(A_t - F_t) \tag{5-3}$$

式中，F_{t+1}为$t+1$期的一次指数平滑预测值；A_t为t期的实际测量值；α为平滑系数。

一次指数平滑法的预测模型还可以表示为

$$\begin{aligned}
F_{t+1} &= \alpha A_t + (1-\alpha)F_t \\
&= \alpha A_t + (1-\alpha)[\alpha A_{t-1} + (1-\alpha)F_{t-1}] \\
&= \alpha A_t + (1-\alpha)\{\alpha A_{t-1} + (1-\alpha)[\alpha A_{t-2} + (1-\alpha)F_{t-2}]\} \\
&\vdots \\
&= \alpha A_t + \alpha(1-\alpha)A_{t-1} + \alpha(1-\alpha)^2 A_{t-2} + \cdots + \alpha(1-\alpha)^{t-1}A_1 + (1-\alpha)^t F_1
\end{aligned}$$

由此可以看出，一次指数平滑法是一种考虑所有的历史测量值且权重系数随着时间增加而逐渐减小的加权移动平均法，如表5-5所示。

表5-5 平滑系数为0.1和0.5时各期测量值的权重

平滑系数	各期测量值的权重					
	t期 (α)	$t-1$期 $\alpha(1-\alpha)$	$t-2$期 $\alpha(1-\alpha)^2$	$t-3$期 $\alpha(1-\alpha)^3$	$t-4$期 $\alpha(1-\alpha)^4$	1期 $\alpha(1-\alpha)^{t-1}$
$\alpha=0.1$	0.1	0.09	0.081	0.073	0.066	…
$\alpha=0.5$	0.5	0.25	0.125	0.063	0.031	…

扫描下方二维码，见知识点视频详解：

例 5-3 某网站在运营初期的消费用户数如表 5-6 所示。表内数据显示，目前用户数呈现出增长趋势。

表 5-6 某网站的消费用户数

月 份	消费用户数（个）	月 份	消费用户数（个）
1 月	3 330	7 月	3 722
2 月	3 398	8 月	3 804
3 月	3 456	9 月	3 821
4 月	3 420	10 月	3 941
5 月	3 537	11 月	3 903
6 月	3 652	12 月	4 155

2019 年年底，管理者预测 2020 年 1 月的需求初始值为 3 300 个。利用管理者选定的平滑系数 $\alpha=0.20$、$\alpha=0.40$ 和 $\alpha=0.60$，运用指数平滑法预估 2020 年 2 月—2021 年 1 月的销售量。

[解]

当 $\alpha=0.20$ 时，2 月的预测值为

$$F_2=F_1+\alpha(A_1-F_1)=3\ 300\text{ 个}+0.2\times(3\ 330-3\ 300)\text{个}=3\ 306\text{ 个}$$

同理计算 3 月的预测值。

所有的计算结果如表 5-7 所示。

表 5-7 预测值（三）

月 份	消费用户数（个）	预测值（个）（$\alpha=0.20$）	预测值（个）（$\alpha=0.40$）	预测值（个）（$\alpha=0.60$）
1 月	3 330	3 300	3 300	3 300
2 月	3 398	3 306	3 312	3 318
3 月	3 456	3 324	3 346	3 366
4 月	3 420	3 351	3 390	3 420
5 月	3 537	3 365	3 402	3 420
6 月	3 652	3 399	3 456	3 490
7 月	3 722	3 450	3 534	3 587
8 月	3 804	3 504	3 609	3 668
9 月	3 821	3 564	3 687	3 750
10 月	3 941	3 615	3 741	3 792
11 月	3 903	3 681	3 821	3 882
12 月	4 155	3 725	3 854	3 894
次年 1 月		3 811	3 974	4 051

从表 5-7 中可以看出，当测量值具有变化趋势时，α 越大，预测的响应性越大，预测值

越接近测量值。用一次指数平滑法进行预测虽然可以描绘出测量值变化的趋势，但预测值总是滞后于测量值，如图 5-4 所示。

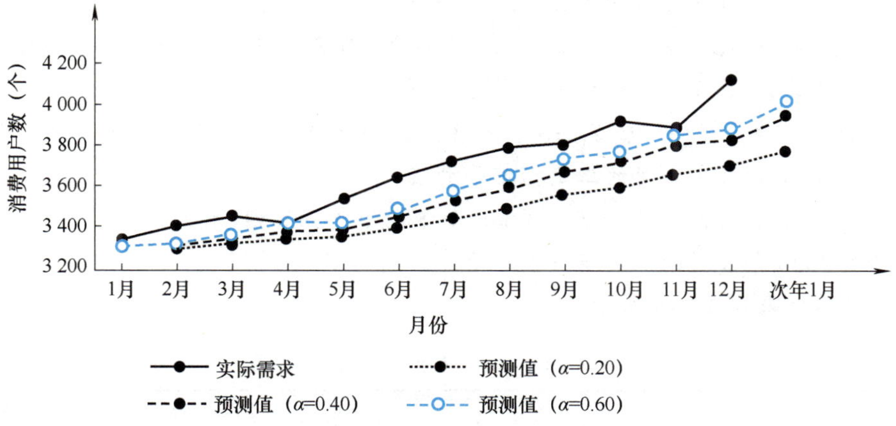

图 5-4　不同 α 下的预测值对比图

2. 二次指数平滑法

使用单一指数平滑法预测具有一致趋势的测量值序列，其预测将落后于该序列存在的趋势，而使用二次指数平滑法能进行更好的预测。二次指数平滑法的基本思想是计算指数平滑平均数，然后再添加正或负的趋势修正值进行趋势调整。二次指数平滑的公式如下：

$$\text{二次指数平滑值}(\mathrm{FIT}_t) = \text{指数平滑预测值}(F_t) + \text{指数平滑趋势值}(T_t)$$

在二次指数平滑法中，平均数和趋势都被平滑了。其中需要两个平滑系数，一个是平均数的平滑系数 $\alpha \in [0,1]$，另一个是趋势的平滑系数 $\beta \in [0,1]$。

二次指数平滑法的计算步骤为：

（1）计算指数平滑预测值

$$F_t = \alpha A_{t-1} + (1-\alpha)(F_{t-1} + T_{t-1}) \tag{5-4}$$

式中，F_t为 t 期的指数平滑预测值；A_t为 t 期的实际测量值；α 为平均数的平滑系数；T_t为 t 期的指数平滑趋势值。

（2）计算指数平滑趋势值

$$T_t = \beta(F_t - F_{t-1}) + (1-\beta)T_{t-1} \tag{5-5}$$

式中，β 为趋势的平滑系数。

（3）计算二次指数平滑值

$$\mathrm{FIT}_t = F_t + T_t \tag{5-6}$$

式中，FIT_t为 t 期的二次指数平滑预测值。

扫描下方二维码，见知识点视频详解：

例 5-4　参考例 5-3 的数据，2019 年年底，管理者预测 2020 年 1 月的需求初始值为 3 300 个，趋势值为 50 个。利用管理者选定的平滑系数 $\alpha = 0.20$，$\beta = 0.3$，运用二次指数平滑法预估2020年2月—2021年1月的销售量。

[解]

第一步：计算2020年2月的指数平滑预测值。

$$F_2=\alpha A_1+(1-\alpha)(F_1+T_1)=0.2\times3\,330\text{个}+0.8\times(3\,300+50)\text{个}=3\,346\text{个}$$

第二步：计算2020年2月的指数平滑趋势值。

$$T_2=\beta(F_2-F_1)+(1-\beta)T_1=0.3\times(3\,346-3\,300)\text{个}+0.7\times50\text{个}=48.8\text{个}$$

第三步：计算2020年2月的二次指数平滑值。

$$\text{FIT}_2=F_2+T_2=3\,346\text{个}+48.8\text{个}=3\,394.8\text{个}$$

同理计算2020年3月的二次指数平滑值。

所有的计算结果如表5-8所示。

表5-8　$\alpha=0.20$，$\beta=0.3$ 时的预测值

月　　份	消费用户数（个）	预测值（F_t）（个）	趋势值（T_t）（个）	二次指数平滑值（FIT_t）（个）
1月	3 330	3 300	50.00	3 350
2月	3 398	3 346	48.80	3 395
3月	3 456	3 395	48.99	3 444
4月	3 420	3 447	49.69	3 496
5月	3 537	3 481	45.10	3 526
6月	3 652	3 528	45.75	3 574
7月	3 722	3 590	50.42	3 640
8月	3 804	3 657	55.33	3 712
9月	3 821	3 730	60.86	3 791
10月	3 941	3 797	62.65	3 860
11月	3 903	3 876	67.53	3 944
12月	4 155	3 935	65.09	4 001
次年1月		4 031	74.36	4 106

对比一次指数平滑法和二次指数平滑法的预测结果，发现在测量值序列有趋势的情况下，二次指数平滑预测值比一次指数平滑预测值更接近测量值，且滞后要少，如图5-5所示。

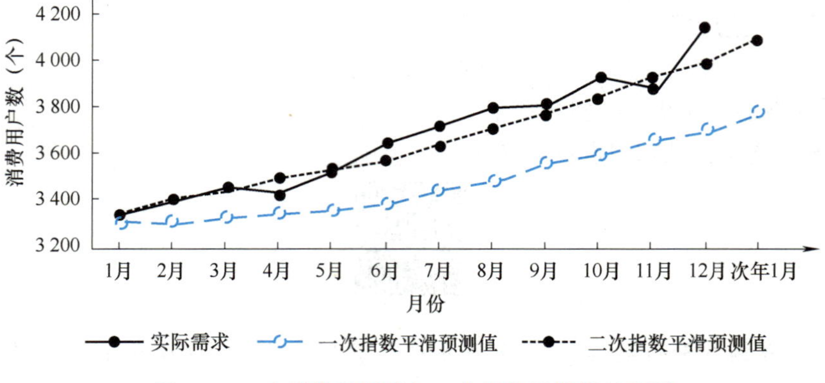

图5-5　一次指数平滑值与二次指数平滑值对比图

5.2.5 趋势外推法

趋势外推法是依据历史测量值呈现出的变动趋势预测未来值的一种方法。趋势外推法的原理是：对具有趋势的历史测量值，以时间单位为自变量，拟合出趋势线，并延长该趋势线对未来进行预测。最小二乘法是最常用的一种趋势模型拟合方法。

运用最小二乘法可以找到一条直线，使每个实际测量值到该线的垂直距离或者偏差的平方和最小。利用最小二乘法得出的直线可以由 Y 轴上的截距 a 和对应的斜率 b 来定义，计算公式为

$$\hat{y} = a + bx \tag{5-7}$$

其中

$$b = \frac{\sum xy - n\,\bar{x}\,\bar{y}}{\sum x^2 - n\,\bar{x}^2} \tag{5-8}$$

$$a = \bar{y} - b\,\bar{x} \tag{5-9}$$

式中，x 为自变量的测量值；y 为因变量的测量值；$\bar{x}$为 x 的平均值；$\bar{y}$为 y 的平均值；n 为测量值的个数；a 为 y 轴截距，是自变量 $x=0$ 时的预测值；b 为回归线斜率；$\hat{y}$为一元线性回归预测值。

扫描下方二维码，见知识点视频详解：

例 5-5　参考例 5-3 的数据，利用回归直线来预测 2021 年 1 月的需求。

[解]

根据趋势外推法的原理进行因素整理并计算，其结果如表 5-9 所示。

表 5-9　因素整理及计算（一）

月　份	时间段（x）	消费用户数（y）（个）	x^2	xy
1 月	1	3 330	1	3 330
2 月	2	3 398	4	6 796
3 月	3	3 456	9	10 368
4 月	4	3 420	16	13 680
5 月	5	3 537	25	17 685
6 月	6	3 652	36	21 912
7 月	7	3 722	49	26 054
8 月	8	3 804	64	30 432
9 月	9	3 821	81	34 389
10 月	10	3 941	100	39 410

（续）

月　份	时间段（x）	消费用户数（y）（个）	x^2	xy
11 月	11	3 903	121	42 933
12 月	12	4 155	144	49 860
求和	78	44 139	650	296 849

根据表 5-9 中的数据计算得：

$$\bar{x}=\frac{78}{12}=6.5$$

$$\bar{y}=\frac{44\ 139\ 个}{12}=3\ 678.25\ 个$$

$$b=\frac{\sum xy-n\bar{x}\bar{y}}{\sum x^2-n\bar{x}^2}=69.55\ 个$$

$$a=\bar{y}-b\bar{x}=3\ 226.18\ 个$$

$$\hat{y}=3\ 226.18+69.55x$$

因此，2021 年 1 月的用户数 =（3 226.18 + 69.55 × 13）个 = 4 130.33 个

5.2.6 预测误差的衡量

在选择某种特定的方法进行预测时，需要评价该方法的准确性。评价方法是找出预测值 F 与测量值 A 之间的差值，即预测误差。

常见的预测误差计算方法有平均绝对误差、均方误差和平均绝对百分误差。

平均绝对误差（Mean Absolution Deviation，MAD）是将预测误差取绝对值后计算的平均误差，即

$$\text{MAD}=\frac{\sum_{i=1}^{n}|A_i-F_i|}{n} \tag{5-10}$$

式中，A_i为时段 i 的测量值；F_i为时段 i 的预测值；n 为整个预测期内的时段个数（或预测次数）。

均方误差（Mean Square Error，MSE）是通过平方消去误差正负号计算的平均误差，即

$$\text{MSE}=\frac{\sum_{i=1}^{n}(A_i-F_i)^2}{n} \tag{5-11}$$

平均绝对百分误差（Mean Absolute Percentage Error，MAPE）消除了时间序列数据的水平和计量单位的影响，是求预测误差的绝对值占测量值百分比的平均误差，即

$$\text{MAPE}=\frac{\sum_{i=1}^{n}\left(100\%\times\frac{|A_i-F_i|}{A_i}\right)}{n} \tag{5-12}$$

例 5-6　参考例 5-4 的数据及计算结果，计算 MAD、MSE 和 MAPE。

[解]

根据误差的公式进行计算，其结果如表 5-10 所示。

表 5-10 误差

测量值（A_i）（个）	预测值（F_i）（个）	绝对偏差（$\|A_i-F_i\|$）	平方误差 $[(A_i-F_i)^2]$	绝对百分误差 $\left(100\% \times \frac{\|A_i-F_i\|}{A_i}\right)$
3 330	3 350	20	400	0.60
3 398	3 395	3	10	0.09
3 456	3 444	12	134	0.33
3 420	3 496	76	5 842	2.23
3 537	3 526	11	116	0.30
3 652	3 574	78	6 062	2.13
3 722	3 640	82	6 703	2.20
3 804	3 712	92	8 495	2.42
3 821	3 791	30	892	0.78
3 941	3 860	81	6 601	2.06
3 903	3 944	41	1 643	1.04
4 155	4 001	154	23 865	3.72
求和		680	60 762	18

根据表 5-10 中的数据计算得：

$$\mathrm{MAD}=\frac{\sum_{i=1}^{n}|A_i-F_i|}{n}=\frac{680\text{ 个}}{12}=56.67\text{ 个}$$

$$\mathrm{MSE}=\frac{\sum_{i=1}^{n}(A_i-F_i)^2}{n}=\frac{60\ 762\text{ 个}^2}{12}=5\ 063.48\text{ 个}^2$$

$$\mathrm{MAPE}=\frac{\sum_{i=1}^{n}\left(100\%\times\frac{|A_i-F_i|}{A_i}\right)}{n}=1.5\%$$

5.2.7 预测的监控与跟踪信号

使用追踪信号（Tracking Signal，TS）对预测进行监控是确保预测系统良好运转的方法之一。跟踪信号是用来衡量预测准确程度的指标，是指累计预测误差 RSFE 与平均绝对误差 MAD 的比值，即

$$\mathrm{TS}=\frac{\mathrm{RSFE}}{\mathrm{MAD}}=\frac{\sum_{i=1}^{n}(A_i-F_i)}{\mathrm{MAD}} \tag{5-13}$$

当 TS >0 时，表明测量值大于预测值；当 TS =0 时，表明测量值等于预测值；当 TS <0 时，表明测量值小于预测值。

计算出跟踪信号后，需要将它与预先设定的控制界限相比较。只有当 TS 在控制界限以内，预测模型才可以继续使用；否则，应该重新选择预测模型。

以例 5-3 的数据计算跟踪信号，如表 5-11 所示。令 TS 的控制上下限为 ±4MAD，绘制出控制图，如图 5-6 所示。

表 5-11　跟踪信号的计算

测量值（个）	预测值（个）	偏差（个）	累计误差（个）	绝对偏差（个）	累计绝对误差（个）	MAD（个）	TS
3 330	3 350	-20	-20	20	20	20.00	-1.00
3 398	3 395	3	-17	3	23	11.50	-1.48
3 456	3 444	12	-5	12	35	11.67	-0.43
3 420	3 496	-76	-81	76	111	27.75	-2.92
3 537	3 526	11	-70	11	122	24.40	-2.87
3 652	3 574	78	8	78	200	33.33	0.24
3 722	3 640	82	90	82	282	40.29	2.23
3 804	3 712	92	182	92	374	46.75	3.89
3 821	3 791	30	212	30	404	44.89	4.72
3 941	3 860	81	293	81	485	48.50	6.04
3 903	3 944	-41	252	41	526	47.82	5.27
4 155	4 001	154	406	154	680	56.67	7.16

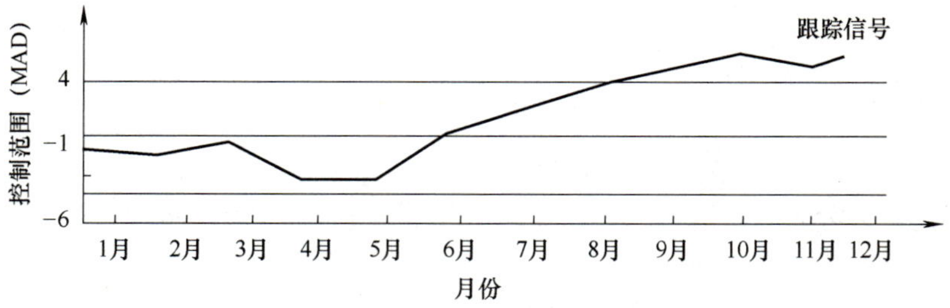

图 5-6　跟踪信号控制图

5.3　相关预测方法

5.3.1　线性回归分析

线性回归分析使用最小二乘法推导出的数学模型进行线性回归分析，用以分析某项因素对预测值的影响。线性回归分析与趋势外推法的不同之处在于，线性回归分析的自变量 x 可能不再是时间，而是其他因素。线性回归分析模型为

$$\hat{y} = a + bx \tag{5-14}$$

式中，$\hat{y}$为因变量值；a 为 y 轴截距；b 为回归线斜率；x 为自变量。

为了评估线性回归方法，可采用两个指标：线性相关系数 r 和标准差$s_{y,x}$。

线性相关系数 r 描述了两个变量之间的关系，取值范围在［-1,1］。$r=0$，说明 y 与 x 不相关；r 为正，说明 y 与 x 正相关；r 为负，说明 y 与 x 负相关；$r=1$，说明 y 与 x 完全正相关；$r=-1$，说明 y 与 x 完全负相关。

$$r=\frac{n\sum xy-\sum x\sum y}{\sqrt{[n\sum x^2-(\sum x)^2][n\sum y^2-(\sum y)^2]}} \tag{5-15}$$

式中，x 为每个数据点的 x 值；y 为每个数据点的 y 值；n 为数据点的个数。

标准差$s_{y,x}$是为了衡量回归估计的准确度，表明因变量 y 与回归线之间的偏差。

$$s_{y,x}=\sqrt{\frac{\sum(y-y_c)^2}{n-2}} \tag{5-16}$$

式中，y_c为根据回归方程计算得到的因变量值。

式（5-16）还可化解为

$$s_{y,x}=\sqrt{\frac{\sum y^2-a\sum y-b\sum xy}{n-2}} \tag{5-17}$$

例 5-7 网站管理者发现销售额受消费用户数的影响，如表 5-12 所示。请建立网站的销售额与消费用户数之间的数学模型，以帮助预测销售收入。

表 5-12 销售额及消费用户数

月 份	销售额（千元）	消费用户数（个）	月 份	销售额（千元）	消费用户数（个）
1 月	1 467	3 330	7 月	1 756	3 722
2 月	1 520	3 398	8 月	1 880	3 804
3 月	1 570	3 456	9 月	1 976	3 821
4 月	1 464	3 420	10 月	2 079	3 941
5 月	1 552	3 537	11 月	2 012	3 903
6 月	1 637	3 652	12 月	2 275	4 155

[解]

根据线性回归分析的原理进行因素整理并计算，其结果如表 5-13 所示。

表 5-13 因素整理及计算（二）

月 份	销售额（y）（千元）	消费用户数（x）（个）	x^2	xy
1 月	1 467	3 330	11 088 900	4 885 110
2 月	1 520	3 398	11 546 404	5 164 960
3 月	1 570	3 456	11 943 936	5 425 920
4 月	1 464	3 420	11 696 400	5 006 880
5 月	1 552	3 537	12 510 369	5 489 424
6 月	1 637	3 652	13 337 104	5 978 324

（续）

月　份	销售额（y）（千元）	消费用户数（x）（个）	x^2	xy
7 月	1 756	3 722	13 853 284	6 535 832
8 月	1 880	3 804	14 470 416	7 151 520
9 月	1 976	3 821	14 600 041	7 550 296
10 月	2 079	3 941	15 531 481	8 193 339
11 月	2 012	3 903	15 233 409	7 852 836
12 月	2 275	4 155	17 264 025	9 452 625
求和	21 188	44 139	163 075 769	78 687 066

根据表 5-13 中的数据计算得：

$$\bar{x}=\frac{44\ 139}{12}=3\ 678.25$$

$$\bar{y}=\frac{21\ 188}{12}=1\ 765.67$$

$$b=\frac{\sum xy-n\bar{x}\bar{y}}{\sum x^2-n\bar{x}^2}=1.04$$

$$a=\bar{y}-b\bar{x}=-2\ 059.71$$

$$\hat{y}=-2\ 059.71+1.04x$$

如果 2021 年 1 月的消费用户数量为 4 130 个，可以利用回归方程预测出销售额：

2021 年 1 月的销售额 =（−2 059.71 + 1.04 × 4 130）千元 = 2 235.49 千元

5.3.2 多元回归分析

多元回归分析模型是线性回归模型的扩展。在多元回归分析模型中可以有多个自变量，多元回归分析模型为

$$\hat{y}=a+b_1x_1+\cdots+b_nx_n \tag{5-18}$$

式中，$\hat{y}$为因变量；a 为常量，与 y 轴截距；x_1，x_2，…，x_n为多个自变量；b_1，b_2，…，b_n为自变量的系数。

多元线性回归的数学计算十分复杂，通常是由计算机完成的，如果需要详细了解多元线性回归的数学计算，请查阅统计学相关教材。

知识点复习

知识点	主要内容
预测概述	◆ 预测是企业成功的关键因素之一 ◆ 预测的类型： （1）经济预测：对经济现象的未来情景的推测和估计 （2）技术预测：对科技发展的未来目标、可能途径及资源条件做出的测定 （3）需求预测：对企业产品或服务的需求做出的预测 ◆ 定性预测法：德尔菲法、部门主管集体讨论法、销售人员意见综合法和消费者市场调查 ◆ 定量预测法：时间序列预测法和相关预测法

（续）

知识点	主要内容
时间序列预测	◆ 时间序列：按时间顺序测量所得到的一组数值 ◆ 时间序列预测：依据时间序列中测量值的变化趋势来预测未来的发展 ◆ 时间序列中的测量值一般有 4 个组成成分：趋势、季节、周期和随机成分 ◆ 移动平均法：取一组测量值的平均值作为未来一段时间的预测值 （1）简单移动平均法 $$\mathrm{SMA}_{t+1}=\frac{\sum_{i=t+1-k}^{t}A_i}{k}$$ （2）加权移动平均法 $$\mathrm{WMA}_{t+1}=\frac{\sum_{i=t+1-k}^{t}A_i\alpha_i}{\sum_{i=t+1-k}^{t}\alpha_i}$$ ◆ 指数平滑法：一种复杂的加权移动平均法 （1）一次指数平滑法 $$F_{t+1}=\alpha A_t+(1-\alpha)F_t=F_t+\alpha(A_t-F_t)$$ （2）二次指数平滑法 $$F_t=\alpha A_t+(1-\alpha)(F_{t-1}+T_{t-1})$$ $$T_t=\beta(F_t-F_{t-1})+(1-\beta)T_{t-1}$$ $$\mathrm{FIT}_t=F_t+T_t$$ ◆ 趋势外推法：依据历史测量值呈现出的变动趋势预测未来值的一种方法 $$\hat{y}=a+bx$$ $$b=\frac{\sum xy-n\bar{x}\bar{y}}{\sum x^2-n\bar{x}^2}$$ $$a=\bar{y}-b\bar{x}$$ ◆ 预测误差的测量： （1）平均绝对误差：预测误差取绝对值后计算的平均误差 $$\mathrm{MAD}=\frac{\sum_{i=1}^{n}\lvert A_i-F_i\rvert}{n}$$ （2）均方误差：通过平方消去误差正负号计算的平均误差 $$\mathrm{MSE}=\frac{\sum_{i=1}^{n}(A_i-F_i)^2}{n}$$ （3）平均绝对百分误差：消除了时间序列数据的水平和计量单位的影响，是求预测误差的绝对值占测量值百分比的平均误差 $$\mathrm{MAPE}=\frac{\sum_{i=1}^{n}\left(100\times\frac{\lvert A_i-F_i\rvert}{A_i}\right)}{n}$$ ◆ 跟踪信号：累计预测误差 RSFE 与平均绝对误差 MAD 的比值 $$\mathrm{TS}=\frac{\mathrm{RSFE}}{\mathrm{MAD}}=\frac{\sum_{i=1}^{n}(A_i-F_i)}{\mathrm{MAD}}$$

（续）

知识点	主要内容
相关预测方法	◆ 线性回归分析：使用最小二乘法推导出的数学模型进行线性回归分析，用以分析某项因素对预测值的影响 ◆ 相关系数 r：两个变量之间的关系 $r=\dfrac{n\sum xy-\sum x\sum y}{\sqrt{[n\sum x^2-(\sum x)^2][n\sum y^2-(\sum y)^2]}}$ ◆ 标准差 $s_{y,x}$：衡量回归估计的准确度 $s_{y,x}=\sqrt{\dfrac{\sum y^2-a\sum y-b\sum xy}{n-2}}$ ◆ 多元回归分析模型是线性回归模型的扩展 $\hat{y}=a+b_1x_1+\cdots+b_nx_n$

习题

一、填空题

1. 定性预测法有______________________。定量预测法有______________________。

2. 预测值同简单移动平均法所选的时段长 n 的取值有关，n 越大，对干扰的敏感性________，预测的稳定性________，响应性就________。

3. 对于加权移动平均法，近期数据的权重越大，则预测的稳定性就________，响应性就________。

4. 时间序列的组成成分有______________________。

二、判断题

1. 德尔菲法就是一群人聚在一起进行讨论和发表意见。(　　)

2. 使用一次指数平滑法进行预测，当出现趋势时，预测值虽然可以描述实际值的变化形态，但预测值总是滞后于实际值。(　　)

3. 比较不同的平滑系数对预测值的影响，当出现趋势时，取较大的 α 值得到的预测值与实际值更接近。(　　)

4. 二次指数平滑法预测的结果比一次指数平滑法预测的结果在有趋势的情况下，与实际值更加接近，且滞后要小得多。(　　)

5. 平均绝对误差和平均平方误差都能很好地反映预测的精度，衡量预测模型的无偏性。(　　)

6. 平均绝对误差是平均平方误差的平方根。(　　)

三、解答题

1. 表 5-14 给出了沃尔玛（中国）2012—2018 年的销售额数据。

表 5-14　沃尔玛（中国）2012—2018 年的销售额

年　份	2012 年	2013 年	2014 年	2015 年	2016 年	2017 年	2018 年
销售额（亿元）	580.0	722.1	723.8	735.5	767.0	802.8	846.9

(1) 使用 $k=4$ 的移动平均法预测 2019 年的销售额。

(2) 使用 $k=4$ 的加权移动平均法预测 2019 年的销售额，权重信息如表 5-15 所示。

表 5-15 权重信息

权 重	2	1	0.5	0.2
日期	上一年	之前第二年	之前第三年	之前第四年

（3）使用指数平滑法预测 2019 年的销售额，其中 2012 年的预测值为 573 亿元，$\alpha=0.3$。

（4）使用趋势外推法预测 2019 年的销售额。

2. 表 5-16 给出了沃尔玛（中国）2012—2018 年的门店数统计情况。

表 5-16 沃尔玛（中国）2012—2018 年的门店数

年 份	2012 年	2013 年	2014 年	2015 年	2016 年	2017 年	2018 年
门店数（个）	395	407	411	432	439	441	444

（1）根据这些数据作图能否观察出任何趋势、循环或随机因素？

（2）使用 $k=3$ 的移动平均法预测 2015—2019 年的门店数。

（3）使用 $k=3$ 的加权移动平均法预测 2015—2019 年的门店数，权重信息如表 5-17 所示。

表 5-17 权重信息

权 重	1.5	1	0.25
日期	上一年	之前第二年	之前第三年

（4）使用平均绝对误差来判断以上两种预测方法中哪种预测方法更准确？

3. 西南地区新百伦 574 系列复古运动鞋 2019 月 4 月 1 日—7 日的实际需求如表 5-18 所示。

表 5-18 新百伦 574 系列复古运动鞋的实际需求

日 期	4 月 1 日	4 月 2 日	4 月 3 日	4 月 4 日	4 月 5 日	4 月 6 日	4 月 7 日
实际需求（双）	580	539	613	532	547	562	606

设定 2019 年 4 月 1 日的预测值就是所观测到的 2019 年 4 月 1 日的实际需求。请使用平滑系数为 0.3 的指数平滑法预测 2019 年 4 月 8 日的需求值。

4. 上海迪士尼乐园的游客数信息如表 5-19 所示。

表 5-19 上海迪士尼乐园的游客数信息

日 期	2018 年春季	2018 年夏季	2018 年秋季	2018 年冬季
游客数（人）	134 930	152 304	149 235	126 402

使用二次指数平滑法预测该乐园 2019 年春季的游客数。假设 2018 年春季的预测值为 133 000 人，趋势初始值为 15 000 人，平滑系数 $\alpha=0.1$，$\beta=0.2$。

5. 表 5-20 给出了北京二手住宅交易的价格。

表 5-20 北京二手住宅交易的价格

年 份	2009 年	2010 年	2011 年	2012 年	2013 年	2014 年	2015 年
价格（元/m^2）	16 435	25 573	27 491	29 691	34 768	36 158	38 147
成交量（套）	166 854	196 587	121 239	142 983	162 688	104 772	192 251

请使用下列预测方法预测下一年二手房的价格：

（1）简单预测法。

（2）$k=3$ 的移动平均法。

（3）$k=6$ 的加权移动平均法，权重分别为 1，0.8，0.7，0.5，0.3，0.1，时间越近赋予的权重越大。

（4）指数平滑法，其中 $\alpha=0.2$，2012 年的预测值是 28 659 元/m^2。

（5）趋势外推法。

6. 使用解答题 5 的数据，用线性回归方法分析二手住房的成交量与价格之间的关系。如果 2016 年价格上涨到 42 000 元/m^2，二手住房的成交量会是多少？预测的标准差是多少？该模型的相关系数和判定系数是多少？

7. 表 5-21 给出了我国 2008—2016 年历年考研的报名人数与录取人数。

表 5-21　我国 2008—2016 年历年考研的报名人数与录取人数

年　份	2008 年	2009 年	2010 年	2011 年	2012 年	2013 年	2014 年	2015 年	2016 年
报名人数（万人）	128.2	123.0	124.6	140.0	151.1	165.6	176.1	164.9	177
录取人数（万人）	36.4	39.0	46.5	49.5	51.7	53.9	57.0	49.0	51.7

请使用趋势外推法，作为时间的函数，预测 2017 年和 2018 年的考研报名人数。

8. 使用解答题 7 的数据，用线性回归方法分析考研报名人数与录取人数之间的关系。如果解答题 7 中 2017 年和 2018 年的考研报名人数预测值就是实际报名人数，预测 2017 年和 2018 年的考研录取人数。

9. 表 5-22 给出了某图书馆在 2018 年 11 月最后一周的客流量。

表 5-22　某图书馆在 2018 年 11 月最后一周的客流量

日　期	周一	周二	周三	周四	周五	周六	周日
客流量（人）	12 963	13 425	14 922	15 637	13 296	11 094	10 987

分别使用平滑系数为 0.3 和 0.6 的指数平滑法预测周二到下周一的客流量，周一的预测值为 12 500 人。选择哪个平滑系数的平均绝对误差最小？

10. 某地铁的人流量如表 5-23 所示。利用线性回归预测 5 月 7 日的人流量。

表 5-23　某地铁的人流量

日　期	5 月 2 日	5 月 3 日	5 月 4 日	5 月 5 日	5 月 6 日
人流量（人）	1 478	1 560	1 602	1 608	1 670

（1）利用线性回归预测 5 月 7 日的人流量。

（2）计算平均绝对误差。

（3）计算平均均方误差。

（4）计算平均绝对百分比误差。

11. 表 5-24 是我国自主研发的网络游戏在国外市场的收入。

表 5-24　我国自主研发的网络游戏在国外市场的收入

年　份	2012 年	2013 年	2014 年	2015 年	2016 年	2017 年
收入（亿美元）	5.7	18.2	20.8	53.1	72.3	82.8

使用二次指数平滑法预测 2018 年的收入，假设 2012 年的预测值为 5.5 亿美元，趋势初始值为 15.0 亿美元，平滑系数 $\alpha=0.1$，$\beta=0.3$。

12. 表 5-25 是我国游戏市场的实际销售收入及游戏用户规模。

表 5-25 我国游戏市场的实际销售收入及游戏用户规模

年 份	2011 年	2012 年	2013 年	2014 年	2015 年	2016 年	2017 年	2018 年
销售收入（亿元）	446	603	832	1 144	1 497	1 656	2 036	2 458
用户规模（亿人）	3. 30	1. 10	4. 95	5. 17	5. 34	5. 66	5. 83	6. 00

用线性回归方法分析销售收入与用户规模之间的关系。如果 2019 年用户规模达到 7 亿人，预测 2019 年的销售收入。

13. 我国 2011—2017 年的民航客运量如表 5-26 所示。数据显示，客运量表现出增长的趋势。

表 5-26 我国 2011—2017 年的民航客运量

年 份	2011 年	2012 年	2013 年	2014 年	2015 年	2016 年	2017 年
客运量（万人）	29 316. 66	31 936. 05	35 396. 63	39 000. 00	43 618. 40	48 796. 00	55 156. 80

如果 2011 年客运量的预测值为 29300 万人，趋势值为 200 万人。利用管理者选定的平滑系数 $\alpha=0.20$，$\beta=0.3$，运用二次指数平滑法预估 2012—2018 年的客运量。

14. 利用解答题 9 的数据，分别使用两天、三天的移动平均法预测图书馆的客流量。

参考文献

[1] CHAMBERS J C, MULLICK S K, SMITH D D. How to choose the right forecasting technique [J]. Harvard Business Review, 1971, 49 (4): 45-70.

[2] FOX J. Why rational people can't succeed as economic forecasters [J]. Harvard Business Review, 2014: 2-5.

[3] CHASE C W. Innovations in business forecasting: predictive analytics [J]. Journal of Business Forecasting, 2014, 33 (2): 26-32.

[4] LIU Y. Big data and predictive business analytics [J]. Journal of Business Forecasting, 2014, 33 (4): 40-42.

[5] FRICK W. What research tells us about making accurate predictions [J]. Harvard Business Review, 2015: 2-5.

[6] CHASE C W. Machine learning is changing demand forecasting [J]. Journal of Business Forecasting, 2016, 35 (4): 43-45.

[7] LAPIDE L, WILSON E. Quick response forecasting: a blueprint for faster and more efficient planning [J]. Journal of Business Forecasting, 2017, 36 (4): 24-28.

[8] 倪冬梅，赵秋红，李海滨．需求预测综合模型及其与库存决策的集成研究 [J]. 管理科学学报，2013，16 (9): 44-52, 74.

[9] 杨海民，潘志松，白玮．时间序列预测方法综述 [J]. 计算机科学，2019，46 (1): 21-28.

学习资源清单

第 6 章

选 址 决 策

引例

Hovid Berhad 印度选址

Hovid Berhad 是马来西亚一家世界级的研究型制药公司，主要研制非专利药品，其产品销往全球30 多个国家，销售网络覆盖东南亚、西亚、远东、非洲、大洋洲、北美洲等地区。

2007 年年底，Hovid Berhad 公司投资500 万美元在印度建立了一个生产部门来满足国外市场日益增长的需求，特别是满足印度市场的需求。这项举措不仅增强了公司在区域医药市场的竞争力，还提高了公司在国际医药市场上的地位。

该公司选择在印度建厂主要考虑了专利限制、自由贸易、劳动力成本、关税等因素。首先，马来西亚拥有严格的专利法，非专利药品无法在马来西亚生产；其次，马来西亚与美国签署的自由贸易协定使公司处于不利处境，公司的竞争力降低，其他大型组织垄断市场；另外，马来西亚的劳动力成本比印度高，且关税政策不规范，常出现重复收税的现象。将公司搬到印度，不仅可以利用更低的劳动力成本来生产更便宜的药品，还能避免重复收税现象，降低企业的运营成本，进而通过低价来充盈印度市场。

6.1 选址决策的重要性

选址决策在企业运营管理中具有十分重要的地位。选址是一项耗资巨大的固定投资，是企业的长期战略决策，具有不可逆性。一旦选址确定下来，就需要投入大量的资金修建厂房和其他设施。工厂或者商店建成后，若要进行搬迁，则需要投入很多的人力和成本。

选址决策在一定程度上决定了一个企业的竞争力。首先，选址决策决定了企业的响应性和生产效率。有的企业为了迅速响应需求而靠近消费者布局，有的企业为了获得规模经济以提高生产效率而集中布局。其次，选址决策决定了企业的物流效率。我国发达的道路、机场和港口基础设施使得我国的物流效率较高，促进了众多行业的发展。再次，选址决策决定了企业运营成本的高低，包括生产要素成本和运输成本。最后，选址决策影响着企业的经营战略和目标。企业经营战略和目标的制定往往需要考虑选址所在区域的基础设施情况、社会环境、市场规划、目标顾客的构成、顾客的消费结构等因素。

6.2 选址决策的影响因素

影响选址的因素大致可分为以下几种：政策和法规因素、战略因素、成本因素、竞争因素、劳动力因素、与消费者的接近程度、与供应商的接近程度、基础设施因素以及自然因素。

6.2.1 政策和法规因素

政策和法规因素主要包括当地法制的健全状况、贸易壁垒、经济政策的稳定性、当地政府对外来企业经营范围的限制、优惠政策以及环境保护的政策法规等。

了解当地的有关法规及政策，能降低企业选址的风险。例如，德国拥有严厉的环境规章，这使得在德国建厂的成本较高，导致许多德国公司选择在远离本土的其他地方建厂。一些地方政府为了促进当地经济的发展，会出台相应的产业政策，如果企业能够利用地方政府的一些倾向性政策法规，就能从中受惠。例如，很多地区会给予投资企业“两免三减半”政策，帮助初创企业渡过初期的发展难关。2002 年波音飞机在美国选址时，因为芝加哥当地政府在公共事业费用上提供了大量的减免和优惠，因此选择在芝加哥建厂。滴滴打车因为北京市海淀区对科技创新的扶持力度大而选择在中关村上地数字山谷办公。此外，一些国家政府为保护本国经济，设置了贸易壁垒。例如，巴西政府为保护本土工业，对 IT 进口产品实行高关税政策，而冠捷在巴西显示器市场占据了 30% 的份额，因此冠捷选择在巴西设厂以应对巴西政府对进出口产品设限的问题。

6.2.2 战略因素

企业的竞争战略会对选址决策产生重要影响。强调成本领先的企业倾向于将设施布置在成本最低的地方，即使这样做会使生产工厂远离市场；强调顾客响应性的企业则倾向于在市场附近布置设施。红旗连锁超市将“为顾客提供购物便利”作为其竞争战略的一部分，故其设施面积相对较小，多集中在人口密集的居民小区；相反，好市多（Costco）采用的是提供低价格商品的竞争战略，多选在远离市区的郊区开设超市。

6.2.3 成本因素

成本因素在企业选址决策中扮演着重要的角色。对于劳动密集型企业而言，主要考虑劳动力成本。因此，这些企业不断地向劳动力供应充沛、工人能力强、工资水平低、综合运营成本低的地区转移。对于一些高耗能企业，如水泥、合金、电石等生产企业，其能源的消耗成本可占生产成本的 35% ~60%。因此，能源消耗成本是这些企业选址时重点考虑的因素。配送中心的选址则需要考虑运输成本。配送中心的位置应该尽量选在方便提供物流服务的地方，以达到缩短运输距离、降低运输成本的目的。

6.2.4 竞争因素

企业的选址决策要考虑竞争对手的战略、规模和布局情况，根据企业产品或服务的自身特征来决定是靠近还是远离竞争对手。

如果多家企业邻近选址有积极的外部关联，那么竞争对手的选址会彼此靠近。例如，麦当劳和肯德基考虑到“聚焦效应”而倾向于选择在靠近竞争对手的地方建立门店。“聚焦效应”是指受聚焦于某区域的几个企业吸引下而来的顾客总数，大于这几个企业分散在不同区域的顾客总数。

6.2.5 劳动力因素

生产不同产品所要求的劳动力数量和质量是有区别的。技术密集型企业对劳动力的质量有较高要求，因为在大城市更容易获得高水平的劳动力资源，所以这类企业多选择在大城市或者大城市的郊区建厂，以解决劳动力质量问题。劳动密集型企业则对劳动力的数量有较高要求，故一般选择在劳动力资源丰富、工资低廉的地区建厂，以降低劳动力成本。

6.2.6 与消费者、供应商的接近程度

对具有特殊的产品属性、消费者诉求、生产及运输条件的企业，其选址可能更接近消费者或供应商。

对时效性要求较高的企业，一般会选择靠近消费者建厂。例如，戴姆勒-奔驰轿车的门窗座椅供应商必须在半小时内将门窗和座椅送到轿车的生产厂房，因此选择在戴姆勒-奔驰的生产厂房所在地建厂。此外，一些企业由于产品体积过大、超重或者易碎等因素会导致产品运输困难或者运输成本高昂，所以通常会选择在市场附近建厂。例如，家具厂和预制板厂由于产品运输不便，其选址多接近消费市场。

当企业的原材料具有腐蚀性、易损性，或者原材料体积庞大笨重、运输成本高昂、运输不便时，企业倾向靠近原材料供应商选址。例如，奶产品加工、罐头生产等行业的企业，在选址时必须考虑原材料的易损性，尽量选择在供应地附近建厂。钢铁企业由于使用的煤、铁矿石等原材料笨重且内部运输成本高昂，适于选择在离原材料供应地较近的地方建厂。

6.2.7 基础设施因素

基础设施因素主要考虑交通、通信、电力、排污和工业废物处理等设施的可用性和使用费用。良好基础设施的可获取性，是在一个特定区域进行选址的重要先决条件。不完善的基础设施会增加企业在一个特定地区从事商业活动的成本。从事物流运输的企业首先要考虑交通网络是否发达。如果交通设施落后，就会影响物流效率，不利于企业经营。因此，物流中心最好邻近交通枢纽进行布局，如港口、交通主干道枢纽、铁路编组站或机场等。例如，钢铁厂所在地必须具备充足的电、水、热、燃气供应能力，以及污水、固体废物处理能力。

6.2.8 自然因素

自然因素也是影响企业选址决策的重要因素之一。自然因素包括气候条件、地理位置、水资源状况、土壤条件、动植物资源和矿物资源等。

建厂会受地理位置的限制。一般而言，地面以下存在淤泥层、流沙层、松土层、地震断裂层等的地带，开采过矿和有地下工程的区域不适合建厂，因为这些地带的土壤承载力不高，容易造成沉陷、翻浆等严重后果。气候条件会影响工作人员的工作效率。通常，气温在

15～22℃时人的工作效率最高。有的产业的选址会受气候条件的限制，如棉纺、木器、纸张的加工不适宜在潮湿的气候条件下进行。有的产业选址时会考虑资源的可用性，如发电厂、钢铁厂、化纤厂等耗水量巨大的企业一般在水资源丰富的地区建厂，啤酒厂会选择在水质好的地区建厂。

运营实践

诸多高科技公司选址越南

越南长期以来一直以丽诗加邦衬衫和木制家具的低成本制造而闻名。自2006年英特尔（Intel）宣布将在越南建造一座半导体测试和组装工厂之后，越来越多的高科技公司开始关注越南。2007年1月越南加入世界贸易组织（WTO）之后，富士康申请了高达50亿美元的投资许可，计划在越南生产电子和计算机产品；仁宝电子科技公布了在越南投资5亿美元生产笔记本电脑的计划；捷普科技计划斥资1亿美元在越南开展业务。越南逐渐成为东南亚下一个大型电子制造中心。

另外，越南作为劳动力最丰富的东南亚国家之一，有着廉价劳动力的优势，而且地理位置良好，吸引了包括三星、LG、英特尔在内的众多大型制造企业在越南投资建厂。除此之外，越南政府还给出了优惠政策吸引外商投资。

6.3 选址的一般步骤

选址主要包括两个层次的问题：选位和定址。

选位是预先选择在哪个国家、哪个地区建厂，是在城市、农村还是在郊区建厂。选位主要需要考虑国家政策和地方法规、关税、社会环境、自然条件、劳动力条件、基础设施、市场以及原材料的位置等因素。

定址是针对企业的特点，更深入地分析研究各种有关因素，确定选址位置。通常要考虑的是企业的竞争因素以及成本因素，如厂房的建设成本、租赁成本和管理成本等。此外，还要考虑厂址的自然条件、可扩展条件等因素。

选址的具体流程如图6-1所示。

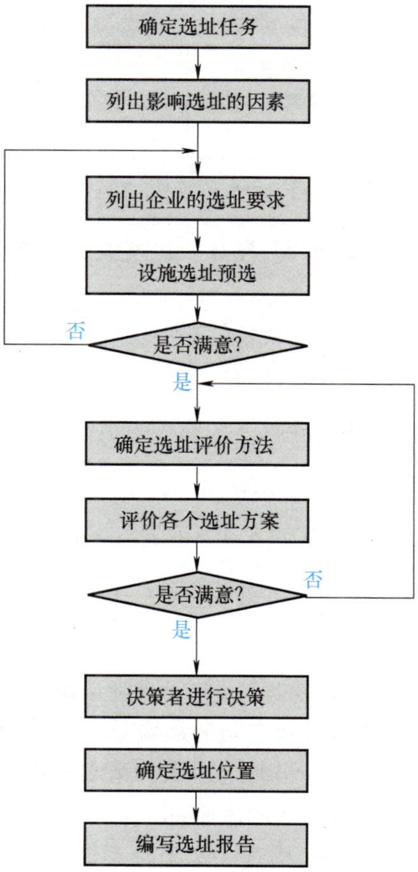

图6-1 选址的具体流程

6.4 选址方案的评估方法

选址方案的评估方法有很多，常用的是因素分析法、重心法和运输模型法。

6.4.1 因素分析法

因素分析法是一种对影响选址决策的诸多因素（包括定性与定量因素）进行综合评判的方法。

因素分析法的步骤如下：

（1）确定选址决策的备选方案及影响因素。假设有 n 个方案 $a_i(i=1,2,\cdots,n)$，有 m 个影响因素。

（2）根据各个因素对选址决策的重要程度，为各个因素确定一个权重 $w_j(j=1,2,\cdots,m)$。

（3）确定一个评分范围，并为每个方案的各种因素评分 $u_{ij}(j=1,2,\cdots,m)$。

（4）计算每个方案的最终得分，即

$$u(a_i)=\sum_{j=1}^{m} w_j u_{ij} \quad (i=1,2,\cdots,n) \tag{6-1}$$

（5）选择使 $u(a_i)$ 最大的方案 a^* 作为最优选择方案。

例 6-1 某运营中心拟新建一个工厂，现有 F_1、F_2、F_3 三个候选厂址可供选择。管理人员认为重要的几个关键成功因素、权重及三个候选厂址在各个因素下的得分情况如表 6-1 所示。请帮助管理人员确定最佳厂址。

表 6-1　候选厂址的选址因素及权重　（单位：万元）

选址因素	权重	候选厂址		
		F_1	F_2	F_3
土地费用和建设成本	0.20	70	80	60
劳动力供应情况	0.30	70	70	80
环境污染法规	0.15	90	70	70
交通情况	0.20	80	80	90
扩展潜力	0.15	90	80	80
合计	1.00	—	—	—

［解］

利用式（6-1）以及表 6-1 的数据可以得到：

$$u(F_1)=\sum_{j=1}^{5} w_j F_{1j}=(0.20\times70+0.30\times70+0.15\times90+0.20\times80+0.15\times90)\text{ 万元}$$
$$=78\text{ 万元}$$

同理得：

$$u(F_2)=75.5\text{ 万元}$$
$$u(F_3)=76.5\text{ 万元}$$

因为 $u(F_1)>u(F_3)>u(F_2)$，故优先选择厂址 F_1。

6.4.2 重心法

重心法是一种单设施选址评价方法。重心法的目标是确定一个设施的位置，使得该设施到其他设施之间的运输总成本最小。重心法考虑了现有设施之间的运输距离、运量和运输费率。重心法假定运入、运出成本相同，不考虑在不满载情况下的运输费用。

重心法的步骤如下：

（1）构建一个坐标系，并在坐标系中绘制出现有设施的位置，确定现有设施的位置坐标 $P_i(x_i,y_i)(i=1,2,\cdots,n)$。

(2) 计算坐标系平面上现有设施 P_i 与所求设施 $P_0(x, y)$ 两点之间的距离 $d_i = \sqrt{(x-x_i)^2+(y-y_i)^2}$。

(3) 根据现有设施的位置坐标值 x_i 和 y_i、现有设施 P_i 与所求设施 P_0 两点之间的距离 d_i、运量 w_i、运输费率 c_i 等参数求出使运输总成本 $\mathrm{TC} = \sum_{i=1}^{n} w_i c_i d_i$ 最小的位置坐标，即求出重心点，选择该位置坐标对应的地点作为最佳建厂地点。

精确重心的坐标值为

$$x = \frac{\sum_{i=1}^{n} \frac{w_i c_i x_i}{d_i}}{\sum_{i=1}^{n} \frac{w_i c_i}{d_i}} \tag{6-2}$$

$$y = \frac{\sum_{i=1}^{n} \frac{w_i c_i y_i}{d_i}}{\sum_{i=1}^{n} \frac{w_i c_i}{d_i}} \tag{6-3}$$

扫描下方二维码，见知识点视频详解：

例 6-2 假设某企业拟在某城市建立一个配送中心，该配送中心每天需要向四个零售商供应商品。各零售商的位置坐标值、每日运输货物量及单位运输成本如表 6-2 和图 6-2 所示。请确定该配送中心的最佳位置。

表 6-2 零售商的运输成本、运量及坐标

零 售 商	运输成本 [元/(t·km)]	运量/t	坐标/km	
			x_i	y_i
S_1	5.3	500	1 000	1 200
S_2	4.7	700	450	270
S_3	5.1	600	625	435
S_4	5.4	400	270	825

[解]

利用式 (6-2)、式 (6-3) 以及表 6-2 的数据可以得到：

$$x = \frac{\sum_{i=1}^{n} \frac{w_i c_i x_i}{d_i}}{\sum_{i=1}^{n} \frac{w_i c_i}{d_i}} = 618\mathrm{km}$$

$$y = \frac{\sum_{i=1}^{n} \frac{w_i c_i y_i}{d_i}}{\sum_{i=1}^{n} \frac{w_i c_i}{d_i}} = 439\mathrm{km}$$

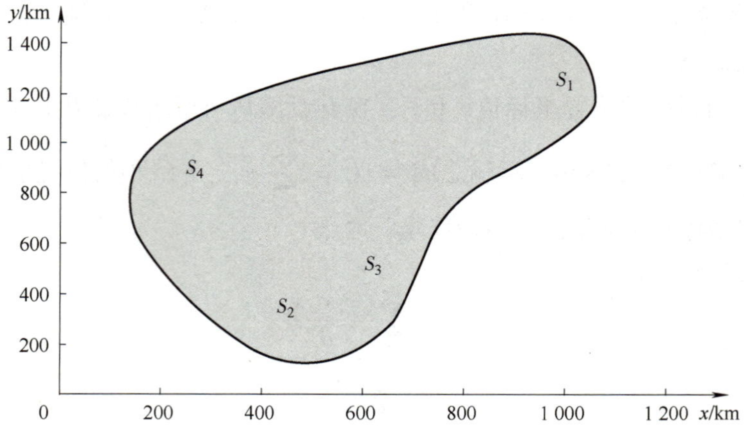

图 6-2　零售商的地理位置

此外，还可使用 Excel 的规划求解工具进行求解，详细步骤如下：

第一步，在单元格 A1∶E6 中输入该问题的数据，如图 6-3 所示。

	A	B	C	D	E	F
1	零售商	运输成本	运量	坐标/km		
2		[元/(t·km)]	/t	x	y	
3	S1	5.3	500	1000	1200	
4	S2	4.7	700	450	270	
5	S3	5.1	600	625	435	
6	S4	5.4	400	270	825	
7						

图 6-3　输入数据（一）

第二步，将决策变量 (x,y) 分别设在单元格 B10 和 B11 中，并在单元格 F3：F6 中输入配送中心位置到每个零售商的距离 d，在单元格 B13 中输入总的运输成本 TC，如图 6-4 所示。

F3　=SQRT((B10-D3)^2+(B11-E3)^2)

	A	B	C	D	E	F
1	零售商	运输成本	运量	坐标/km		
2		[元/(t·km)]	/t	x	y	d
3	S1	5.3	500	1000	1200	1562.05
4	S2	4.7	700	450	270	524.7857
5	S3	5.1	600	625	435	761.4788
6	S4	5.4	400	270	825	868.0582
7						
8	设施选址					
9						
10	x=					
11	y=					
12						
13	TC=					

F4　=SQRT((B10-D4)^2+(B11-E4)^2)

F5　=SQRT((B10-D5)^2+(B11-E5)^2)

F6　=SQRT((B10-D6)^2+(B11-E6)^2)

SUM　=SUMPRODUCT(F3:F6,C3:C6,B3:B6)

	A	B	C	D	E	F	G
1	零售商	运输成本	运量	坐标/km			
2		[元/(t·km)]	/t	x	y	d	
3	S1	5.3	500	1000	1200	1562.05	
4	S2	4.7	700	450	270	524.7857	
5	S3	5.1	600	625	435	761.4788	
6	S4	5.4	400	270	825	868.0582	
7							
8	设施选址						
9							
10	x=						
11	y=						
12							
13	TC=	=SUMPRODUCT(F3:F6,C3:C6,B3:B6)					
14							

图 6-4　输入数据（二）

第三步，利用 Excel 的规划求解参数来求解。

单击表格标题栏—数据，选址规划求解。在规划求解参数对话框中选择如图 6-5 所示的信息，最后再单击“求解”按钮。最优解将在单元格 B10 和 B11 中得出，如图 6-6 所示。

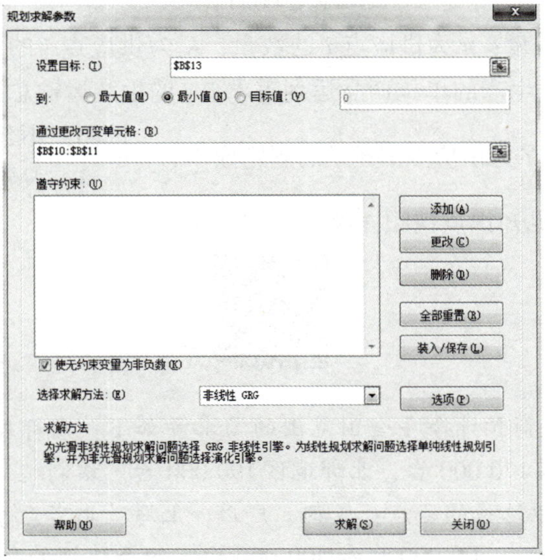

图 6-5　选择信息

	A	B	C	D	E	F
1	零售商	运输成本	运量	坐标/km		
2		[元/(t·km)]	/t	x	y	d
3	S1	5.3	500	1000	1200	851.1574
4	S2	4.7	700	450	270	238.749
5	S3	5.1	600	625	435	7.668753
6	S4	5.4	400	270	825	519.9808
7						
8	设施选址					
9						
10	x=	618.5279383				
11	y=	439.1136592				
12						
13	TC=	4187676.281				
14						

图 6-6　得出最优解

6.4.3　运输模型法

运输模型法是一种复合设施选址评价方法。运输模型法的目标是在多个备选设施中选择出满足需求点的全部需求，且生产和运输成本最小的一个或多个设施。运输模型法要求每个需求点的需求必须全部满足，且每个供应点的供应能力不能超过其产能。

运输模型法的模型为

$$\min Z = \sum_{i=1}^{n}\sum_{j=1}^{m} c_{ij}x_{ij} + \sum_{i=1}^{n} f_i y_i \tag{6-4}$$

约束条件为

$$\sum_{i=1}^{n} x_{ij} = D_j \qquad (j = 1,2,\cdots,m) \tag{6-5}$$

$$\sum_{j=1}^{m} x_{ij} \leqslant K_i y_i \quad (i=1,2,\cdots,n) \tag{6-6}$$

$$x_{ij} \geqslant 0, \text{对所有的 } i \text{ 和 } j \tag{6-7}$$

$$y_i \in (0,1) \tag{6-8}$$

式中，m 为需求点 j 的数量；n 为供应点 i 的数量；K_i 为供应点 i 的潜在产能；D_j 为需求点 j 的需求；c_{ij} 为从供应点 i 生产的单位产品运到需求点 j 的生产运输总成本；x_{ij} 为从供应点 i 运到需求点 j 的产品数量；f_i 为供应点 i 开工的固定成本；$y_i = \begin{cases} 0, & \text{不建供应点} \\ 1, & \text{投资建供应点} \end{cases}$。

扫描下方二维码，见知识点视频详解：

例 6-3 某电器制造商预计今年全国范围的需求量如下：东部地区 200 000 台，南部地区 120 000 台，西部地区 170 000 台，北部地区 190 000 台。该制造商打算新建工厂来满足全国的需求。现有四个可供选择的地点：成都、广州、上海、北京，每个地点准备了两种不同的工厂规模方案，即产能为 200 000 台和 400 000 台。四个选址的年固定成本以及生产和运输 1 台电器到各个市场的成本如表 6-3 所示。该制造商应该在哪里建厂，产能应该为多少？

表 6-3 某电器制造商的成本和需求

供应区域	生产和运输 1 台电器到各个市场的成本				200 000 台产能工厂的年固定成本（百万元）	400 000 台产能工厂的年固定成本（百万元）
	东部地区（元）	南部地区（元）	西部地区（元）	北部地区（元）		
成都	208	309	231	283	7.0	9.5
广州	258	276	289	258	6.7	10.2
上海	300	273	326	247	5.7	9.2
北京	232	250	223	270	6.3	9.9

［解］

设 x_{ij} 为从供应点 i 运到需求点 j 的产品数量，y_{ik} 表示是否建立供应点，其中：$i=1$，2，3，4 分别代表成都、广州、上海、北京四个供应点；$j=1$，2，3，4 分别代表东部地区、南部地区、西部地区、北部地区四个需求点；$k=1$，2 分别表示 200 000 台和 400 000 台产能的两种工厂规模。

目标函数为

$$\begin{aligned} \min Z = {} & 208x_{11} + 309x_{12} + 231x_{13} + 283x_{14} + 258x_{21} + 276x_{22} + 289x_{23} + \\ & 258x_{24} + 300x_{31} + 273x_{32} + 326x_{33} + 247x_{34} + 232x_{41} + \\ & 250x_{42} + 223x_{43} + 270x_{44} + 7\ 000\ 000y_{11} + 9\ 500\ 000y_{12} + \\ & 6\ 700\ 000y_{21} + 10\ 200\ 000y_{22} + 5\ 700\ 000y_{31} + 9\ 200\ 000y_{32} + \\ & 6\ 300\ 000y_{41} + 9\ 900\ 000y_{42} \end{aligned}$$

约束条件为

$$x_{11}+x_{21}+x_{31}+x_{41}=200\ 000 \text{ 台}$$
$$x_{12}+x_{22}+x_{32}+x_{42}=120\ 000 \text{ 台}$$
$$x_{13}+x_{23}+x_{33}+x_{43}=170\ 000 \text{ 台}$$
$$x_{14}+x_{24}+x_{34}+x_{44}=190\ 000 \text{ 台}$$
$$x_{11}+x_{12}+x_{13}+x_{14}\leqslant 200\ 000\ y_{11}+400\ 000\ y_{12}$$
$$x_{21}+x_{22}+x_{23}+x_{24}\leqslant 200\ 000\ y_{21}+400\ 000\ y_{22}$$
$$x_{31}+x_{32}+x_{33}+x_{34}\leqslant 200\ 000\ y_{31}+400\ 000\ y_{32}$$
$$x_{41}+x_{42}+x_{43}+x_{44}\leqslant 200\ 000\ y_{41}+400\ 000\ y_{42}$$
$$y_{11}+y_{12}\leqslant 1$$
$$y_{21}+y_{22}\leqslant 1$$
$$y_{31}+y_{32}\leqslant 1$$
$$y_{41}+y_{42}\leqslant 1$$
$$y_{ik}=\begin{cases}0\\1\end{cases}\qquad (i=1,\ 2,\ 3,\ 4;\ k=1,\ 2)$$

利用 Lingo 软件求解得出：

$$x_{11}=200\ 000 \text{ 台},\ x_{13}=90\ 000 \text{ 台},\ x_{34}=190\ 000 \text{ 台},\ x_{42}=120\ 000 \text{ 台},\ x_{43}=80\ 000 \text{ 台}$$
$$y_{12}=y_{31}=y_{41}=1$$

故成本最低的设施选址方案是在成都新建高产能的工厂，在上海和北京新建低产能的工厂。东部地区的需求全部由成都的工厂来满足，南部地区和西部地区的需求由北京的工厂来满足，北部地区的需求由上海的工厂来满足。

此外，还可利用 Excel 规划求解工具求解。详细步骤如下：

第一步，在 Excel 中输入初始数据并确定每个决策变量的单元格。B15：E18 对应决策变量x_{ij}，F15：F18 包含的是与低产能工厂相对应的决策变量y_i，G15：G18 包含的是与高产能工厂相对应的决策变量y_i。所有的决策变量初始都设为 0，如图 6-7 所示。

	A	B	C	D	E	F	G	H	I
1	输入——成本、产能、需求								
2		需求区域				年固定成本	低产能	年固定成本	高产能
3	供应区域	东部地区	南部地区	西部地区	北部地区				
4	成都	208	309	231	283	7000000	200000	9500000	400000
5	广州	258	276	289	258	6700000	200000	10200000	400000
6	上海	300	273	326	247	5700000	200000	9200000	400000
7	北京	232	250	223	270	6300000	200000	9900000	400000
8	需求	200000	120000	170000	190000				
9									
10									
11									
12	决策变量								
13		需求区域——生产分配				低产能工厂（1=开工）	高产能工厂		
14	供应区域	东部地区	南部地区	西部地区	北部地区				
15	成都	0	0	0	0	0	0		
16	广州	0	0	0	0	0	0		
17	上海	0	0	0	0	0	0		
18	北京	0	0	0	0	0	0		
19									

图 6-7 输入初始数据

第二步，构建约束条件以及目标函数。产能约束表示在单元格 B23：B26，需求约束表示在单元格 B28：E28，目标函数表示在单元格 B31，如图 6-8 所示。

单元格的具体公式如表 6-4 所示。

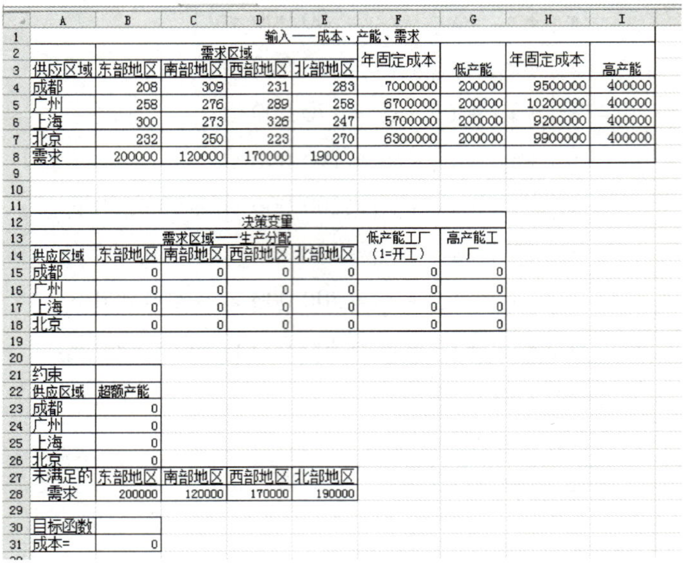

	A	B	C	D	E	F	G	H	I
1		输入——成本、产能、需求							
2		需求区域				年固定成本	低产能	年固定成本	高产能
3	供应区域	东部地区	南部地区	西部地区	北部地区				
4	成都	208	309	231	283	7000000	200000	9500000	400000
5	广州	258	276	289	258	6700000	200000	10200000	400000
6	上海	300	273	326	247	5700000	200000	9200000	400000
7	北京	232	250	223	270	6300000	200000	9900000	400000
8	需求	200000	120000	170000	190000				
9									
10									
11									
12		决策变量							
13		需求区域——生产分配				低产能工厂（1=开工）	高产能工厂		
14	供应区域	东部地区	南部地区	西部地区	北部地区				
15	成都	0	0	0	0	0	0		
16	广州	0	0	0	0	0	0		
17	上海	0	0	0	0	0	0		
18	北京	0	0	0	0	0	0		
19									
20									
21	约束								
22	供应区域	超额产能							
23	成都	0							
24	广州	0							
25	上海	0							
26	北京	0							
27	未满足的需求	东部地区	南部地区	西部地区	北部地区				
28		200000	120000	170000	190000				
29									
30	目标函数								
31	成本=	0							

图 6-8　构建约束条件以及目标函数

表 6-4　单元格的具体公式

单　元　格	单元格方程	复　制　到
B28	= B8 – SUM（B15：B18）	B28：E28
B23	= F15 * G4 + G15 * I4 – SUM（B15：E15）	B23：B26
B31	= SUMPRODUCT（B15：E18，B4：E7）+ SUMPRODUCT（F15：F18，F4：F7）+ SUMPRODUCT（G15：G18，H4：H7）	—

第三步，利用 Excel 的工具规划求解参数进行求解。

在如图 6-9 所示规划求解参数对话框中选择所需信息，最后再单击“求解”按钮，得到最优求解方案，如图 6-10 所示。

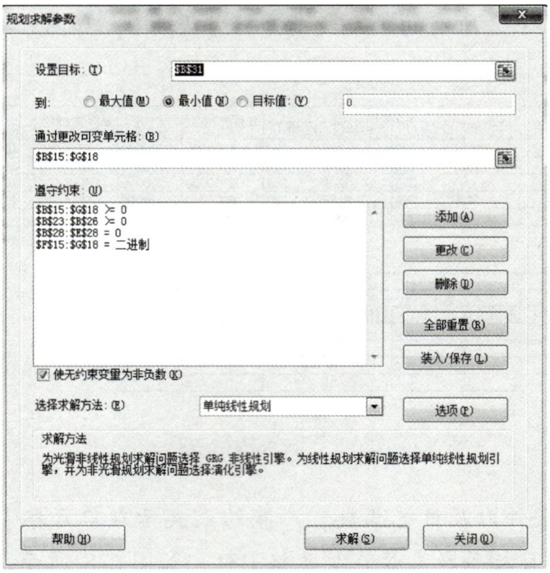

图 6-9　规划求解参数对话框

输入——成本、产能、需求								
	需求区域				年固定成本	低产能	年固定成本	高产能
供应区域	东部地区	南部地区	西部地区	北部地区				
成都	208	309	231	283	7000000	200000	9500000	400000
广州	258	276	289	258	6700000	200000	10200000	400000
上海	300	273	326	247	5700000	200000	9200000	400000
北京	232	250	223	270	6300000	200000	9900000	400000
需求	200000	120000	170000	190000				

决策变量						
	需求区域——生产分配				低产能工厂（1=开工）	高产能工厂
供应区域	东部地区	南部地区	西部地区	北部地区		
成都	200000	0	90000	0	0	1
广州	0	0	0	0	0	0
上海	0	0	0	190000	1	0
北京	0	120000	80000	0	1	0

约束	
供应区域	超额产能
成都	110000
广州	0
上海	10000
北京	0

未满足的需求	东部地区	南部地区	西部地区	北部地区
	0	0	0	0

目标函数	
成本=	178660000

图 6-10 求解结果

知识点复习

知识点	主要内容
选址决策的重要性	◆ 选址是一项耗资巨大的固定投资，具有长期性和不可逆性 ◆ 选址决策决定了企业的响应性、生产效率、物流效率和运营成本的高低，影响着企业的经营战略和目标
选址决策的影响因素	◆ 政策和法规因素：主要包括当地法制的健全状况、贸易壁垒、经济政策的稳定性、当地政府对外来企业经营范围的限制、优惠政策以及保护生态环境的政策法规等 ◆ 战略因素：强调成本领先的企业倾向于将设施布置在成本最低的地方；强调顾客响应性的企业则倾向于在市场附近布置设施 ◆ 成本因素：劳动密集型企业主要考虑劳动力成本；高耗能企业主要考虑能源消耗成本；配送中心的选址则需要考虑运输成本 ◆ 竞争因素：如果多家企业邻近选址有积极的外部关联，那么竞争对手的选址会彼此靠近 ◆ 劳动力因素：技术密集型企业对劳动力的质量有较高要求；劳动密集型企业则对劳动力的数量有较高要求 ◆ 与消费者的接近程度：对时效性要求较强的企业，一般都靠近消费者选址；由于产品体积过大、超重或者易碎等因素使得产品运输困难或者运输成本高昂的企业，通常会在市场附近建厂 ◆ 与供应商的接近程度：当企业的原材料具有腐蚀性、易损性，或者原材料体积庞大笨重、运输成本高昂、运输不便时，企业倾向于选址靠近原材料供应商 ◆ 基础设施因素：主要考虑交通、通信、电力、排污和工业废物处理等设施的可用性和使用费用 ◆ 自然因素：包括气候条件、地理位置、水资源状况、土壤条件、动植物资源和矿物资源等

（续）

知识点	主要内容
选址的一般步骤	◆ 选址主要包括两个层次的问题：选位和定址 ◆ 选位是预先选择在哪个国家、哪个地区建厂，是在城市、农村还是在郊区建厂 ◆ 定址是针对企业特点，更深入地分析研究有关因素，确定选址位置
选址方案的评估方法	◆ 因素分析法：对影响选址决策的诸多因素（包括定性与定量因素）进行综合评判的一种方法 $$u(a_i)=\sum_{j=1}^{m} w_j u_{ij} \quad (i=1,2,\cdots,n)$$ ◆ 重心法：单设施选址评价方法，目标是确定一个设施的位置，使得该设施到其他设施之间的运输总成本最小 $$x=\frac{\sum_{i=1}^{n}\frac{w_i c_i x_i}{d_i}}{\sum_{i=1}^{n}\frac{w_i c_i}{d_i}}$$ $$y=\frac{\sum_{i=1}^{n}\frac{w_i c_i y_i}{d_i}}{\sum_{i=1}^{n}\frac{w_i c_i}{d_i}}$$ ◆ 运输模型法：复合设施选址评价方法，目标是在多个备选设施中选择出满足需求点的全部需求，且生产和运输成本最小的一个或多个设施 模型为 $$\min Z=\sum_{i=1}^{m}\sum_{j=1}^{n} c_{ij}x_{ij}+\sum_{i=1}^{m} f_i y_i$$ 约束条件为 $$\sum_{i=1}^{n} x_{ij}=D_j \quad (j=1,2,\cdots,m)$$ $$\sum_{j=1}^{m} x_{ij}\leqslant K_i y_i \quad (i=1,2,\cdots,n)$$ $x_{ij}\geqslant 0$，对所有的 i 和 j $y_i\in(0,1)$

习题

一、多项选择题

下列哪些企业选址倾向于接近消费者（　　）。

A. 餐馆　　B. 药店　　C. 邮局　　D. 理发店　　E. 牛奶加工厂

二、判断题

1. 重心法是将运输距离用直线距离表示，运输费用是两点间直线距离的函数。（　　）
2. 强调顾客响应性的企业选址倾向于接近消费者。（　　）
3. 火力发电厂应该接近顾客。（　　）
4. 蔬菜罐头厂应该接近市场。（　　）

三、解答题

1. 某公司准备新建一个物流配送中心，现有三处备选厂址可供选择，如表 6-5 所示。如果仅考虑厂址的三个非成本因素，试用因素分析法确定最佳厂址。

表 6-5 备选厂址因素

选址因素	权重	备选厂址 A	备选厂址 B	备选厂址 C
交通情况	0.3	75	85	79
城市规划	0.3	93	82	83
地理位置	0.4	80	76	67

2. 某家电连锁公司由于销售量不断增加必须新建一个配送中心供应四个销售门店S_1、S_2、S_3、S_4，各个销售门店的地点、运输成本及运量如表6-6所示。请确定该配送中心的最佳位置。

表 6-6 销售门店的地点、运输成本及运量

销售门店	运输成本 [元/(t·km)]	运量/t	坐标/km	
			x_i	y_i
S_1	4.5	700	890	1 200
S_2	4.4	550	450	170
S_3	3.9	1 000	530	535
S_4	4.3	1 250	210	915

3. 某煤炭企业预计全国范围的需求量如下：东部地区为10万t，南部地区为8万t，西部地区为8万t，北部地区为7万t。该企业打算新建工厂来满足全国的需求，现有四个可供选择的地点：内蒙古、山西、陕西、河南。每个地址准备了两种不同的工厂规模方案，即产能10万t和20万t。四个选址的年固定成本以及生产和运输1台电器到各个市场的成本和需求如表6-7所示。该煤炭企业应在哪里建厂，产能应该为多少？

表 6-7 煤炭企业的成本和需求

供应区域	生产和运输1台电器到各个市场的成本				10万t产能工厂的年固定成本（百万元）	20万t产能工厂的年固定成本（百万元）
	东部地区（元）	南部地区（元）	西部地区（元）	北部地区（元）		
内蒙古	224	209	231	293	12.0	21.2
山西	262	254	298	232	10.0	18.6
陕西	310	273	226	247	11.2	20.1
河南	232	250	313	270	10.9	19.5

参考文献

[1] ATKINS R M. A program for locating the new plant [J]. Harvard Business Review, 1952, 30 (6): 113-121.

[2] ATKINS R J, SHRIVER R H. New approach to facilities location [J]. Harvard Business Review, 1968, 46 (3): 70.

[3] STOBAUGH R B. Where in the world should we put that plant? [J]. Harvard Business Review. 1969, 47 (1): 129-136.

[4] SHIH W C. What you won't hear about trade and manufacturing on the campaign trail [J]. Harvard Business Review, 2016, 2-6.

[5] RYU W, MCCANN B T, REUER J J. Geographic co-location of partners and rivals: implications for the design of R&D alliances [J]. Academy of Management Journal, 2018, 61 (3): 945-965.

[6] WITKOWSKI K, MRÓWCZYŃSKA M, BAZAN-KRZYWOSZAŃSKA A, et al. Methods for determining potential sites for the location of logistics centres on the basis of multicriteria analysis [J]. LogForum, 2018, 14 (3): 279-292.

[7] FARAHANI R Z, FALLSH S, RUIZ R, et al. OR models in urban service facility location: a critical review of applications and future developments [J]. European Journal of Operational Research, 2019, 276 (1): 1-27.

[8] 易明林，刘贵文，傅晏，等. 选址问题综述及 PC 构件厂选址 [J]. 工程管理学报，2019 (1): 1-5.

学习资源清单

第 7 章

产能规划

引例

特斯拉的产能瓶颈

2016 年 4 月，特斯拉发布了 Model 3 新品。新品的需求十分旺盛，但由于产能不足，一直不能按期足量交付，导致 Model 3 一直处于亏损状态。这成为马斯克最头疼的问题之一。超级工厂电池组生产一直是该产品生产中最大的瓶颈之一。特斯拉超级电池工厂生产线投入使用时间的推迟，导致部分 Model 3 电池组件需要工人手工组装才能完成，延缓了该车型量产的步伐。

特斯拉一直在努力寻找解决产能瓶颈的办法。例如，增加量产 Model 3 的新装配线；所有 Model 3 生产线 24 小时全天候运转；总装配线上的团队实行三班制。除此之外，车身团队（汽车外壳组装）也在进行 12 小时轮班，保证最大限度地提高产能。

7.1 产能概述

产能是指在一定时间内生产设备所能生产某类产品的数量或者服务顾客的数量。工业企业的产能是指直接参与产品生产的固定资产的生产能力。企业的生产计划受制于生产能力，进而决定了市场需求能否得到满足。

在不同的生产系统中生产能力有不同的表述方法，如表 7-1 所示。

表 7-1 不同的生产系统中生产能力的表述方法

生产系统	产能的表示	举例
只生产/提供一种产品/服务	产品、服务的总量	钢铁厂、水泥厂以产品吨位表示产能
单一原材料生产多种产品	原材料处理量	炼油厂以加工原油的吨数表示产能
产品/服务项目组合经常变动或产出不能存储	投入量	医院以病床数、航空公司以座位数、零售店以营业面积衡量产能

7.2 产能分析

利用率和效率是产能分析中的两个常用指标，其计算公式为

$$利用率 = \frac{实际产出}{设计产能} \tag{7-1}$$

$$效率 = \frac{实际产出}{有效产能} \tag{7-2}$$

设计产能是指企业在最初系统设计时确定的生产能力，是理想状态下生产系统能达到的最大产出能力。设计产能是由设计阶段确定企业生产规模时所选择的机器设备、生产定额及技术水平等条件决定的。

有效产能是指一个企业在给定产品组合、使用合理的人员、分配合理的时间、进行设备维护及合理规划生产等条件下设备的最大产出能力。它是经济含义上的产出能力。

实际产出是指在既定有效产能的基础上，实际运营后能够实现的产出。

一般而言，设计产能是理想状态下最大的可能产出。由于产品组合改变、设备定期维修、午餐及休息、重新进行作业平衡等情况，有效产能通常小于设计产能；而由于机器故障、员工缺勤、材料短缺、质量不达标等不可预知和不易管理的问题出现，实际产出要小于有效产能。

7.3 产能规划

7.3.1 产能决策

产能决策是确定企业产能规模的决策。一方面，产能决定了企业的初始投资和运营成本；另一方面，产能限制了企业产量的增长，从而决定了企业能否满足未来潜在的需求。

产能决策的一般步骤如下：

（1）预测未来需求。

（2）对现有能力及设施进行评估，核算现有产能与未来需求之间的差距。

（3）确定最佳产能，并提出若干可行方案。

（4）进行产能决策，选出最合适的方案。

（5）实施方案。

（6）评价实施效果。

7.3.2 需求与产能管理

当市场需求与企业的生产能力一致时，企业能充分利用生产能力满足市场需求，并从中获得理想的收益。然而实际情况往往并非如此，需求季节性、随机性波动（如自然灾害所引发的需求变动或设备故障导致的产能变动）等因素都会造成需求和产能的不匹配，如图 7-1 所示。需求不足会使得设备的利用率不够，需求过剩又会使企业因未能满足需求而损失收入。所以，企业需要通过需求与产能管理来匹配市场需求与企业产能。

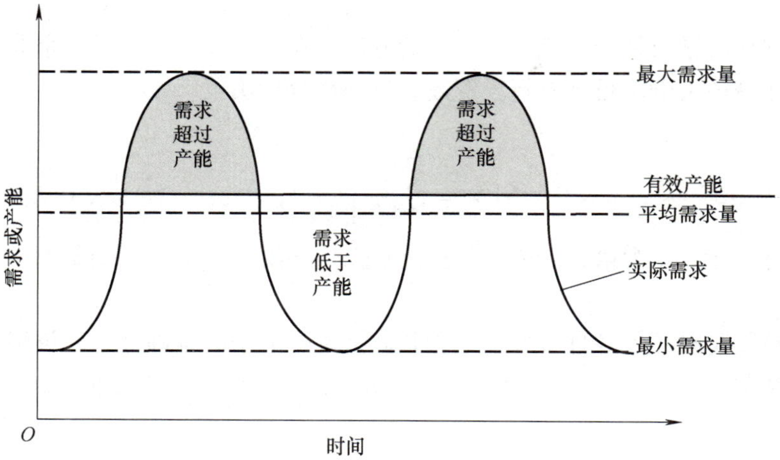

图 7-1 产能与需求之间的关系

为了实现需求与产能的匹配，可以对需求与产能进行调节。调节方式如表 7-2 所示。

表 7-2 需求与产能的调节方式

制造业需求与产能平衡		
情　形	调节需求的方式	调节产能的方式
需求超过产能	（1）提高价格 （2）延迟交货	（1）追加资源投入，如招聘职工或临时工，租赁或购买设备 （2）流程改善，如改进流程以增加产出、增加流程柔性 （3）重新设计产品以增加产出 （4）外协转包
产能超过需求	（1）降低价格 （2）促销活动	（1）撤出部分资源，如解聘职工或临时工，出售或出租现有设备 （2）减少加工时间，职工转入培训 （3）关闭工厂
季节性需求	生产具有互补性需求特征的产品	（1）按照季节性需求招聘解聘职工或临时工 （2）外包
服务业需求与产能平衡		
情　形	调节需求的方式	调节产能的方法
需求超过产能	预约、预订或先到先服务的原则	（1）招聘职工或临时工 （2）改善服务流程 （3）设计新服务
产能超过需求	促销活动	（1）解聘职工或临时工 （2）关闭部分店面
季节性需求	预约、预订	按照季节性需求招聘解聘职工或临时工

7.3.3 产能决策工具

1. 净现值法

净现值是投资项目未来报酬总现值减去投资额现值后的余额。净现值分析法是将项目建设期和投产期发生的资金流入量和资金流出量，按折现系数换算成现值收入和现值支出并进行比较，再根据比较结果评价投资财务效益的方法。在进行投资决策时，企业都会基于净现值的计算选择净现值大的项目来进行投资或者进一步分析决策。

净现值的计算公式为

$$NPV = \sum_{i=1}^{n} \frac{A_t}{(1+r)^i} \tag{7-3}$$

式中，NPV 为净现值；A_t为第 t 年的净现金流量；r 为折现率；n 为项目的有效期或周期。

2. 决策树分析

决策树分析就是在已知各种方案在各种状态下发生概率的基础上，通过构建决策树来求每个状态点的期望收益，并根据一定的决策标准选择最佳方案的决策分析方法，如图 7-2 所示。

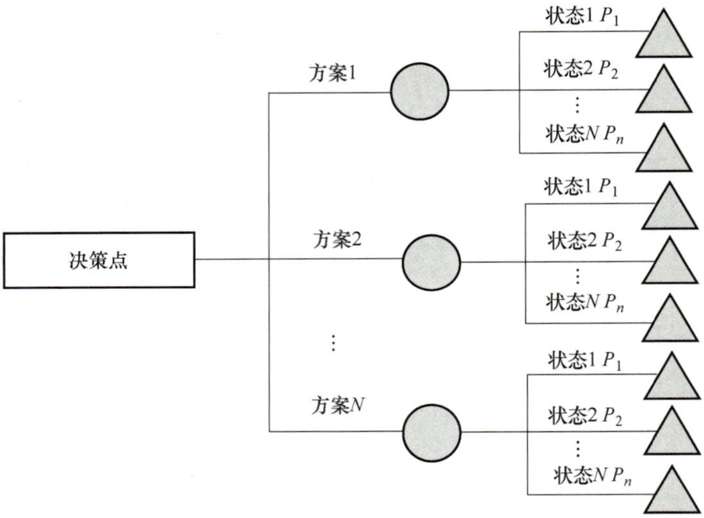

图 7-2　决策树

□代表决策点，由决策点起自左向右画出的直线称为方案枝，方案枝的数目表示决策方案的数目。如果决策属于多级决策，则决策树中间可以有多个决策点。在决策点需要进行决策，选出最佳方案枝，在淘汰的方案枝上画“//”，并将最佳方案的期望收益标注在决策点上方。

○代表状态点，也称机会点。由状态点自左向右画出的直线称为概率枝，概率枝的数目表示可能出现的自然状态的数目，每个分枝上要注明该状态出现的概率。在状态点上需要标注出各个备选方案的期望收益，通过对比各状态点的期望收益，按照一定的决策标准就可以选出最佳方案。

△代表结果点。将每个方案在各种自然状态下取得的损益值标注于结果点的右端。

例 7-1　某公司拟新建一家百货商场，现有三种可供选择的方案，运营期均为 10 年。10 年内市场的需求状态、概率和各方案损益值如表 7-3 所示。请用决策树法选择最优方案。

表 7-3 10 年内市场的需求状态、概率和各方案损益值

需求状态	概率	各方案损益值（万元）		
		建大型百货商场	建中型百货商场	建小型百货商场
需求旺盛	0.3	70	45	20
需求一般	0.5	38	22	18
需求低迷	0.2	-20	-2	15
固定投资（万元）		180	110	60

[解]

首先，画出决策树，如图 7-3 所示。

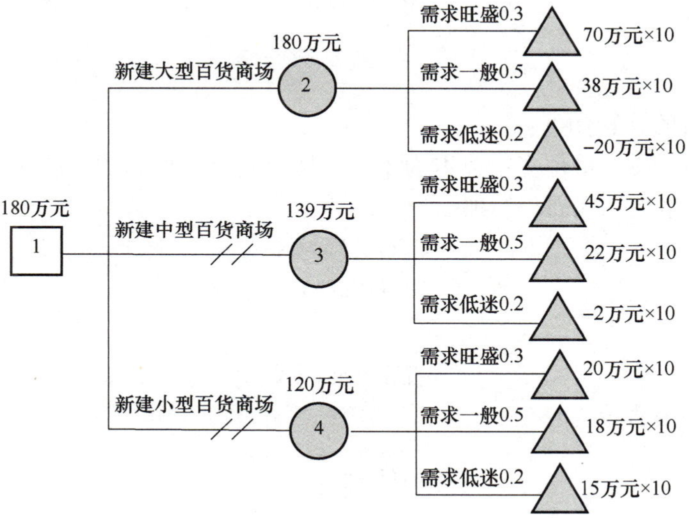

图 7-3 决策树

然后，计算各方案的期望收益：

$$ER_1 = (70 \times 0.3 + 38 \times 0.5 - 20 \times 0.2)\text{万元} \times 10 - 180\text{ 万元} = 180\text{ 万元}$$

$$ER_2 = (45 \times 0.3 + 22 \times 0.5 - 2 \times 0.2)\text{万元} \times 10 - 110\text{ 万元} = 139\text{ 万元}$$

$$ER_3 = (20 \times 0.3 + 18 \times 0.5 + 15 \times 0.2)\text{万元} \times 10 - 60\text{ 万元} = 120\text{ 万元}$$

最后，比较期望收益，进行决策。

$ER_1 > ER_2 > ER_3$，故新建大型百货公司是最优的决策方案，用符号“//”在决策树上画掉淘汰的方案。

3. 盈亏平衡分析

盈亏平衡分析是一种研究产量、成本和利润三者之间关系的数学分析方法。盈亏平衡分析的理论是边际分析理论，它将企业的生产总成本分为与产量无关的固定成本和与产量相关的变动成本。当单位售价高于单位变动成本时，就存在单位产品的贡献边际（单价减去单位产品变动成本）；当单位售价低于单位成本时，就会造成亏损；当总的贡献边际与固定成本相等时，达到盈亏平衡。单一产品的盈亏平衡分析如图 7-4 所示。

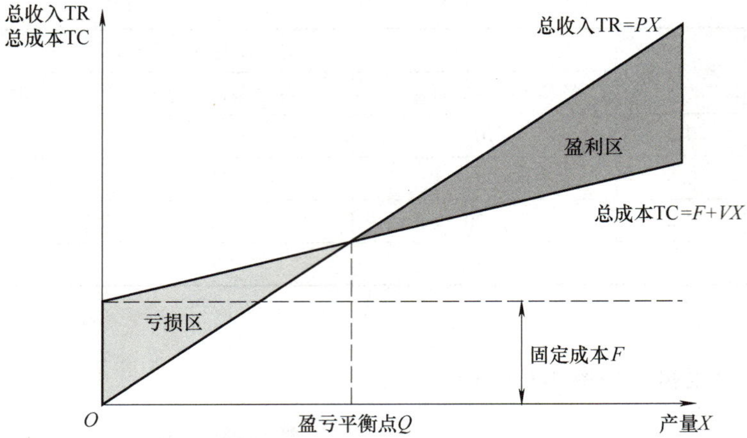

图 7-4　盈亏平衡分析

盈亏平衡分析的计算如下：

已知固定成本为 F，单位变动成本为 V，产品的销售价格为 P，产量为 X，盈亏平衡点为 Q，盈亏平衡点的收入为 TR^*。那么

总成本 $$\mathrm{TC}=F+VX$$

总收入 $$\mathrm{TR}=PX$$

盈亏平衡公式为

$$PX=F+VX$$

盈亏平衡点的销售量为

$$Q=\frac{F}{P-V}$$

盈亏平衡点的收入为

$$\mathrm{TR}^*=\frac{F}{1-V/P}$$

企业只生产一种产品时，盈亏平衡点可以用实物单位计算或者用金额来表示，但现实生活中，绝大多数企业不止生产一种产品，多品种产品之间的售价、单位变动成本、计量单位均不同。由于不同品种的销售量不能相加，不能直接采用单一品种为基础的盈亏平衡公式。在多品种条件下，企业可以用各种产品的销售额和贡献边际率来分析计算。贡献边际率通过单位产品的贡献边际除以销售单价或贡献边际总额除以销售收入总额计算得到。

多品种盈亏平衡分析的步骤如下：

（1）计算各种产品的贡献边际率

$$\text{各种产品的贡献边际率}=\frac{\text{某种产品的售价}-\text{某种产品的单位可变成本}}{\text{售价}}\times 100\%$$

（2）计算各产品的销售比重

各种产品的销售比重 = 某种产品的销售额/全部产品的销售总额

（3）计算平均贡献边际率

平均贡献边际率 = $\sum$（各种产品的贡献边际率 × 各种产品的销售比重）

（4）计算所有产品的盈亏平衡点销售额

所有产品的盈亏平衡点销售额 = 固定成本总额/平均贡献边际率

（5）计算各种产品的盈亏平衡点销售额和盈亏平衡点销售量

盈亏平衡点销售额 = 所有产品的盈亏平衡点销售额 × 各种产品的销售比重

$$盈亏平衡点销售量 = \frac{所有产品的盈亏平衡点销售额}{各种产品的售价}$$

多产品盈亏平衡分析方法的推导过程如下：

假设企业生产 n 种产品x_1，x_2，…，x_n；x_i的单位变动成本为v_i，单位售价为p_i，销售量为q_i，所有产品的总固定成本为 F，则利润总额为

$$R = \sum_{i=1}^{n} p_i q_i - \sum_{i=1}^{n} v_i q_i - F = \sum_{i=1}^{n} (p_i - v_i) q_i - F = \sum_{i=1}^{n} \frac{(p_i - v_i)}{p_i} p_i q_i - F$$

令

$$\frac{p_i - v_i}{p_i} = m_i（即x_i的边际收益率）$$

$$p_i q_i = s_i（即x_i的销售额）$$

则

$$R = \sum_{i=1}^{n} m_i s_i - F$$

如果x_i的销售额s_i占总销售额 $S = \sum_{i=1}^{n} s_i$ 的比例为t_i，显然 $\sum_{i=1}^{n} t_i = 1$，那么

$$R = \sum_{i=1}^{n} m_i t_i S - F$$

当 $R = 0$ 时

$$S_E = \frac{F}{\sum_{i=1}^{n} m_i t_i} = \frac{F}{\sum_{i=1}^{n} \frac{s_i}{S} m_i}$$

也就是说，当所有产品的总销售额为S_E时，利润总额为 0，所以S_E即为所求的盈亏平衡点。

当所有产品的总销售额为S_o时，利润总额为

$$R = (S_o - S_E) \sum_{i=1}^{n} m_i t_i$$

注：$\sum_{i=1}^{n} m_i t_i = M$ 为以各产品的销售额为权数进行加权平均求得的所有产品的平均边际收益率。

例 7-2 某公司拟在某地区新建一家工厂来生产 A 产品，以满足该地区 A 产品的市场需求。运营固定成本为 20 万元，产品的可变成本为 3 元/件，定价为 11 元/件。试求：

（1）达到盈亏平衡时，应售出多少件产品？

（2）如果期望卖出 40 000 件产品时的目标利润为 200 000 元，每件产品的售价应为多少？

[解]

（1）$Q = \frac{F}{(P - V)} = \frac{200\ 000 元}{(11 - 3) 元/件} = 25\ 000 件$

（2）利润 = TR − TC = $PX - F + VX$

故

$$P = \frac{(200\ 000 + 200\ 000 - 3 \times 40\ 000)\text{元}}{40\ 000\text{件}} = 7\ \text{元/件}$$

例 7-3 假设某老板拟在××小区租赁一家门面销售三种水果，门面每月租金 8 000 元，各种水果的价格、成本、预期销量如表 7-4 所示。请确定三种水果的保本销售量。

表 7-4 各种水果的价格、成本、预期销量

品　种	价格（元）	成本（元）	预期销量/(kg/月)
澳大利亚水蜜桃	12	6	700
美国无籽葡萄	20	12	400
越南大青芒	25	13	600

［解］

首先，计算各种水果的销售额、贡献边际率及销售比重，如表 7-5 所示。

表 7-5 各种水果的销售额、贡献边际率及销售比重

品　种	价格（元）	成本（元）	预期销量/(kg/月)	销售额（元）	贡献边际率	销售比重
澳大利亚水蜜桃	12	6	700	8 400	50.00%	26.75%
美国无籽葡萄	20	12	400	8 000	40.00%	25.48%
越南大青芒	25	13	600	15 000	48.00%	47.77%
总额	—	—	—	31 400	—	—

其次，计算平均贡献边际率。

平均贡献边际率 = 50.00% × 26.75% + 40.00% × 25.48% + 48.00% × 47.77%
= 46.50%

然后，计算所有水果的盈亏平衡点销售额。

所有水果的盈亏平衡点销售额 = 8 000 元/46.50% = 17 204.30 元

最后，计算各种水果的盈亏平衡点销售额和盈亏平衡点销售量，结果如表 7-6 所示。

表 7-6 各种水果的盈亏平衡点销售额和盈亏平衡点销售量

品　种	价格（元）	成本（元）	销售比重	盈亏平衡点销售额（元）	盈亏平衡点销售量/(kg/月)
澳大利亚水蜜桃	12	6	26.75%	4 602.15	384
美国无籽葡萄	20	12	25.48%	4 383.66	220
越南大青芒	25	13	47.77%	8 218.49	329
综合盈亏平衡点销售总额 = 17 204.30 元					

7.4 约束理论与最优化生产技术

约束理论（Theory of Constraint，TOC）是以色列物理学家高德拉特（Eliyahu Goldratt）于20世纪80年代在其开创的最优生产技术（Optimized Production Technology，OPT）基础上发展起来的一种管理哲学。该理论提出了在制造业经营生产活动中定义和消除制约因素的一些规范化方法，以支持持续改进。同时，TOC也是对MPRⅡ和JIT在观念和方法上的发展。

TOC将企业看作一个系统，强调从提高整体效益的角度出发思考和处理问题。TOC认为，企业的最终目标就是获得更多的利润，一切妨碍企业实现这个目标的因素都是约束，如市场、物料、能力、资金、员工的行为规范、企业文化等。TOC打破了传统的会计成本概念，提出了三个主要衡量指标：有效产出、库存和运行费用，用以衡量实现目标的业绩和效果，如表7-7所示。它强调有效产出的最大化，允许存在合理库存和运行费用。

表7-7 作业指标体系

指标	含义
有效产出（Throughput，T）	企业在某个规定时期通过销售获得的货币
库存（Inventory，I）	企业为了销售有效产出，在所有外购物料上投资的货币
运行费用（Operating Expenses，OE）	企业在某个规定时期为了将库存转换为有效产出所花费的货币。运行费用包括库存保管费

TOC认为，产销率的增加、库存和运行费用的降低都可以使企业获得更多的利润，但是通过减少库存和运行费用来实现这个目标是有限度的，而通过产销率来增加利润却有着无限的可能。因此，TOC允许存在合理的库存和运行费用以求得最大化有效产出。

TOC认为，系统的有效产出是由系统中的一个或者少数几个约束环节（通常称为“瓶颈”）所决定的，必须克服这些约束，才能在短时间内显著地提高系统的产出。

1. 在制造系统中应用TOC制订生产计划需要遵循的原则

应用TOC制订生产计划需要遵循以下原则：

（1）平衡物流，而非平衡生产能力。

（2）非瓶颈资源的利用水平不是由自身潜力决定的，而是由系统的约束决定的。

（3）资源的利用与活力不是一码事。

（4）瓶颈损失1h，相当于整个系统损失1h。

（5）非瓶颈上节约1h，无实际意义。

（6）瓶颈制约了系统的产销率和库存。

（7）转运批量可以不等于1，而且在大多数情况下不应该等于加工批量。

（8）加工批量不是固定的，应该是随时间而变化的。

（9）优先权只能根据系统的约束来设定，提前期是作业计划的结果（不是预先设定的）。

2. 在制造系统中应用TOC制订生产计划的步骤

在制造系统中应用TOC制订生产计划的步骤包含以下三个方面：

（1）瓶颈资源识别。对于制造系统，瓶颈资源是指那些生产任务量大于其生产能力的设备或制造单元。因为在任务不断变化的单件小批量生产环境下，生产能力的不平衡是很难避免的。生产能力不平衡，说明必然存在能力上的薄弱环节，即瓶颈。企业计划与控制的重点应是企业的瓶颈。

（2）瓶颈资源排产。为保证瓶颈资源的充分利用，需按照生产订单的重要程度对瓶颈资源上的生产任务按照一定规则、合理的批量进行排序。

（3）“鼓－缓冲－绳子”（Drum Buffer Rope，DBR）系统排产。安排好瓶颈资源上的生产任务后，需要在整个生产系统中恰当的位置设置合理的缓冲，选取合适的批量。瓶颈资源之前的工序按照“拉动”方式进行，瓶颈资源之后的工序按照“推动”方式进行，从而完成计划期内所有任务的排产。

TOC 有一套思考方法和持续改进的程序，称为五大核心步骤（Five Focusing Steps）。具体包括如下步骤：

第一步，识别约束，即找出系统存在的约束。

第二步，利用约束，即寻找突破这些约束的方法。

第三步，支持约束，即企业的所有其他活动都服从于第二步提出的各种方法。

第四步，打破约束，即具体实施第二步提出的方法，解决约束。

第五步，约束循环，即如果在上一个步骤中，有一个约束被打破，则返回第一步，但要防止惯性成为系统的约束。

运营实践

急诊室的约束理论

得克萨斯州一家医院运用约束理论（TOC）和精益技术成功改善了急诊室的操作，缩短了从医生决定病人离开急诊室到病人实际离开急诊室的时间。医院运营团队通过使用 TOC 工具来了解应该关注的地方，然后应用精益工具来消除浪费并改进约束。运营团队改善的目标是减少病人离开急诊室的时间、减少病人的等待时间以及增加急诊室的吞吐量和收入。

运营团队根据 TOC 框架的五大核心步骤进行改善，发现病人在急诊室中的停留时间实际上是瓶颈，而减少病人在急诊室中的停留时间是提高吞吐量的唯一方法。因此，需要尽量减少病人在病房等待出院的时间。此外，运营团队还分析出了病人离开急诊室时间超过 20min 的原因。例如，出院病人不是护士和技术人员的优先事项。又如，在日常工作中急诊科没有任何视觉标识和声音提示来提醒忙碌的护士准备帮助病人出院。

对此，改善团队创建了一个由一名护士和一名技术人员组成的“资源小组”，负责帮助病人及时出院并安排新的病人进入空病房。为了确保病人及时出院，改善团队创建了一个触发器用来提示病人的出院时间。资源小组在病人出院过程中遇到困难时给予帮助。

通过对急诊室操作的改善，急症室每年净增收入 48 万元；病人离开急诊室的时间缩短为 19min；病人在急诊室的平均等待时间（高峰时间）从 20min 缩短到 8min；停留时间（LOS）减少了 12%；离开不被发现率（LWBS）从 2.75% 下降至 1.3%。

知识点复习

知识点	主要内容
产能	◆ 产能：在一定时间内生产设备所能生产某类产品的数量或者服务顾客的数量
产能分析	◆ 设计产能：企业在最初系统设计时确定的生产能力，是理想状态下生产系统能达到的最大产出 ◆ 有效产能：一个企业在给定产品组合、使用合理的人员、分配合理的时间、进行设备维护及合理规划生产等条件下设备的最大产出能力 ◆ 实际产出：在既定有效产能的基础上，实际运营后能够实现的产出
产能规划	◆ 净现值法：将项目建设期和投产期发生的资金流入量和资金流出量，按折现系数换算成现值收入和现值支出并进行比较后，来评价投资财务效益的方法 $NPV = \sum_{i=1}^{n} \frac{A_t}{(1+r)^i}$ ◆ 决策树分析：在已知各种方案在各种状态下发生概率的基础上，通过构建决策树来求每个状态点的期望收益，并根据一定的决策标准选择最佳方案的决策分析方法 ◆ 盈亏平衡分析：一种研究产量、成本和利润三者之间关系的数学分析方法 $Q = \frac{F}{P - V}$
约束理论	◆ TOC 认为，企业的最终目标就是获得更多的利润，一切妨碍企业实现这一目标的因素都是约束 ◆ TOC 允许存在合理的库存和运行费用以求得最大化有效产出 ◆ TOC 所涉及的关键技术：瓶颈资源识别、瓶颈资源排产、DBR 系统排产 ◆ TOC 的五大核心步骤：识别约束、利用约束、支持约束、打破约束和约束循环

习题

一、单项选择题

1. 当需求超过产能时，企业可以简单地通过（　　）来缩减需求。

A. 减少边际收入较低的业务　　B. 提高价格

C. 延长提前期　　D. 以上都是

2. 在服务业中，安排（　　）是产能管理，安排（　　）是需求管理。

A. 客户　　B. 劳动力　　C. 产品

3. 净现值（　　）。

A. 现金收入发生得晚时，更大　　B. 现金收入发生得早时，更大

C. 比盈亏平衡分析更受欢迎　　D. 现金收入与发生的时间没有任何关系

4. 盈亏平衡点是（　　）。

A. 增加流程以满足变化的产品需求　　B. 改进流程，增加产出

C. 成本等于收入的点的收入与产量　　D. 增加或移动产能以满足需求

E. 流程总成本

二、解答题

1. 某公司签订了一份一年期的合同，需要生产 10 000 套模具。公司负责人希望合同在第二年续签，且

产量有所提升。该公司有以下三种选择方案：

（1）以 50 000 元的成本对旧生产设备进行维修，那么每套模具的成本为 20 元。

（2）以 70 000 元的成本对旧生产设备进行大修，那么每套模具的成本为 17.5 元。

（3）以 120 000 元的成本购买新设备，那么每套模具的成本为 15 元。

采用哪种方案的总成本最小？

2. 某手机制造商目前正准备生产一种手机配件，现在使用的配件都是从其他公司外购进来的，价格为 8 元/件，最小购买量为 3 000 件。该制造商估计如果自建生产线将花费 15 000 元的成本，并且配件的劳动力成本和材料成本为 4 元/件。

（1）当产量大约是多少件时，这两种选择的成本是相等的？

（2）如果该手机制造商对配件的需求是 4 000 件，那么该制造商应该选择哪种方案？

3. 某快餐店生产多种食品，各种食品的价格、成本及预期销售量如表 7-8 所示，并且该快餐店的固定成本是每个月 4 000 元。请确定三种食品的保本销售量，以及盈亏平衡点销售总额。

表 7-8　某快餐店的食品价格、成本及预期销售量

食 品 种 类	销售价格（元）	变动成本（元）	每月预期销售量（份）
汉堡	12	6	3 200
炸鸡	10	5	3 500
鸡肉卷	8	4.5	3 000

4. 某公司拟购买一台新的机器生产产品，现有两种机器可供选择，成本信息如表 7-9 所示。假设每台机器的使用寿命是 3 年，公司认为投资的收入率可以达到 12%。请使用净现值法帮助公司选择应该购买哪种机器。

表 7-9　机器的成本信息　　（单位：元）

成　　本	机器 A	机器 B
初始成本	15 000	20 000
每年的劳动力成本	3 000	4 000
每年的维修成本	4 000	2 000
三年后的残值	3 000	5 000

5. 一项投资的初始成本是 30 000 元，资金成本是 5%，每年收入是 12 000 元，收入期是 6 年，净现值是多少？

6. 某公司拟生产和销售一种新产品，生产新产品需要花费 50 000 元购买新的设备自己生产，每件产品的生产成本是 40 元，或者外包给其他公司，每件新产品需要支付给外包承包商 45 元。这种产品的市场销售情况可能是乐观的，也可能是不乐观的。当然，公司也可以选择不开发这种新产品。如果新产品被市场顺利接受，该产品的销售量将是 25 000 件，每件售价 100 元；如果新产品不被市场顺利接受，该产品的销售量将是 8 000 件，每件售价 90 元。假设市场销售情况乐观的概率是 0.4，不乐观的概率是 0.6，那么该公司的负责人应该如何决策？

7. 某公司签订了一份一年期的合同，需要生产 10 000 套模具。该公司有三种设备可以选择，成本信息如表 7-10 所示。该公司的负责人应该选择哪种设备？

表 7-10　设备的成本信息

设　　备	年固定成本（元）	单位变动成本（元）	概　　率
通用设备	45 000	0. 55	0. 3
		0. 50	0. 4
		0. 45	0. 3
柔性制造系统	52 000	0. 45	0. 7
		0. 40	0. 2
		0. 35	0. 1
专用机床	58 000	0. 40	0. 9
		0. 35	0. 1

参考文献

[1] CHAMBERS J C，MULLICK S K，SMITH D D. How to choose the right forecasting technique [J]. Harvard Business Review，1971，49 (4)：45-70.

[2] FOX J. Why rational people can't succeed as economic forecasters [J]. Harvard Business Review，2014：2-5.

[3] CHASE C W. Innovations in business forecasting：predictive analytics [J]. Journal of Business Forecasting，2014，33 (2)：26-32.

[4] LIU Y. Big data and predictive business analytics [J]. Journal of Business Forecasting，2014，33 (4)：40-42.

[5] FRICK W. What research tells us about making accurate predictions [J]. Harvard Business Review，2015：2-5.

[6] CHASE C W. Machine Learning Is Changing Demand Forecasting [J]. Journal of Business Forecasting，2016，35 (4)：43-45.

[7] LAPIDE L，WILSON E. Quick response forecasting：a blueprint for faster and more efficient planning [J]. Journal of Business Forecasting，2017，36 (4)：24-28.

学习资源清单

第 8 章

流程策略和设施布置

引例

三星手机的生产工艺流程

三星集团是韩国最大的跨国企业集团，旗下拥有多个子公司，业务涉及电子、金融、机械、化学等众多领域。三星电子是三星集团旗下最大的子公司，曾是全球第二大手机生产商，也是全球营收最高的电子企业之一。

与其他手机制造商不同，三星电子的手机生产过程几乎全部是在公司内部完成的，而不是外包给富士康（Foxconn）等代工企业。三星的许多手机都是在首尔以南约120mile[⊖]的工业城市 Gumi 生产的。在那里，机器人协助工人组装电路板，并将组装好的电路板粘贴到手机背面。如果你的手机上写着“韩国制造”，它很可能来自 Gumi。

三星从世界各地采购手机零配件，在 Gumi 完成组装、测试和包装。Gumi 的手机装配车间采用的不是流水线作业模式，而是小工坊模式。每个工人要负责一部手机的全部组装。工人站在三边形工作台里面，所有必需的工具和工件材料都在伸手就能拿到的范围内，并且有机器人协助完成工作。形似巨型绘图仪的机器人会把芯片和二极管用长长的塑料条粘贴到电路板上，其中一些部件小到 0.1mm。一旦组装完成，工人就会对手机进行一系列的质量测试。质量测试合格之后再进行包装和装运。装运过程由货车机器人完成，货车机器人读取条码，然后把它们送到货运站。在这种装配方式下，该工厂每天可以生产数万部手机。

8.1 流程策略

8.1.1 流程策略的重要意义

流程是把资源转化为产品和服务的一系列活动，而流程策略是一种将资源转化为产品和服务的组织方法。流程策略的选择是生产系统规划和设计的一个重要环节。流程策略决定了

⊖ 1mile = 1 609.344m。

企业的产品生产方式与服务提供方式，决定了投入转化为产出的过程，会直接影响生产过程资源的配置和效益。此外，流程策略的选择还会影响工作设计以及设施设备的选择与布置。

8.1.2　流程策略的类型

1. 工艺专业化生产

工艺专业化生产是以加工工艺路线为依据组织生产流程。齿轮的加工生产就属于工艺专业化生产。齿轮的材质不同，加工工艺路线也不相同，只能以所要完成的加工工艺内容为依据来构建生产流程。工艺专业化生产的特点是生产的品种多、批量少、重复程度低。

2. 产品专业化生产

产品专业化生产的工艺流程是以产品或者服务为对象，按照其生产要求组织相应的生产设备和设施。流水线生产就是典型的产品专业化生产，流水线上各个工作地是按照产品工艺过程的顺序排列的，每个工作地只固定完成一道或少数几道工序，专业化程度较高。产品专业化生产的特点是生产的品种单一、产量大、重复程度高。

3. 重复式生产

重复式生产也称模块式生产，是介于工艺专业化生产和产品专业化生产之间的一种生产方式。模块式生产的基础是成组技术，即将具有相似特性的零件归为一组形成零件族，一个零件族可以在同一个机器上使用相似的工具按相似的工序完成。将相应的加工设备和工艺路线形成一个模块或制造单元，车间按照此模块或制造单元组织生产便是重复式生产。该流程策略类型主要用于单件小批生产。

4. 大规模定制生产

大规模定制生产的核心理念就是通过产品结构和制造流程的重构，运用现代化信息技术、新材料技术、柔性制造技术等一系列高新技术，将产品的定制生产问题部分或者全部转化为批量生产。大规模定制生产的特点是能以低成本、高质量、高效率实现多品种小批量，甚至单个顾客的定制化生产。

运营实践

Big Shot 的大规模定制

如今，顾客已经不满足于规模化的大众产品，他们期待个性化设计的产品，但是他们却不想为这种定制支付额外的费用。为降低定制成本，大规模定制便应运而生。许多企业已经从大规模生产转向大规模定制，以便更好地满足顾客的需求。

2009 年，马特·彼得森（Matt Peterson）在科罗拉多州柯林斯堡创办了 Big Shot 自行车公司。彼得森原是一名职业软件工程师，他利用自身的软件开发经验完成了 Web 开发部分的业务。彼得森设计了一个 iPad 兼容的网络界面，顾客可通过该界面自行选择车架、轮胎、车轮、曲柄、马鞍、链条、把手等 10 个固定装置的颜色，每个装置最多有 9 种颜色可供选择。顾客自己设计后，公司再进行组装和配送，从设计、生产到配送，所有环节支付的费用加起来不到 500 美元。

四种流程策略在生产柔性、设备类型、设备利用率等方面具有不同的特征，如表 8-1 所示。

表 8-1　不同流程策略的比较

特 征 比 较	工艺专业化生产	重复式生产	产品专业化生产	大规模定制生产
柔性	高	中等	低	高
设备类型	通用设备	专用设备	专用设备	柔性设备
设备利用率	低	高	高	高
人员技能	较高	较高	低	较高
产量	低	中等	高	高
品种	多	中等	少	多
效率	低	较高	高	较高
固定成本	低	较低	高	较高
变动成本	高	较高	低	较低
工艺流程	工作间	批量生产	装配线	连续流程
计划与控制	复杂排程系统	中等排程系统	简单排程系统	成熟排程系统

8.2　流程矩阵

产品-流程矩阵是海斯（Hayes）和惠尔莱特（Wheelwright）在 1979 年提出的一种帮助企业选择生产流程策略的工具。产品-流程矩阵展示了生产流程同产品品种和批量之间的相互关系。通常而言，随着产品的成熟以及销售量的增长，企业需要从小批量高柔性生产流程向大批量低成本流程转变，如图 8-1 所示。该矩阵强调了生产流程策略与产品匹配的重要性，目的是使企业内部生产与外部市场达成目标一致。

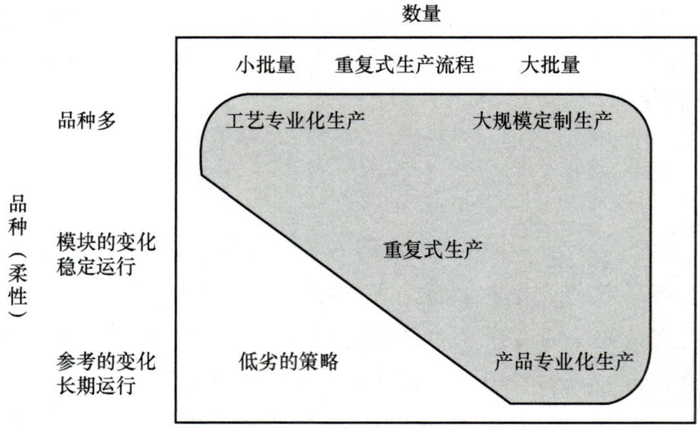

图 8-1　产品-流程矩阵

8.3　流程分析

8.3.1　流程绩效指标

流程绩效有三个基本的度量指标，即在制品库存、流程时间和生产率。

1. 在制品库存

在制品库存是指处于流程中的物料或顾客的数量。生产商希望在生产系统内不要有太多的在制品，以降低生产拥挤程度，减少空间和场所的占用，加快资金周转；而顾客期望在尽可能短的时间内得到所期望的产品和服务。

2. 流程时间

对制造业而言，流程时间是指加工对象从进入生产运作系统开始到离开生产运作系统为止的时间。对服务业而言，流程时间是指服务对象在服务系统中的停留时间。顾客、生产商和服务商都希望尽可能地缩短流程时间。

3. 生产率

生产率一般是指单位设备在单位时间内出产的合格产品的数量。

流程绩效的三个基本度量指标之间是紧密联系的，可以用利特尔法则（Little's Law）来表示它们之间的关系，即

$$\text{平均在制品库存} = \text{平均单位时间产出} \times \text{平均流程时间}$$

$$\text{库存平均周转次数} = \frac{1}{\text{平均流程时间}}$$

8.3.2　流程效能参数

流程效能参数主要包括流程能力、节拍、瓶颈工序、空闲时间和流程的平衡等。

1. 流程能力

流程能力是指在给定的单位时间内生产的产品数量或者服务的顾客数量。

2. 节拍

节拍是指生产线上产出两个相同产品的间隔时间。节拍反映了生产系统出产产品的速度，节拍越短，产品出产速度越快。在生产线上，具有最长加工时间的工序决定了这条生产线的节拍。要缩短生产线的节拍，就必须缩短该段工序的加工时间。

3. 瓶颈工序

瓶颈工序是指生产流程中生产节拍最长的环节。瓶颈工序制约了生产线的产出量。在生产中，瓶颈工序往往比较明显和固定，通常是连续满负荷运转的工序。

4. 空闲时间

空闲时间是指工作时间内没有执行有效工作任务的时间，即机器等待需加工的对象所耗费的时间或者服务者等待顾客的时间。空闲时间不直接影响顾客获得的价值，但浪费了制造商或服务者的资源。

5. 流程的平衡

流程的平衡是指流程中各个工序的生产能力基本相同。生产运作流程设计的一个重要任务就是尽可能让整个流程实现平衡。

8.4　设施布置决策

8.4.1　设施布置决策的重要意义

设施布置是指将各种设施、设备合理地安排在一个给定的空间中，以确保各项生产活动

运作顺畅，员工的工作环境舒适、安全，从而使企业获得更佳的经济效益。

设施布置对企业至关重要。合理的设施布置可以帮助企业提高空间、设备和人员的利用率；改进材料和人员的移动路线；为员工提供安全舒适的工作环境，提高员工的工作效率；改善与顾客之间的互动；增强生产的柔性；增加产能；降低成本等。

8.4.2 设施布置决策的原则

（1）工艺原则。设施布置应该符合生产工艺过程的要求，使得上下工艺衔接合理、人员移动及物料运输的距离最短、人流和物流尽量畅通无阻，避免出现迂回和交叉现象。

（2）经济原则。设施布置应该尽可能地利用空间、人力以及现有的设施来降低成本。

（3）安全原则。设施布置应该符合安全生产的原则，按照生产性质、防火、环保等要求来划分厂区。

（4）弹性原则。设施布置规划时需要考虑可能导致布置变更的各种因素，以便于以后的扩展和调整。

（5）人性化原则。设施布置要考虑人性化。工作环境应安全、健康、舒适，以满足工作人员的身心要求，提高工作效率。

8.4.3 设施布置的基本类型

1. 工艺导向布局

工艺导向布局是指按照工艺专业化生产流程来组织生产单元，即根据生产工艺的特征将具有相似功能的设备集中在一起来完成相同的工艺加工任务。工艺导向布置适用于多品种产品的加工或综合性的多样化服务。综合性医院就是采用工艺导向布局的典型例子，如图 8-2 所示。

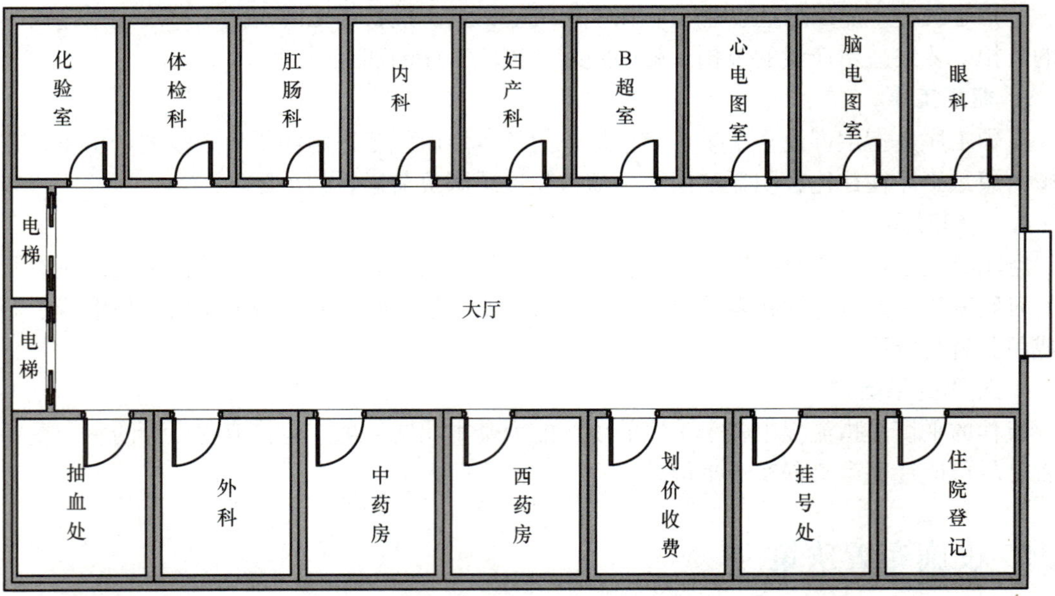

图 8-2 综合性医院布局示意图

2. 产品导向布局

产品导向布局是指按照产品专业化生产流程来组织生产单元，即将加工某种产品或零部件所需的全套设备和相关工种的工人集中在一个生产单元，完成相同产品大部分或者全部的加工任务。产品导向布局适用于大批量、高标准化的产品和单一化服务。生产流水线就是典型的产品导向型布局，如图 8-3 所示。

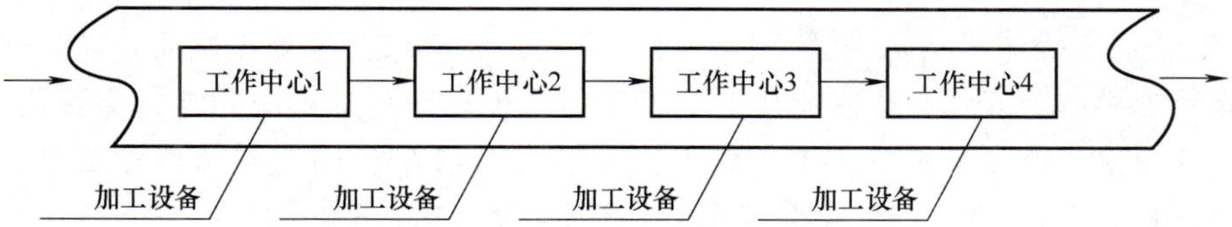

图 8-3　生产流水线布局示意图

3. 固定式布局

固定式布局是加工产品或工件的位置固定，生产人员和加工设备随着加工对象位置的变化而不断移动的布局方式。固定式布局适用于体积庞大、笨重、不易移动的加工对象，如大型飞机、船舶、航母，如图 8-4 所示。

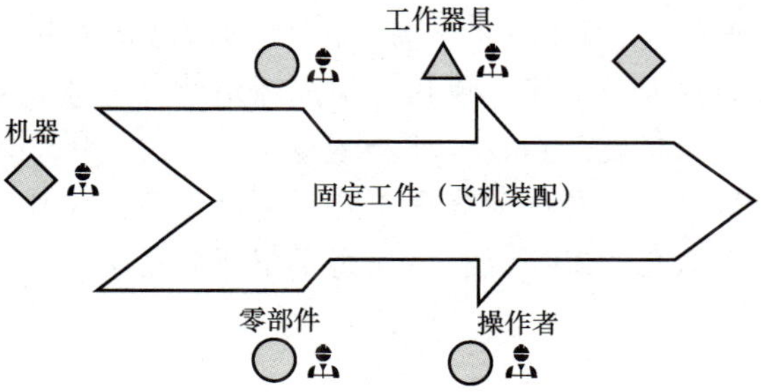

图 8-4　固定式布局示意图

4. 单元式布局

单元式布局是指将不同的机器和不同工种的工人组成一个生产单元。根据零件的分类，各个生产单元对工艺和形状相似的零件或产品进行加工生产，如图 8-5 所示。

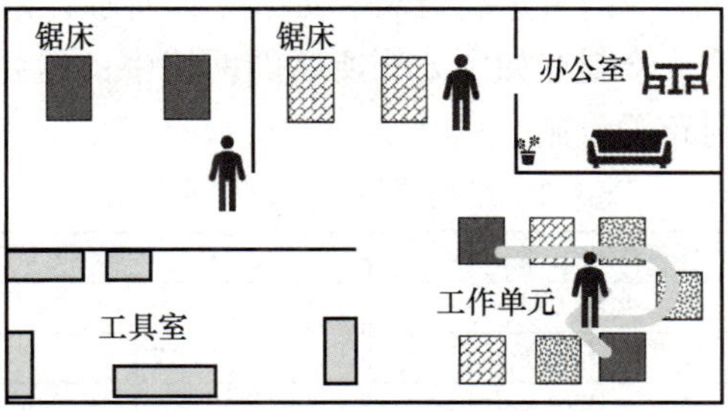

图 8-5　单元式布局示意图

运营实践

宝钢湛江钢铁厂工艺布局的创新设计

湛江钢铁厂是由宝钢集团独资建立的一家企业，它在宝钢生产和运营经验的基础上吸收了国内外大型炼钢厂的先进理念，在工艺布局方面提出了“分、合、均、简、专”的创新设计理念。

“分”是将辅助作业环节从主作业环节中分离出来。例如，湛江钢铁厂将辅助工序（如炉前加料跨中的废钢称量、炉前扒渣等）、污染源环节（如钢包冷修作业等）从主环节中进行了剥离。

“合”是将分散布置的同类工序作业集中布置，创建综合性处理空间。湛江钢铁厂创建铁液预处理中心、四位一体渣处理中心、三位一体废钢加工中心和连铸离线维修中心，将精炼工序独立成跨，增强精炼工序能力，采用 RH + LATS + LF 炉的组合工艺，使得转炉的作业率提升了约 10%，精炼的利用效率提升了约 15%。

“均”是重新分配作业环节和作业工序。湛江钢铁厂设立铁液预处理中心，负责炉前扒渣和炉前兑铁作业，平衡了炉前加料跨和铁液预处理中心的负荷。

“简”是简化工序作业、工艺路线和跨间功能。湛江钢铁厂通过优化布局和对跨间功能进行解析和集成，将加料跨的作业环节从传统的 5 项减少到 2 项，将钢液接受跨的作业环节从传统的 6 项减少到 3 项。

“专”是指专业化分工、专业化生产、专业化流动。湛江钢铁厂通过设立铁液预处理中心，独立设置脱硫跨和铁液吊运跨，使铁包形成环形物流；通过合理设置过跨台车，将钢包重包、空包分线运输，实现了钢包的环流运输。

湛江钢铁厂将原先的分散布局改为集中布置，将原先不同作业点的流动作业改为一体化流水线集中作业，从而简化了工序流程，提高了空间利用率。

8.5 设施布置的定量分析

8.5.1 作业相关法

作业相关法是根据各工作地之间关系的密切程度进行设施布置的一种方法。该方法对影响各工作地之间关系密切程度的因素进行分析，如表 8-2 所示；确定出各工作地之间的关系密切程度等级，并将等级关系绘制在如图 8-6 所示的网格中；然后根据“关系密切程度高的工作地相邻布置”这一原则布置设施。

表 8-2 影响关系密切程度的因素

序号	因素	序号	因素
1	共用人员	6	人员接触频繁
2	共用场所	7	工作的相似性
3	共用记录	8	流程的连续性
4	共用设施	9	其他
5	文件接触频繁		

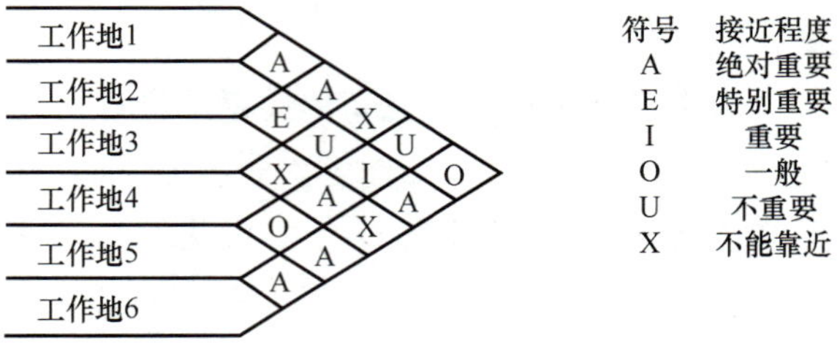

图 8-6 作业相关图

例 8-1　请用作业相关法将图 8-7 中的 6 个部门布置到 3×2 的区域内。

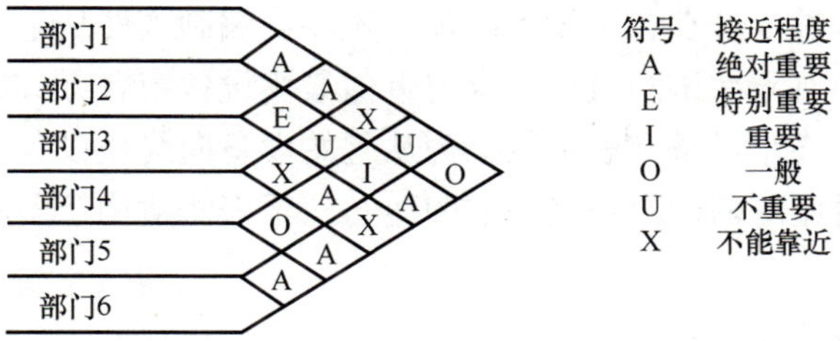

图 8-7　作业相关图

[解]

第一步，列出各部门之间关系密切程度的分类表，如表 8-3 所示。

表 8-3　关系密切程度分类表

A	X	A	X	A
1-2 1-3	1-4 3-6	2-6 3-5	3-4	4-6 5-6

第二步，根据列表编制主联系簇。编制原则是：首先确定 A 关系中出现最多的部门，再找出与该部门的关系密切程度为 A 的其他部门，并根据各部门之间的关系绘制出主联系簇。如本例 A 关系中，部门 6 出现 3 次，首先确定部门 6，然后将与部门 6 的关系密切程度为 A 的部门 2、4、5 一一联系在一起，如图 8-8 所示。

第三步，考虑 A 关系中的其他部门，如能加在主联系簇上就尽量加上去，否则画在分离的子联系簇中。本例中，所有部门都能加到主联系簇上去，如图 8-9 所示。

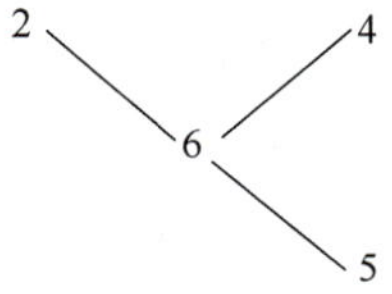

图 8-8　A 关系联系簇图（一）

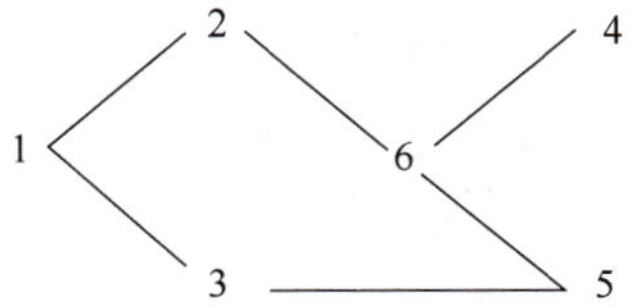

图 8-9　A 关系联系簇图（二）

第四步，画出 X 关系联系簇图，如图 8-10 所示。

第五步，根据联系簇图和可供使用的区域，用试验法安置所有部门，结果如图 8-11 所示。

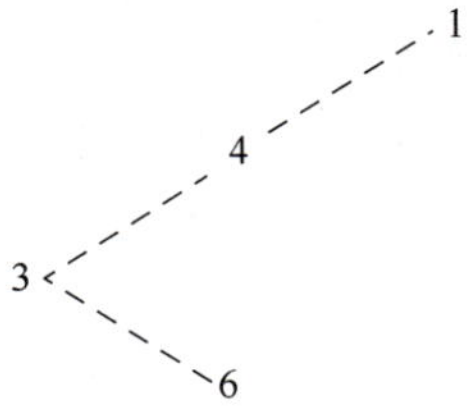

图 8-10　X 关系联系簇图

1	2	6
3	5	4

图 8-11　部门布置图

8.5.2 从至表法

从至表法是根据各种零件在各个设备的加工顺序，编制零件从某一个设备至另一个设备的移动次数从至表，经有限次试验改进，求得近似最优设备布置方式的一种方法。从至表中的列为起始设备，行为终止设备，表中数据为从起始设备向终止设备的移动次数，移动距离为对角线上的方格所对应的两个设备之间的距离。从至表法适用于多品种、小批量生产的设备布置。

从至表法的计算步骤如下：

（1）根据每一种零件的加工工艺绘制出综合的工艺路线图。

（2）根据工艺路线图绘制初始从至表。

（3）分析并改进初始从至表。

（4）评价优化结果。

需要注意的是：对设备顺序重新排列时，应使初始从至表中较大的数字尽量靠近对角线；必须整行或整列地调整设备；对角线上的方格必须保持为空格；从至表行和列的顺序必须保持一致。

扫描下方二维码，见知识点视频详解：

例 8-2 某机械加工小组有 9 台设备。假设设备的布置方案是按设备编号顺序呈直线排列，且各相邻设备之间的距离为 1 单位。现有 A、B、C、D、E、F、G 7 种零件需要进行加工，每种零件的工艺路线如图 8-12 所示。请用从至表法确定其最优的设备顺序。

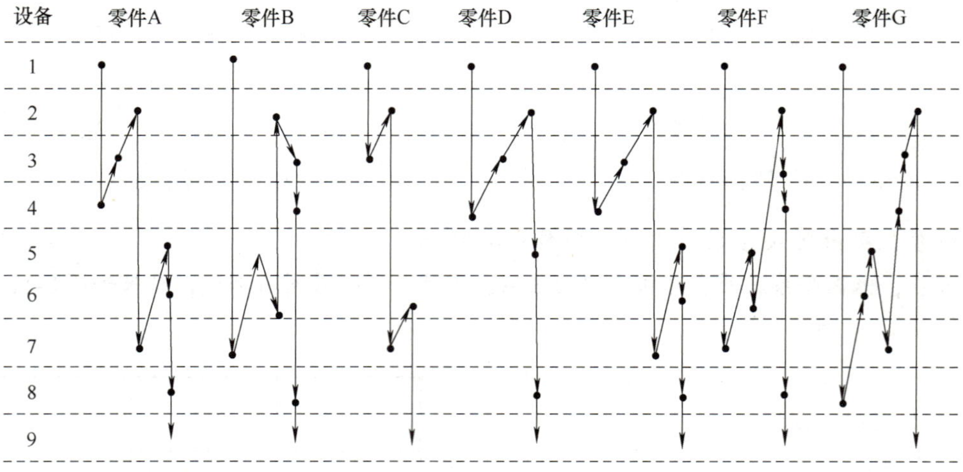

图 8-12 每种零件的工艺路线

［解］

（1）根据零件的工艺路线绘制初始从至表，并计算零件从一个设施到另一个设施的移动次数，如表 8-4 所示。

表 8-4　初始从至表

布置顺序	至	01	02	03	04	05	06	07	08	09	移动距离	移动次数	移动量
从	51	0	7	7	6	6	6	6	6	7			
01	7			1	3			2	1				
02	7			2		1		3		1	8	0	0
03	7		5		2						7	2	14
04	6			4					2		6	2	12
05	6						4	1	1		5	3	15
06	6		2			1			2	1	4	2	8
07	6				1	4	1				3	6	18
08	6						1			5	2	4	8
09	0										1	13	13
移动距离			8	7	6	5	4	3	2	1	合计		88
移动次数			0	0	0	0	2	1	5	11			
移动量			0	0	0	0	8	3	10	11	32		120

（2）分析并改进初始从至表，计算总的移动量。为使零件的总运距最小，应调整设备的排列顺序，使初始从至表中较大的数字尽量靠近对角线。

（3）通过反复试排与计算比较，得到一个最优方案，如表 8-5 所示。

通过对比改进前后的从至表可以发现：总运距减少了 32 单位，其中前进距、后退距各减少了 16 单位。

表 8-5　改善后的从至表

布置顺序	至	01	04	03	02	07	05	06	08	09	移动距离	移动次数	移动量
从	51	0	6	7	7	6	6	6	6	7			
01	7		3	1		2			1				
04	6			4					2		8	0	0
03	7		2		5						7	1	7
02	7			2		3	1			1	6	2	12
07	6		1				4	1			5	1	5
05	6					1		4	1		4	2	8
06	6				2		1		2	1	3	0	0
08	6							1		5	2	5	10
09	0										1	30	30
移动距离			8	7	6	5	4	3	2	1	合计		72
移动次数			0	0	0	0	0	3	0	7			
移动量			0	0	0	0	0	9	0	7	16		88

8.5.3 装配线平衡

1. 装配线平衡的概念

装配线平衡是指在保证产品的工序不变的条件下，将所有工序分配到一定数量的工作地中，使得所有工作地的单件作业时间之和尽可能与生产节拍相等或成整数倍关系。装配线平衡问题通常有两类：①给定节拍，求最小工作地数；②给定工作地数，求最小节拍。

2. 装配线（流水线）节拍

装配线节拍是指装配线上连续生产两件相同产品的时间间隔。

$$r=\frac{F_e}{N}=F_0\frac{\eta}{N} \tag{8-1}$$

式中，r 为装配线节拍；F_e 为计划期内有效作业时间；N 为计划期内的产量；F_0 为计划期制度工作时间；η 为时间有效利用系数。

例 8-3 某装配线每日产量200件，废品率为3%，采用两班制生产，每班工作8h，各有21min停歇时间。请计算该装配线的节拍。

[解]

$$r=\frac{F_e}{N}=\frac{(8\times2\times60-21\times2)\text{min}}{200\text{件}/(1-0.03)}=4.45\text{min/件}$$

---

3. 装配线平衡方法

具体步骤如下：

（1）确定装配线节拍。

（2）计算装配线上需要的最小工作地数的理论值。

$$S_{\min}=\left[\frac{\sum t_i}{r}\right] \tag{8-2}$$

式中，$S_{\min}$ 为最小工作地数；t_i 为单位产品在工序 i 的加工时间；$\sum t_i$ 为单位产品的总加工时间；r 为装配线节拍；$\left[\frac{\sum t_i}{r}\right]$ 为大于或等于 $\frac{\sum t_i}{r}$ 的最小整数。

（3）将工序分配到各工作地。分配原则如下：

1）保证各工序的先后顺序。

2）在每一次分配前，需要保证先行工序已经分配完毕，并且分配工序的加工时间不能超过该工作地的剩余时间。

3）分配到每个工作地的各工序作业时间之和（T_e）不能大于节拍，且应尽可能接近或等于节拍。

4）运用装配线平衡的启发式方法进行分配，如表8-6所示。

表 8-6　装配线平衡的启发式方法

方　法	原　则
最长作业时间	从现有作业中选择作业时间最长的
最多紧后作业	从现有作业中选择紧后作业数最多的
位置权重排序	从现有作业中选择紧后作业时间总和最长的
最短作业时间	从现有作业中选择作业时间最短的
最少紧后作业数	从现有作业中选择紧后作业数最少的

（4）计算装配线的平衡率。

$$\varepsilon = \frac{\sum t_i}{S_t r} \times 100\% \tag{8-3}$$

式中，S_t 为分配工序后得到的实际工作站数。

扫描下方二维码，见知识点视频详解：

例 8-4　某装配线的工作顺序及作业时间如图 8-13 所示，假设每天工作 8h，午间停机 20min，每天的产量为 230 个。请根据以上信息进行装配线平衡。

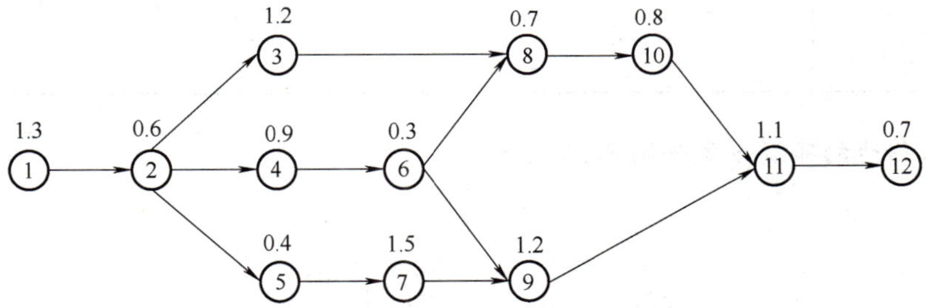

图 8-13　装配线的工作顺序及作业时间（单位：min）

［解］

（1）确定装配线节拍

$$r = \frac{F_e}{N} = \frac{(8 \times 60 - 20)\,\text{min}}{230\ 个} = 2.0\text{min/个}$$

（2）计算最小工作地数

$$S_{\min} = \left[\frac{\sum t_i}{r}\right] = \left[\frac{10.7\text{min}}{2.0\text{min/个}}\right] = 6\ 个$$

（3）分配工序。按照工序的分配原则，当有两个可供分配的作业时，首先分配后续作业数多的工序，当出现了多个工序的后续作业数一样的情形时，先分配时间最长的工序。分配结果如表 8-7 所示。

表 8-7　分配结果

工作地	剩余时间/min	工序			闲置时间/min
		可供分配	适合分配	分配的工序（作业时间/min）	
1	2	1	1	1（1.3）	
	0.7	2	2	2（0.6）	
	0.1	3，4，5	无	—	0.1
2	2	3，4，5	4，5	4（0.9）	
	1.1	3，5，6	5，6	5（0.4）	
	0.7	3，6，7	6	6（0.3）	
	0.4	3，7，8，9	无	—	0.4
3	2	3，7，8，9	3，8	3（1.2）	
	0.8	7，8，9	8	8（0.7）	
	0.1	7，9，10	无	—	0.1
4	2	7，9，10	7	7（1.5）	
	0.5	9，10	无	—	0.5
5	2	9，10	9，10	9（1.2）	
	0.8	10，11	10	10（0.8）	
	0	11	无	—	0
6	2	11	11	11（1.1）	
	0.9	12	12	12（0.7）	
	0.2	—	—	—	0.2

故装配工作地的布置方案如图 8-14 所示。

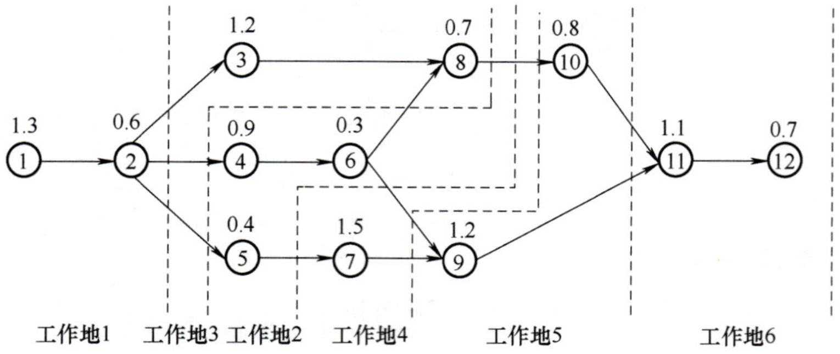

图 8-14　装配工作地的布置方案（单位：min）

（4）计算装配线的平衡率

$$\varepsilon = \frac{\sum t_i}{S_t r} \times 100\% = \frac{10.7\text{min}}{6\text{个} \times 2\text{min/个}} \times 100\% = 89.17\%$$

运营实践

沃博卡铸造厂的设施布置

沃博卡是一家运营了 50 多年的铸造厂，为汽车、家具、航空航天等众多行业生产铸件。

随着铸造厂生产规模的扩大、设施设备的增加，铸造厂在建筑物和设备的物理布局方面逐渐暴露出许多问题。在处理材料时，工人需要将熔化的金属从熔炉中运送到压铸机中，如果移动距离过长将不能确保熔化的金属到达压铸机时仍然足够热。该厂原有的布局是压铸机分散在工厂各处，1 200t 的压力压铸机靠近熔化铝锭的熔炉，400t、600t 和 800t 的压力压铸机分散在更远的地方。压力压铸机的分散布置导致了叉车不得不长距离运输，而长距离运输会导致热损失，迫使铸造厂不得不将熔炉的温度保持在 1 360℉[⊖] 而不是实际要求的 1 340℉。另外，压铸机的分散布置还需要额外的人员和运输装置搬运物料。返工、检查和二次操作所需的设备和一些旧的、废弃的和未使用的机器都在同一个区域。由于没有对这个区域的设备进行合理的布置，设备占用了大量的空间，导致工厂每月还需额外支付 7 000 美元在附近租赁仓库存放返工检修产品。

面对高昂的成本支出，管理层决定优化现有的生产布局。合并和精简布局为工厂节省了 111 235 美元的成本，减少了约 20 名员工（如在生产、维修、工具和模具修理方面减少 6 名员工，在炉工方面减少 2 名员工，在起重机方面减少 3 名员工等），每年总计节省了大约 60 万美元的人力成本。

知识点复习

知识点	主要内容
流程策略	◆ 流程策略是一种将资源转化为产品和服务的组织方法 ◆ 流程策略的类型： （1）工艺专业化生产：以加工工艺路线为依据组织生产流程 （2）产品专业化生产：以产品或者服务为对象，按照其生产要求组织相应的生产设备和设施 （3）重复式生产：车间按照模块组织生产 （4）大规模定制生产：能以低成本、高质量、高效率实现多品种小批量甚至单个顾客的定制化生产
流程矩阵	◆ 产品-流程矩阵：帮助企业选择生产流程策略的工具 ◆ 产品-流程矩阵表明产品在生命周期的不同阶段需要不同类型的生产流程。随着产品的成熟以及销售量的增长，企业需要从小批量高柔性生产流程向大批量低成本流程转变

⊖ $1℉ = \frac{5}{9}K$。

（续）

知识点	主要内容
流程分析	◆ 流程绩效指标： （1）在制品库存：处于流程中的物料或顾客的数量 （2）流程时间：加工对象从进入生产运作系统开始到离开生产运作系统为止的时间，或服务对象在服务系统中的停留时间 （3）生产率：单位设备在单位时间内出产的合格产品的数量 ◆ 流程效能参数： （1）流程能力：在给定的单位时间内生产的产品数量或者服务的顾客数量 （2）节拍：生产线上产出两个相同产品的时间间隔 （3）瓶颈：生产流程中生产节拍最长的环节 （4）空闲时间：工作时间内没有执行有效工作任务的时间 （5）流程的平衡：流程中各个工序的生产能力基本相同
设施布置决策	◆ 设施布置：将各种设施设备合理地安排在一个给定的空间中，以确保各项生产活动运作顺畅，员工的工作环境舒适、安全，从而使企业获得更佳的经济效益 ◆ 设施布置决策的原则：工艺原则、经济原则、安全原则、弹性原则和人性化原则 ◆ 设施布置类型： （1）工艺导向布局：按照工艺专业化生产流程来组织生产单元，即根据生产工艺的特征将具有相似功能的设备集中在一起来完成相同的工艺加工任务 （2）产品导向布局：按照产品专业化生产流程来组织生产单元，即将加工某种产品或零部件所需的全套设备和相关工种的工人集中在一个生产单元，完成相同产品大部分或者全部的加工任务 （3）固定式布局：加工对象的位置固定，生产人员和加工设备随着加工产品所在的位置而移动 （4）单元式布局：将不同的机器和不同工种的工人组成一个生产单元。根据零件的分类，各个生产单元对工艺和形状相似的零件或产品进行加工生产
设施布置的定量分析	◆ 作业相关法：根据各工作地之间关系的密切程度进行设施布置的一种方法 ◆ 从至表法：根据各种零件在各工作地（设备）的加工顺序，编制零件从某一个工作地（设备）至另一个工作地（设备）的移动次数从至表，经有限次试验改进，求得近似最优设备布置方式的一种方法 ◆ 装配线平衡：在保证产品的工序不变的条件下，将所有工序分配到一定数量的工作地中，使得所有工作地的单件作业时间之和尽可能与生产节拍相等或成整数倍关系 ◆ 装配线节拍：装配线上连续生产两件相同产品的时间间隔 $r=\frac{F_e}{N}=F_0\frac{\eta}{N}$ $S_{\min}=\left[\frac{\sum t_i}{r}\right]$ $\varepsilon=\frac{\sum t_i}{S_t r}\times 100\%$

习题

一、单项选择题

1. 多品种小批量的生产流程是（　　）。

A. 连续性流程　　B. 工艺专业化　　C. 重复式生产

D. 产品专业化　　E. 大规模定制

2. 面向产品且使用模块的一种生产组织形式是（　　）。

A. 连续性流程　　B. 工艺专业化　　C. 重复式生产

D. 产品专业化　　E. 大规模定制

3. 少品种大批量的生产流程是（　　）。

A. 工艺专业化　　B. 重复式生产　　C. 产品专业化　　D. 大规模定制

4. 流程时间是指（　　）。

A. 加工对象从进入生产运作系统开始到离开生产运作系统为止的时间间隔

B. 系统内最长的流程时间

C. 工作站生产一定数量产品的时间

D. 系统内最短的流程时间

5. 工艺专业化布置（　　）。

A. 针对大型项目，如造船业和建筑业的布置要求

B. 在连续性生产中，机器的利用率达到最高

C. 成组工人提供信息流

D. 根据顾客的行为特点来分配空间

E. 处理的是小批量多品种问题

6. 对于固定式布置（　　）。

A. 针对大型项目，如造船业和建筑业的布置要求

B. 在连续性生产中，机器的利用率达到最高

C. 成组工人提供信息流

D. 根据顾客的行为特点来分配空间

E. 处理的是小批量多品种问题

7. 对于单元式布置（　　）。

A. 针对大型项目，如造船业和建筑业的布置要求

B. 在连续性生产中，机器的利用率达到最高

C. 成组工人提供信息流

D. 根据顾客的行为特点来分配空间

E. 处理的是小批量多品种问题

8. 固定式布置的限制条件（　　）。

A. 几乎所有的场地空间都是有限的

B. 在项目的不同阶段需要使用不同的材料

C. 所需要材料的体积是不断变化的

D. 以上都是

9. 在作业相关图中，用符号“A”代表两个部门间（　　）的关系。

A. 重要　　B. 一般　　C. 绝对重要　　D. 不能接近

10. 流水线的生产方式一般会采用（　　）设施布置方式。

A. 工艺导向布局　　B. 产品导向布局　　C. 单元式布局　　D. 固定式布局

11. 适用于多品种小批量断续生产的设施布置方式是（　　）。

A. 工艺导向布局　　B. 产品导向布局　　C. 单元式布局　　D. 固定式布局

二、多项选择题

1. 设施布置决策的原则包括（　　）。

A. 工艺原则　　B. 经济原则　　C. 安全原则

D. 弹性原则　　　　　　　　E. 人性化原则

2. 可以通过（　　）得知设施布置活动单元之间的相关关系。

A. 访谈法　　　　　　　　B. 经验法　　　　　　　　C. 从至表法　　　　　　　　D. 相关图

三、判断题

1. 固定式布局适合标准产品的生产。（　　）
2. 汽车生产流水线是工艺导向布局的例子。（　　）
3. 工艺导向布局的生产系统具有柔性。（　　）
4. 外科手术病人应该采取固定式布局。（　　）
5. 空闲时间为 0，说明已经达到完美的装配线平衡。（　　）
6. 一人多机要求每个人工作的内容增加，因此提高了劳动强度。（　　）
7. 大型轮船一般采用产品导向布局方法。（　　）
8. 固定式布局主要针对模具车间的设备布置。（　　）

四、解答题

1. 某公司想建立一条新流水线生产新产品，作业、完成时间及紧前作业如表 8-8 所示。

表 8-8　流水线作业信息（一）

作　业	完成时间/s	紧前作业
A	20	—
B	15	A
C	5	A
D	8	C
E	15	B，D

该公司的目标是每小时生产 220 台新产品。

（1）节拍是多少？

（2）理论上的最小工作站数是多少？

（3）当布置好工作站后，理论上的最小值是否可以达到？

（4）装配线的时间损失系数和平滑系数是多少？

2. 某玩具公司决定生产一种新型玩具。该玩具的生产流程被分为 7 个步骤，如表 8-9 所示。在 40h 的工作周内，玩具的需求量是 5000 件。

表 8-9　流水线作业信息（二）

作　业	完成时间/s	紧前作业
A	20	—
B	28	A
C	10	A
D	10	A
E	12	B，C
F	15	D，E
G	28	F

（1）绘制运作流程的先后顺序图。

（2）节拍是多少?

（3）理论上的最小工作站数是多少?

（4）当布置好工作站后，理论上的最小值是否可以达到?

（5）每个周期的总闲置时间是多少?

（6）工作站数为 5 个或者 6 个时，相应的装配线总效率是多少?

3. 某一装配线计划每小时装配 250 件产品，每小时用于生产的时间是 50min。作业、完成时间及紧前作业如表 8-10 所示。

表 8-10　装配线作业信息

作　业	完成时间/s	紧前作业
A	12	—
B	3	—
C	9	A，B
D	10	B，C
E	10	D
F	5	—
G	7	E，F
H	6	G

（1）绘制运作流程的先后顺序图。

（2）节拍是多少?

（3）理论上的最小工作站数是多少?

（4）当布置好工作站后，理论上的最小值是否可以达到?

（5）每个周期的总闲置时间是多少?

参考文献

[1] STRYKER J B. In open workplaces，traffic and head count matter [J]. Harvard Business Review，2009，87（12）：24.

[2] ASHENBAUM B. A prevalidation of the product-process matrix [J]. Decision Sciences Journal of Innovative Education，2013，11（4）：313-322.

[3] HILDEBRAND C，HÄUBL G，HERRMANN A，et al. Conformity and the Crowd [J]. Harvard Business Review，2013，91（7/8）：23.

[4] CONGDON C，FLYNN D，REDMAN M. Balancing "we" and "me" [J]. Harvard Business Review，2014，92（10）：50-57.

[5] SANNE R. Facility layout payout [J]. Industrial & Systems Engineering at Work，2016，48（10）：42-45.

[6] CHATRAS C，GIARD V，SALI M. Mass customisation impact on bill of materials structure and master production schedule development [J]. International Journal of Production Research，2016，54（18）：5634-5650.

[7] BACEVICE P，BUROW L，TRIEBNER M. 7 Factors of great office design [J]. Harvard Business Review，2016：2-7.

[8] BELLOIU R-F, SCARLAT C, NICULESCU C. Introducing work cells in cadastral services [J]. FAIMA Business & Management Journal, 2018, 6 (2): 24-34.
[9] 张毕西. 设备直线布置优化分析 [J]. 工业工程, 1993 (1): 62-71.
[10] 蔡建国. 成组技术与我国机械制造工业的重组：续 [J]. 工业工程与管理, 1998 (4): 3-9.
[11] 樊树海, 肖田元, 乔桂秀, 等. 大规模定制生产线的动态网络构造与仿真 [J]. 系统仿真学报, 2004 (7): 1597-1599.
[12] 贾国柱, 栾世超, 陈亮, 等. 基于流程模块化的虚拟制造单元构建方法 [J]. 系统工程理论与实践, 2012, 32 (10): 2111-2118.

学习资源清单

第 9 章

综合计划

引例

宝钢解决生产计划难题

宝山钢铁股份有限公司（简称宝钢）是一家大型现代化钢铁联合企业。宝钢主要生产附加价值高、技术含量高的钢铁类产品，包括电工器材用钢、汽车用钢、建筑用钢等。宝钢是我国市场的主要钢材供应商之一，其产品还出口到韩国、日本、澳大利亚等 40 多个国家和地区。

由于宝钢不断新建和扩张生产线，其在制订有效合理的生产作业计划方面面临着巨大的挑战。管理层通过分析宝钢的实际状况，将企业短期生产计划的优化作为化解难题的关键。

炼钢、连铸、热轧是钢铁生产过程中最重要的生产环节。以手工编制为主的炼钢、连铸、热轧生产计划导致生产成本高、生产效率低。公司引进自动化工程师、制造管理工程师等高科技人才，与他们积极沟通、密切合作，通过线性规划模型辅助生产计划的编制，使用遗传算法、禁忌搜索等现代优化技术构建热轧计划模型、连铸计划模型以及组炉优化模型，解决生产环节中的大量问题。在此基础上，宝钢实现了炼钢—连铸—热轧一体化计划编制，降低了工人的劳动强度，提高了计划编制的效率以及合理性。

宝钢在生产计划方面的投入，在一定程度上解决了生产物流不均衡、设备利用率低、库存积压严重、生产交货期长等问题，优化了产线资源的分配、降低了钢材的整体生产成本。

9.1 运营计划

9.1.1 运营计划的层次

运营计划是指企业依据其经营战略目标对资源进行的统筹安排。运营计划包括长期、中期和短期计划。

长期计划是战略层面的计划，其时间范围一般在一年以上。长期计划主要由企业高层管理者提出，包括产能决策等与企业战略决策相关资源的统筹安排。

中期计划主要包括综合计划和主生产计划，是战术层面的计划，其时间范围一般在几个月到一年左右。中期计划以长期计划为基础，需要满足战略决策的资源约束。中期计划主要由运营经理通过综合分析企业生产、市场营销、财务等部门的相关信息编制而成。

短期计划主要是具体的生产运作规划，由综合生产计划或主生产计划分解而来，是作业层面的计划，包括月计划、周计划、日计划等。

9.1.2　运营计划的分类

1. 综合计划

综合计划属于中期生产计划，是企业确定中期生产数量的一种方法。综合计划整体考虑企业的主要产品或服务，而不是具体到某一类产品的安排，具有设定总体制造输出水平的功能。例如，台灯生产厂根据其需求预测和生产能力，给出了明年的综合计划：生产台灯10万个；数据线生产厂根据能力和需求，下达了明年生产20万条数据线的综合计划。台灯和数据线这类产品都存在不同的规格，但综合计划并不考虑产品的不同规格，而是产品的总生产量。

2. 主生产计划

主生产计划由综合计划分解而来，是在资源约束（设备能力、库存能力、人员能力等）下确定的所有产品在一段时间内产出品种、生产数量以及交付日期的长周期滚动计划。例如，台灯生产厂的主生产计划给出每个季度每种型号台灯的生产数量。主生产计划所确定的生产总量等于综合计划所确定的生产量。

3. 作业计划

作业计划是具体的产品生产执行计划。作业计划将主生产计划的内容细化到具体的资源、时间、地点和执行者，保证物料高效、准确地向具体产品转换。

9.2　综合计划与主生产计划

9.2.1　综合计划的目标

综合计划在企业的各种计划中处于中心地位，将企业的短期计划与长期计划联系起来，使企业内部各要素有效协调运作。综合计划的目标是设定总体产出水平，以应对需求的不确定性。综合计划提供了商品、零件、材料和其他资源的最佳生产数量和生产时间，在满足预测需求的情况下，最大限度地降低企业的总运营成本。

9.2.2　综合计划的制订步骤

首先，制订综合计划需要获取有关资源和可用设施的信息，规划期间的需求预测以及不同替代方案和资源的成本。这些成本涉及各种生产替代方案（如分包、加班和延期交货）的生产、订购和库存持有成本。其次，根据需求预测、资源限制等信息得到各种备选计划方案，计算各方案的效用，从中选取最优方案。最后，依据最优方案确定外包的数量、加班时间、每个时期雇用和解雇的工人数量以及每个期间的库存。

9.2.3 综合计划策略

1. 追赶策略

追赶策略是指企业依据市场需求的变化制订相应的综合计划，即企业通过调整生产能力，适应市场需求的变化。企业将市场的预测作为给定条件，通过招聘员工、解雇员工、外包、安排员工加班或休假、改变库存水平等方式来应对市场需求的变化。例如，医疗、教育、旅游等行业较多采用追赶策略。

2. 平衡策略

平衡策略是指企业在计划期内制订生产能力相对稳定的综合计划。这种策略主要是通过产成品的库存来缓冲产需上的差异。平衡策略有助于降低员工流失率、保证人员稳定和提升产品质量。例如，汽车制造行业通常采用平衡策略。

3. 混合策略

混合策略是指企业综合考虑改变能力和需求的策略方法，选择实现成本最小化的策略组合。

9.2.4 综合计划的编制

1. 图表法

图表法是一种编制综合计划的简单方法，能够辅助管理人员直观地比较需求和能力。图表法不能保证得到最优方案，且只能进行有限次计算，是一种试错方法。图表法的具体步骤为：首先，确定每一个计划期的市场需求量；其次，计算每一期正常生产、外包等方式下的产能；再次，计算劳动成本、招聘解聘成本以及库存持有成本；最后，考虑企业所涉及员工或库存的政策，制订多个备选计划，并比较它们的总成本。

例 9-1 博行自行车公司是某品牌自行车的制造商，公司对该品牌自行车进行了月度销售预测，1 ~6 月的自行车预测数据如表 9-1 所示。请为该公司编制综合计划。

表 9-1 博行自行车公司的预测数据

月　份	预测需求量（辆）	生产天数/天
1月	1 240	21
2月	1 290	19
3月	1 320	22
4月	1 650	22
5月	1 660	21
6月	1 660	21

[解]

首先，计算日需求量，以每月的预测需求量除以生产天数作为日需求量，如表 9-2 所示；其次，计算预测平均需求量，预测平均需求量 = 总预测需求量/生产总天数 = 8 820 辆/126 天 = 70 辆/天；最后，将预测平均需求量与日需求量绘制成图，如图 9-1 所示。

表 9-2　日需求量计算结果

月　　份	预测需求量（辆）	生产天数/天	日需求量（辆）
1 月	1 240	21	59
2 月	1 290	19	68
3 月	1 320	22	60
4 月	1 650	22	75
5 月	1 660	21	79
6 月	1 660	21	79

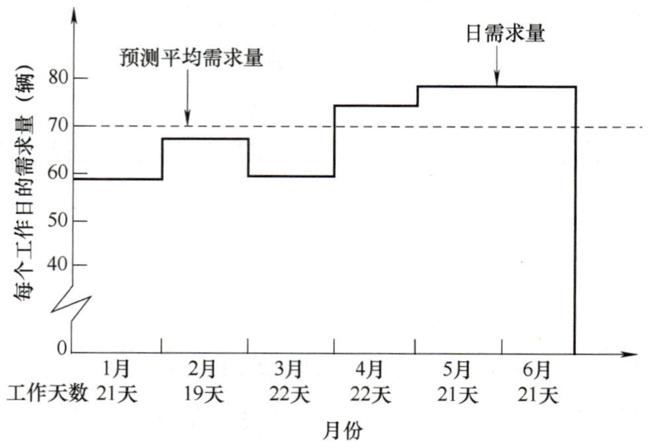

图 9-1　预测平均需求量和日需求量示意图

公司有三种策略，分别是：

策略 1：平衡策略——保持员工的数量不变，通过囤积库存满足需求。

策略 2：追赶策略——保持员工数量不变，通过转包来满足需求。

策略 3：追赶策略——通过招聘和解聘员工来满足需求。

三种策略所涉及的成本信息如表 9-3 所示。

表 9-3　成本信息

项　　目	成　　本
正常工时成本	20 元/h（160 元/天）
库存成本	30 元/(辆·月)
外包成本	70 元/辆
生产每件产品所需工时	2. 4h/辆
招聘和培训成本	1 500 元/辆
解聘成本	2 000 元/辆

策略 1 分析：

已计算得到平均需求为 70 辆/天。假设员工的数量不变，不加班，不存在安全库存，不进行外包。企业在 1 ~ 3 月时，需求量较小，进行库存囤积，用于满足 4 ~ 6 月的旺盛需求。

假设计划初期和计划末期库存为0，产能按每天生产70辆产品，需要21个工人。产量和期末库存等计算结果如表9-4所示，成本的计算结果如表9-5所示。

表9-4 产量和期末库存等计算结果

月份	工作天数/天	产量（辆）	需求预测（辆）	库存变化量（辆）	期末库存（辆）
1月	21	1 470	1 240	230	230
2月	19	1 330	1 290	40	270
3月	22	1 540	1 320	220	490
4月	22	1 540	1 650	-110	380
5月	21	1 470	1 660	-190	190
6月	21	1 470	1 660	-190	0
总计	126	8 820	8 820		1 560

表9-5 策略1成本的计算结果

类型	成本（元）
库存持有成本	1 560×30=46 800
正常工作时间成本	21×20×8×126=423 360
总计	470 160

策略2分析：

维持满足最低日需求的员工数量，其余超出部分的需求通过外包满足，即按照日需求最低的1月生产需要来确定员工数量。策略2成本的计算结果如表9-6所示。

$$工人数=(1\ 240\times2.4\div21\div8)人\approx17.7人$$

即17个正式工，1个临时工。

$$本厂生产数量=(59.04\times126)件\approx7\ 439件$$

$$转包数量=8\ 820件-7\ 439件=1\ 381件$$

表9-6 策略2成本的计算结果

类型	成本（元）
正常工作时间成本	(1 240×2.4÷21÷8)×20×8×126=357 120
转包成本	1 381×70=96 670
总计	453 790

策略3分析：

根据预测需求的变化，通过不断招聘和解聘来调整员工数量，进而调整生产数量。策略3成本的计算结果如表9-7所示。

表9-7 策略3成本的计算结果

月份	需求预测（辆）	每日产量（辆）	正常工作时间成本（元）	招聘成本（元）	解聘成本（元）	总成本（元）
1月	1 240	59	59 520	0	0	59 520
2月	1 320	68	63 360	13 500	0	76 860
3月	1 290	60	61 920	0	16 000	77 920

（续）

月份	需求预测（辆）	每日产量（辆）	正常工作时间成本（元）	招聘成本（元）	解聘成本（元）	总成本（元）
4 月	1 650	75	79 200	22 500	0	101 700
5 月	1 660	79	79 680	6 000	0	85 680
6 月	1 660	79	79 680	0	0	79 680
总计	8 820		423 360	42 000	16 000	481 360

比较三种策略的成本结果，如表 9-8 所示。

表 9-8　三种策略成本的比较　（单位：元）

成　　本	策略 1	策略 2	策略 3
库存成本	46 800	0	0
正常工作时间成本	423 360	357 120	423 360
招聘成本	0	0	42 000
解聘成本	0	0	16 000
转包成本	0	96 670	0
总成本	470 160	453 790	481 360

从比较结果来看，策略 2 的成本最低，因此策略 2 是最佳方案。

2. 线性规划法

线性规划法是制订综合计划的常用方法。线性规划模型假设数据都是给定且可用的。模型由决策变量、目标函数以及约束条件三部分组成。在制订综合计划时，决策变量包括每个计划期内企业工人数、库存量、招聘人数、解聘人数、外包数量等；目标函数一般为最小化成本；约束条件包括生产能力约束、人工能力约束、库存能力约束、非负条件约束以及整数约束等。

例 9-2　参考例 9-1 的数据，请运用线性规划法为该公司编制综合计划。假设初始工人数为满足最低日需求的员工数量，初始库存为 0。

[解]

设Q_i为 i 月的产品产量，D_i为 i 月的预测需求量，W_i为 i 月的工人数，H_i为 i 月的招聘人数，L_i为 i 月的解聘人数，I_i为 i 月的库存量，O_i为 i 月的外包量，α_i为 i 月的生产天数，其中 $i=1, 2, 3, 4, 5, 6$。

目标函数为

$$\min C = \sum_{i=1}^{6}(160 \times \alpha_i \times Q_i + 1\,500 \times H_i \times \alpha_i \times \frac{8}{2.4} + 2\,000 \times L_i \times \alpha_i \times \frac{8}{2.4} + 30 \times I_i + 70 \times O_i)$$

约束条件为：

1. 生产能力的约束

$$Q_i \leqslant \frac{8}{2.4} \times \alpha_i \times W_1$$

2. 人工能力的约束

$$W_i = W_{i-1} + H_i - L_i，其中W_0为初始工人数，W_0 = \frac{1\ 240 \times 2.4}{8 \times 21}人$$

3. 库存平衡约束

$$I_i = I_{i-1} + Q_i + O_i - D_i，其中I_0为初始库存量，I_0 = 0$$

4. 非负条件约束

$$Q_i \geqslant 0，W_i \geqslant 0，L_i \geqslant 0，I_i \geqslant 0，O_i \geqslant 0(i = 1,2,3,4,5,6)$$

5. 整数约束条件

Q_i、I_i、O_i为整数。利用 Lingo 软件求解得出：

$$W_1 = W_2 = W_3 = W_4 = W_5 = W_6 = 17.71 人$$

$$H_1 = H_2 = H_3 = H_4 = H_5 = H_6 = 0$$

$$L_1 = L_2 = L_3 = L_4 = L_5 = L_6 = 0$$

$$I_1 = I_2 = I_3 = I_4 = I_5 = I_6 = 0$$

$Q_1 = 1\ 240$ 辆，$Q_2 = 1\ 121$ 辆，$Q_3 = 1\ 299$ 辆，$Q_4 = 1\ 299$ 辆，$Q_5 = 1\ 240$ 辆，$Q_6 = 1\ 240$ 辆

$O_1 = 0$，$O_2 = 169$ 辆，$O_3 = 21$ 辆，$O_4 = 351$ 辆，$O_5 = 420$ 辆，$O_6 = 420$ 辆

故企业采用策略 2 编制自行车生产计划，即 1 月份企业自行生产 1 240 辆；2 月份自行生产 1 121 辆，外包 169 辆；3 月份自行生产 1 299 辆，外包 21 辆；4 月份自行生产 1 299 辆，外包 351 辆；5 月份自行生产 1 240 辆，外包 420 辆；6 月份自行生产 1 240 辆，外包 420 辆。最小成本为 453 790 元。

用 Lingo 求解的详细过程如下：

第一步，输入目标函数及约束条件（见图 9-2）。

```
min = 3 360 * W1 + 3 040 * W2 + 3 520 * W3 + 3 520 * W4 + 3 360 * W5 + 3 360 * W6 +
1 500 * H1 + 1 500 * H2 + 1 500 * H3 + 1 500 * H4 + 1 500 * H5 + 1 500 * H6 + 2 000 * L1 +
2 000 * L2 + 2 000 * L3 + 2 000 * L4 + 2 000 * L5 + 2 000 * L6 + 30 * I1 + 30 * I2 + 30 * I3 +
30 * I4 + 30 * I5 + 30 * I6 + 0 * P1 + 0 * P2 + 0 * P3 + 0 * P4 + 0 * P5 + 0 * P6;
P1 < = 21 * 8/2.4 * W1;
P2 < = 19 * 8/2.4 * W2;
P3 < = 22 * 8/2.4 * W3;
P4 < = 22 * 8/2.4 * W4;
P5 < = 21 * 8/2.4 * W5;
P6 < = 21 * 8/2.4 * W6;
W1 = 35 + H1 - L1;
W2 = W1 + H2 - L2;
W3 = W2 + H3 - L3;
W4 = W3 + H4 - L4;
W5 = W4 + H5 - L5;
W6 = W5 + H6 - L6;
I1 = 0 + P1 - 2 760;
I2 = I1 + P2 - 3 320;
```

I3 = I2 + P3 − 3 970；

I4 = I3 + P4 − 3 540；

I5 = I4 + P5 − 3 180；

I6 = I5 + P6 − 2 900；

Pi≥0，Wi≥0，Hi≥0，Li≥0，Ii≥0，（i = 1，2，3，4，5，6）

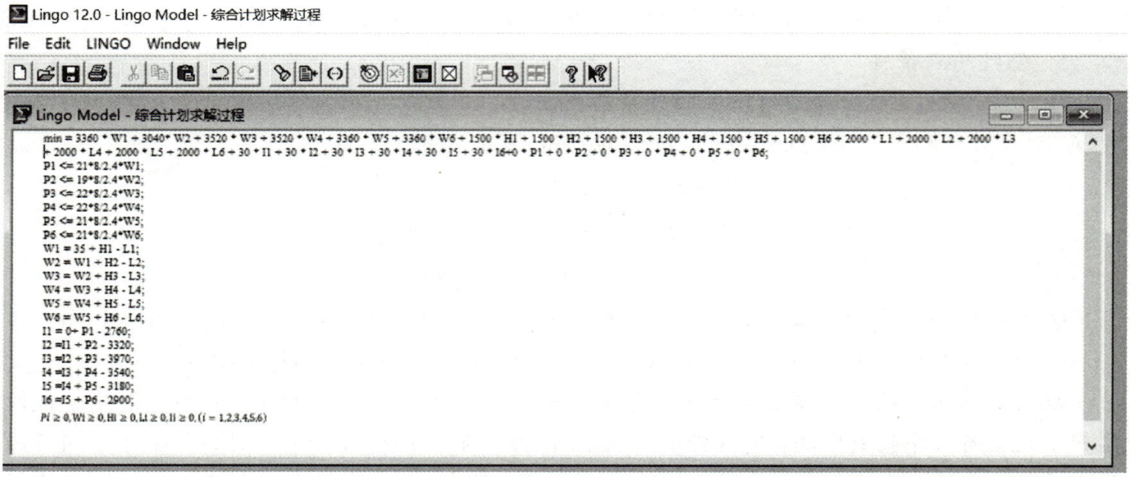

图 9-2　输入目标函数及约束条件

第二步，选择菜单“LINGO | Solve”，或者单击工具栏的按钮，得出结果，如图 9-3 和图 9-4 所示。

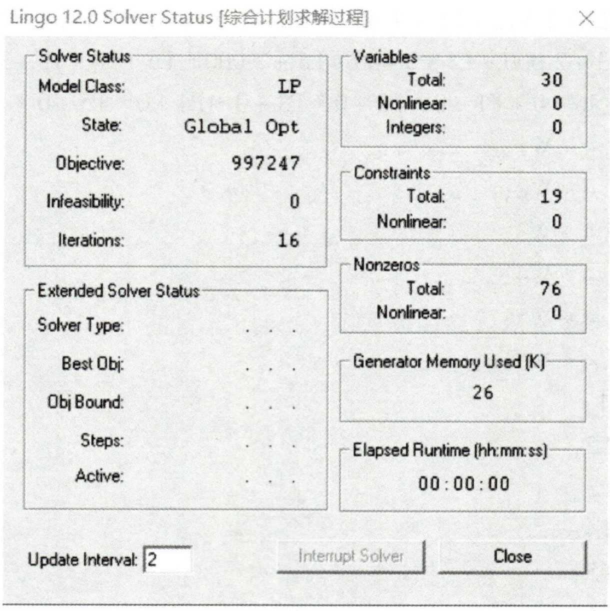

图 9-3　综合计划求解过程

```
Global optimal solution found.
Objective value:                              997246.8
Infeasibilities:                              0.000000
Total solver iterations:                            16

Model Class:                                        LP

Total variables:                    30
Nonlinear variables:                 0
Integer variables:                   0

Total constraints:                  19
Nonlinear constraints:               0

Total nonzeros:                     76
Nonlinear nonzeros:                  0
```

```
Variable        Value        Reduced Cost
      W1     39.42857            0.000000
      W2     53.34146            0.000000
      W3     53.34146            0.000000
      W4     48.27273            0.000000
      W5     45.42857            0.000000
      W6     41.42857            0.000000
      H1     4.428571            0.000000
      H2     13.91289            0.000000
      H3     0.000000            602.4390
      H4     0.000000            3500.000
      H5     0.000000            3500.000
      H6     0.000000            3500.000
      L1     0.000000            3500.000
      L2     0.000000            3500.000
      L3     0.000000            2897.561
      L4     5.068736            0.000000
      L5     2.844156            0.000000
      L6     4.000000            0.000000
      I1     0.000000            20.48780
      I2     58.29268            0.000000
      I3     0.000000            69.51220
      I4     0.000000            30.00000
      I5     0.000000            58.57143
      I6     0.000000            49.42857
      P1     2760.000            0.000000
      P2     3378.293            0.000000
      P3     3911.707            0.000000
      P4     3540.000            0.000000
      P5     3180.000            0.000000
      P6     2900.000            0.000000
```

```
Row     Slack or Surplus      Dual Price
  1        997246.8          -1.000000
  2        0.000000           48.00000
  3        0.000000           57.51220
  4        0.000000           87.51220
  5        0.000000           48.00000
  6        0.000000           48.00000
  7        0.000000           19.42857
  8        0.000000           1500.000
  9        0.000000           1500.000
 10        0.000000           897.5610
 11        0.000000          -2000.000
 12        0.000000          -2000.000
 13        0.000000          -2000.000
 14        0.000000           48.00000
 15        0.000000           57.51220
 16        0.000000           87.51220
 17        0.000000           48.00000
 18        0.000000           48.00000
 19        0.000000           19.42857
```

图 9-4 计算结果

9.2.5 主生产计划的编制

主生产计划是由综合计划分解得到的。主生产计划确定的生产总量应当等于综合计划所确定的生产量。以博行自行车公司为例，通过图表法确定的策略 2 分解对应的综合计划得到主生产计划表，如表 9-9 所示（表内仅展示了 1 月、2 月的生产计划）。

表 9-9 主生产计划表 （单位：辆）

月份	1 月				2 月			
综合计划（博行自行车总产量）	1 240				1 290			
周（主生产计划，某品牌自行车的具体型号和按周的生产数量）	1	2	3	4	5	6	7	8
A 型自行车	200		120		140		160	
B 型自行车		160				280	220	
C 型自行车	220			170	160			240
D 型自行车			150	220			90	

知识点复习

知　识　点	主 要 内 容
运营计划	◆ 概念：企业依据其经营战略的目标对资源所进行的统筹安排 ◆ 层次： （1）长期计划：战略层面的计划，如产能计划 （2）中期计划：战术层面的计划，如综合生产计划和主生产计划 （3）短期计划：作业层面的计划，如生产作业计划
综合计划	◆ 概念：综合计划是企业的中期生产计划，是确定企业中期生产数量的一种方法 ◆ 策略： （1）追赶策略：企业依据市场需求变化制订相应的综合计划 （2）平衡策略：企业计划期内制订生产能力相对稳定的综合计划 （3）混合策略：综合考虑改变能力和需求的策略方法 ◆ 编制方法： （1）图表法 （2）线性规划法

习题

一、单项选择题

1. 综合计划属于（　　），主生产计划属于（　　）。

A. 短期计划　　B. 中期计划　　C. 长期计划　　D. 超长期计划

2. 下列哪种方式不属于追赶策略（　　）。

A. 招聘、解聘员工　　B. 外包　　C. 持有产成品库存　　D. 安排员工加班

3. 某印刷店计划明年印刷 20 万册图书，该项计划属于（　　）。

A. 产能计划　　B. 综合计划　　C. 主生产计划　　D. 作业计划

二、判断题

1. 综合计划由主生产计划分解而来。（　　）

2. 构建主生产计划时，需要将计划内容细化到具体的资源、时间、地点和执行者。（　　）

3. 构建综合计划时，不需要具体到某一类产品的安排上，只需要设定总体制造输出水平。（　　）

4. 综合计划在企业的各种计划中处于中心地位，将企业的短期计划与长期计划联系起来。（　　）

三、解答题

1. 某 VR 设备生产厂对其品牌的 VR 设备进行了月度销售预测，第二、三季度的 VR 设备预测数据以及生产天数如表 9-10 所示。请计算 VR 设备每月的日需求量以及预测平均需求量，并将预测平均需求量与日需求量绘制成图。

表 9-10　VR 设备的预测数据

月　　份	预测需求量（件）	生产天数/天
4 月	5 544	22
5 月	5 040	18
6 月	5 290	23

（续）

月 份	预测需求量（件）	生产天数/天
7月	6 400	20
8月	7 030	19
9月	6 696	18

2. 在解答题1中，假设该VR设备厂在4月无期初库存，库存成本为20元/(件·月)，正常工时成本为25元/h（200元/天），生产每件产品所需工时为1.2h。保持员工数量不变，不进行外包，也不考虑安全库存，公司采用囤积库存的方式来满足需求，请通过图表法计算该方式所需总成本。

3. 在解答题1中，假设该VR设备厂采取只维持最低日需求的员工数量，其余部分全部外包的策略，请计算该策略所需的总成本。(外包成本为50元/件，其余数据与解答题2相同)

4. 在解答题1中，假设该VR设备厂采取不断招聘、解聘员工的方式来调整生产数量，而不采取维持库存和外包的方式来满足需求，请用图表法计算该策略所需总成本，并比较解答题1～3中三种策略的成本。(4月工人数为37.8人，其中37个正式工人，1个临时工，招聘和培训成本为800元/件，解聘成本为1 000元/件，其余数据与解答题2相同)

5. 请根据解答题1～4中的数据，运用线性规划法为该工厂编制综合计划。假设初始工人数为满足最低需求的工人数量，初始库存为0。(只需写出目标函数、约束条件即可，无须求解)

6. 麦乐迪公司是一家麦克风生产厂，需要制订1～6月份的综合计划。1～6月份的麦克风需求预测数据如表9-11所示，相关成本信息如表9-12所示。工厂每月工作20天，每天工作8h，月初有10个工人。

表9-11 麦克风的预测数据

月 份	预测需求量（件）
1月	900
2月	840
3月	1 020
4月	1 060
5月	980
6月	1 200

表9-12 成本信息

项 目	成 本
正常工时成本	15元/h
库存成本	10元/件·月
外包成本	50元/件
生产每件产品所需工时	1.6h/件
招聘和培训成本	500元/件
解聘成本	800元/件

请采用图表法分析下列三种策略，计算出总成本并进行比较。

（1）策略1：平衡策略——保持员工数量不变，通过囤积库存满足需求。

（2）策略2：追赶策略——保持员工数量不变，通过外包来满足需求。

（3）策略3：追赶策略——通过招聘和解聘员工来满足需求。

参考文献

[1] LIN N P, KRAJEWSKI L, LEONG G K, et al. The effects of environmental factors on the design of master production scheduling systems [J]. Journal of Operations Management, 1994, 11 (4): 367-384.

[2] VARGAS V, METTERS R. A master production scheduling procedure for stochastic demand and rolling planning horizons [J]. International Journal of Production Economics, 2011, 132 (2): 296-302.

[3] BALDEA M, HARJUNKOSKI I. Integrated production scheduling and process control: a systematic review [J]. Computers & Chemical Engineering, 2014, 71: 377-390.

[4] MANSOURI S A, GOLMOHAMMADI D, MILLER J. The moderating role of master production scheduling method on throughput in job shop systems [J]. International Journal of Production Economics, 2019, 216: 67-80.

[5] 周泓，韦有双，冯允成．企业生产综合计划的优化编制与决策支持研究［J］．管理科学学报，1998（1）：95-99.

[6] 陈志祥．MRP Ⅱ中主生产计划（MPS）的柔性决策［J］．系统工程学报，2001（6）：465-470.

[7] 李建祥，唐立新，吴会江．热轧钢管主生产计划模型与算法研究［J］．系统工程学报，2005（5）：15-21.

学习资源清单

第 10 章

MRP 与 ERP

引例

Gear Motions 的 ERP 系统

Gear Motions 是美国的一家齿轮制造厂，负责提供一系列精密制造服务，包括齿轮磨削、切削、车削、铣削、钻孔、扩孔、键槽加工、内径等。

由于顾客对产品品类、服务水平以及交货期的要求逐步提升，生产计划的工作安排越来越复杂。Gear Motions 通过使用 Global Shop Solution 的 ERP 系统制订生产计划以解决上述困难。

该 ERP 系统由多个模块组成，能实时提供公司运营各个方面的信息，包括正在进行的某类作业、已登录到计算机的操作者、用户已经执行到的某个步骤以及整个作业的进度情况。系统每 5min 会自动更新一次数据，使得 Gear Motions 能够立即采取行动，而不是在一个月后根据报告再决定下一步的行动方案。该 ERP 系统的各个模块都充当着不同的角色。系统的计划和调度（APS）模块帮助企业有效地调度作业，通过多种不同的方法分割数据，有条理地为公司的短期和长期规划提供信息；系统的供应模块和需求模块将工作订单、销售和购买历史记录等多种数据片段以一种易于理解的方式组合在一起，帮助公司准确计算成本和决定报价；系统的采购模块显示了库存量、需要订购数量以及交货时间等，帮助 Gear Motions 更有效地采购材料。

10.1 MRP 系统

10.1.1 相关需求与独立需求

企业内的物料需求，依据其是否可以通过其他物料的需要量推算而来，可以分为相关需求和独立需求。

相关需求是指能够由企业中的其他需求推算出来的需求。例如，企业对零部件的需求或者构成最终产品的原材料的需求就属于相关需求，它们能够通过最终产品的需求推算出来。物料相关需求往往不是顾客的直接需求，而是中间产品，或者是与组成最终产品相关的物料和零部件需求。物料相关需求与其他物料需求存在时间和数量上的相关性。

独立需求是指不能够由企业中的其他需求推算出来的需求。例如，顾客对自行车的需求就是博行自行车公司的一项独立需求。顾客对自行车的需求是与企业内部需求无关的，而是顾客对企业最终产品的需求，只能通过预测或者顾客订单来确定。

10.1.2 物料需求计划

物料需求计划（Material Requirements Planning，MRP）是对主生产计划的进一步展开。物料需求计划根据产品结构中各层次物料的数量和从属关系，以每个物料为计划对象，以完工时间为时间基准倒排计划，按照提前期长短确定物料下达计划时间的先后顺序，最终把主生产计划排产的产品分解成各原材料和零部件的生产计划或采购计划。

10.2 MRP 的结构

MRP 以主生产计划、物料清单以及库存数据等信息作为输入，以采购计划或者生产计划作为输出。MRP 的工作原理如图 10-1 所示。

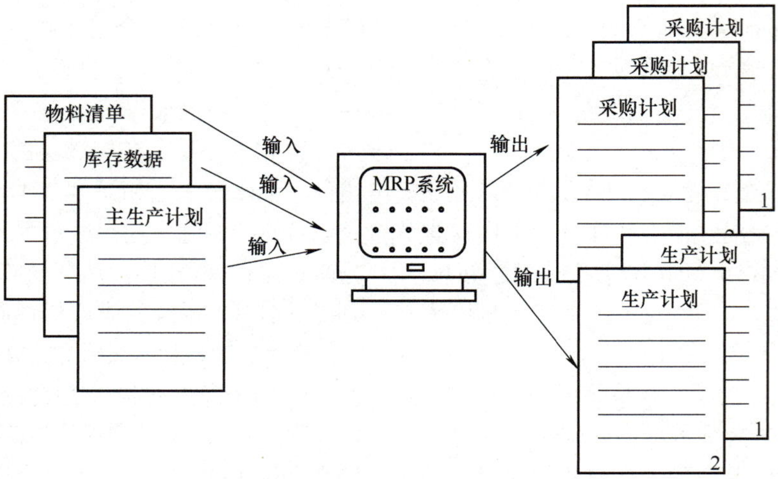

图 10-1 MRP 的工作原理

10.2.1 主生产计划

主生产计划（Master Production Schedule，MPS）规定了生产何种产品或者零部件以及何时生产。主生产计划来自综合计划，是制订物料需求计划的一个重要数据来源。博行自行车公司根据其综合计划制订出的主生产计划如表 10-1 所示。

表 10-1 1 月和 2 月的主生产计划 （单位：辆）

月份	1月				2月			
综合计划（博行自行车的总产量）	1 240				1 290			
周（主生产计划是某品牌自行车的具体型号和按周的生产数量）	1	2	3	4	5	6	7	8

（续）

月　份	1 月				2 月			
A 型自行车	200		120		140		160	
B 型自行车		160				280	220	
C 型自行车	220			170	160			240
D 型自行车			150	220			90	

10.2.2　物料清单

物料清单（Bill of Material，BOM）表明了物料之间的数量和提前期关系。提前期是指企业采购、生产或组装一个零部件所需要的时间。物料清单常展现为产品结构树的形式，如图 10-2 所示。产品 X 由 A、B 和 C 组装或生产而成，A 由 D 和 E 两种工件组装或生产而成，C 由 F 和 G 两种工件组装或生产而成，工件下方为组装或生产该工件的提前期（LT）信息，工件右边括号内为工件数量信息。上层的工件称为父元件层，下层的工件称为子零件层或者元件层，第 0 层是物料清单的顶层。

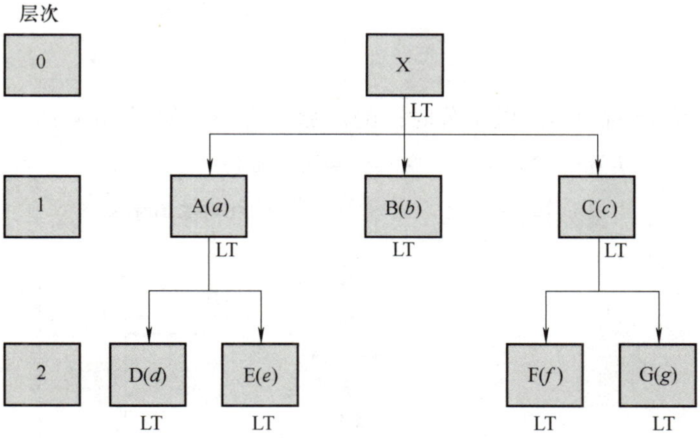

图 10-2　产品的结构树

10.2.3　库存状态文件

库存状态文件反映了每种物料现有库存量和计划接受量的实际状态。库存状态文件中存储的库存信息包括供应商信息、生产供应提前期、预测到货量信息、库存量信息以及订货批量等。库存状态文件是制订 MRP 的重要输入。

10.3　MRP 的编制逻辑

下面以博行自行车公司为例解释 MRP 的编制逻辑。

博行自行车公司生产的 A 型自行车（A）由一套车架系统（B）、一套车轮系统（C）和一套脚蹬系统（D）组装而成。每一套车架系统由一个车架（E）和一个车座（F）构成；

每一套车轮系统由两个车轮（G）和一个车轴（H）组装而成。每个车轴由一个前轴（I）和一个后轴（J）构成。工件下方为其提前期信息，工件右边括号内为工件数量信息。根据上述信息构建 A 型自行车的产品结构树，如图 10-3 所示。

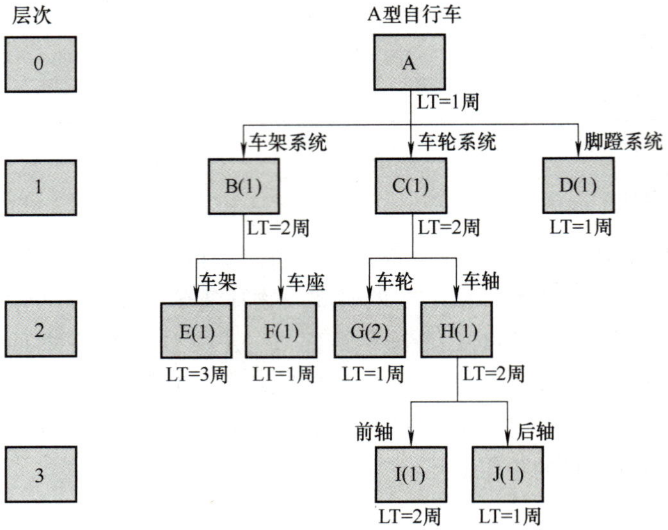

图 10-3　A 型自行车的产品结构树

根据产品结构和提前期信息做出分时段的产品结构图，如图 10-4 所示。

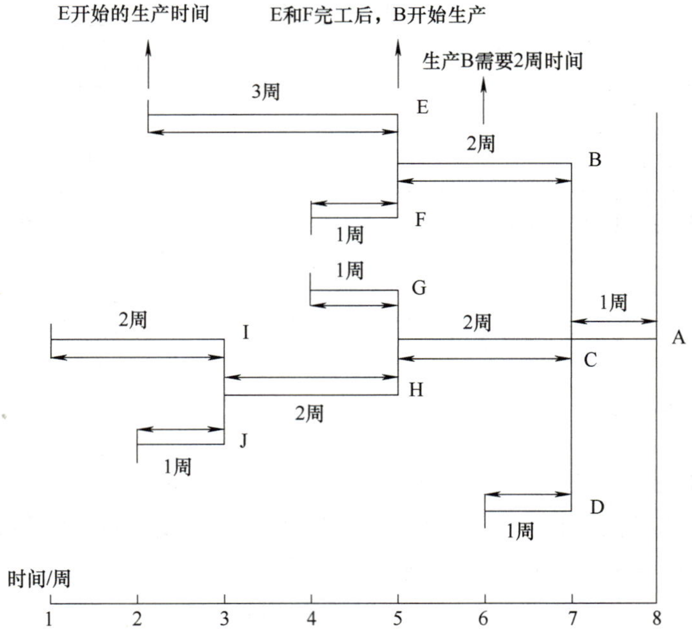

图 10-4　分时段的 A 型自行车产品结构图

定义产品结构后，假设生产 100 辆 A 型自行车，可以根据产品结构确定每种工件的数量：

工件 B：1 × A 的数量 = 100 件　　工件 C：1 × A 的数量 = 100 件

工件 D：1 × A 的数量 = 100 件　　工件 E：1 × B 的数量 = 100 件

工件 F：1 × B 的数量 = 100 件　　工件 G：2 × C 的数量 = 200 件
工件 H：1 × C 的数量 = 100 件　　工件 I：1 × H 的数量 = 100 件
工件 J：1 × H 的数量 = 100 件

通过需求量以及分时段的产品结构信息，可以构建 100 辆 A 型自行车总需求量计划表，如表 10-2 所示。

表 10-2　100 辆 A 型自行车总需求量计划　　（单位：件）

工件	时间	周数								提前期
		1	2	3	4	5	6	7	8	
A	完工时间								100	1 周
	订单下达							100		
B	完工时间							100		2 周
	订单下达					100				
C	完工时间							100		2 周
	订单下达					100				
D	完工时间							100		1 周
	订单下达						100			
E	完工时间					100				3 周
	订单下达		100							
F	完工时间					100				1 周
	订单下达				100					
G	完工时间					200				1 周
	订单下达				200					
H	完工时间					100				2 周
	订单下达			100						
I	完工时间			100						2 周
	订单下达	100								
J	完工时间			100						1 周
	订单下达		100							

前面的总需求量计划是在假设不存在现有库存的情况下制订的，当考虑现有库存时，就需要制订净需求量计划。现有库存量会影响各工件的需求量。例如，假设需要 100 件工件 C，现有 20 件库存，那么就只需要 160 件工件 G（1 个工件 C 需要 2 个工件 G）。表 10-3 为各工件的库存数据，表 10-4 为依据库存数据编制的净需求量计划。

表 10-3　各工件的库存数据

工件	现有库存（件）	工件	现有库存（件）
A	10	F	0
B	20	G	20
C	0	H	40
D	10	I	40
E	40	J	20

表 10-4 A 型自行车净需求量计划　　（单位：件）

工件	提前期（周）	现有库存	结构层次	数　量	周　次							
					1	2	3	4	5	6	7	8
A	1	10	0	总需求量								100
				现有库存	10	10	10	10	10	10	10	10
				净需求量								90
				收到订货量								90
				发出订货量							90	
B	2	20	1	总需求量							90	
				现有库存	20	20	20	20	20	20	20	
				净需求量							70	
				收到订货量							70	
				发出订货量					70			
C	2	0	1	总需求量							90	
				现有库存							0	
				净需求量							90	
				收到订货量							90	
				发出订货量					90			
D	1	10	1	总需求量							90	
				现有库存	10	10	10	10	10	10	10	
				净需求量							80	
				收到订货量							80	
				发出订货量						80		
E	3	40	2	总需求量					70			
				现有库存	40	40	40	40	40			
				净需求量					30			
				收到订货量					30			
				发出订货量		30						
F	1	0	2	总需求量					70			
				现有库存					0			
				净需求量					70			
				收到订货量					70			
				发出订货量				70				
G	1	20	2	总需求量					180			
				现有库存	20	20	20	20	20			
				净需求量					160			
				收到订货量					160			
				发出订货量				160				

（续）

工件	提前期（周）	现有库存	结构层次	数　量	周次							
					1	2	3	4	5	6	7	8
H	2	40	2	总需求量					90			
				现有库存	40	40	40	40	40			
				净需求量					50			
				收到订货量					50			
				发出订货量			50					
I	2	40	3	总需求量			50					
				现有库存	40	40	40					
				净需求量			10					
				收到订货量			10					
				发出订货量	10							
J	1	20	3	总需求量			50					
				现有库存	20	20	20					
				净需求量			30					
				收到订货量			30					
				发出订货量		30						

现实中，企业还存在安全库存、在途库存等，计算净需要量按照净需要量 = 总需要量 - 现有库存 - 在途库存 + 安全库存计算。得到计算结果后，可以加入净需求量计划表中。

在一般情况下，企业会收到多种产品的需求，管理人员需要将各个产品的生产计划汇总成产品的出产计划，并计算出最终的净需求量。例如，博行自行车公司的 A 型自行车（A）和 B 型自行车（M）需要同一个工件 C，工件 C 也可以直接外销，于是工件 C 的净需求量计划就由多个计划汇总而成，如图 10-5 所示。

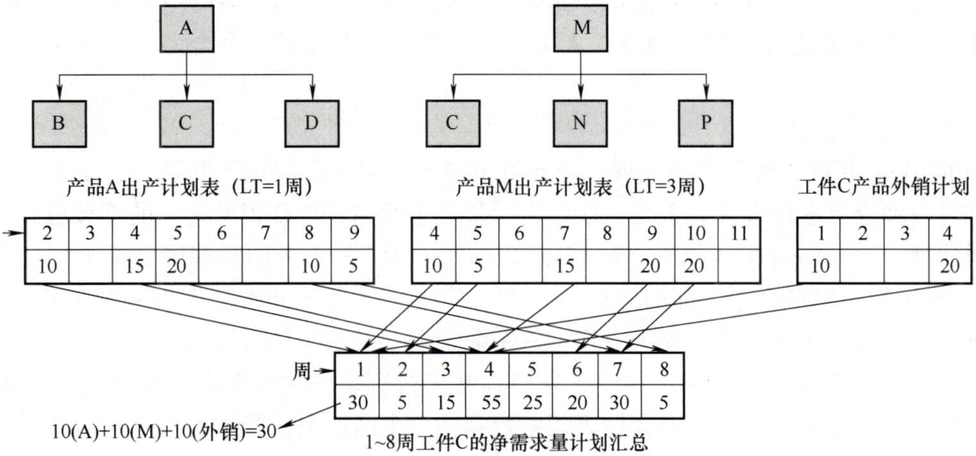

图 10-5　多计划下工件 C 的净需求量计划汇总（单位：件）

扫描下方二维码，见知识点视频详解：

10.4 从 MRP 到 ERP

从 MRP 到 ERP 发展至今，经历了以下五个重要阶段：

1. 再订货点法

在计算机出现之前，企业生产、库存管理、采购订货等主要依靠缺料表，由于没有预见性和前瞻性，很容易导致停工待料、成本增加。人们为了控制库存，改变这一被动状况，提出了再订货点法。再订货点法的原理就是：预先设定一个再订货点，当企业库存量降低到再订货点时，企业发出订货，经过一段时间延迟，所订货物到达仓库。

2. 时段式 MRP

时段式 MRP 是最基础的 MRP，是为了解决再订货点法经常导致缺货频繁等问题而发展起来的。20 世纪 60 年代由于计算机技术的发展，计算复杂数据所需的时间越来越短，时段式 MRP 便应运而生。MRP 的概念最早是由美国计算机应用与生产管理专家乔治·伯劳士（George W. Plosh）和奥列弗·怀特（Oliver W. Wight）提出的，辅助企业确定订货时间和订货数量。它与再订货点法相比具有以下优点：①将所有物料的需求联系在一起；②将物料需求分为独立需求和相关需求并分别处理。

3. 闭环 MRP

闭环 MRP 是在时段式 MRP 的基础之上，反复平衡能力与负荷，使计划与控制系统得以实现。它把 MPS、车间作业计划和采购计划纳入其中，成为一个封闭的系统。闭环 MRP 对企业提出新的要求，要求企业必须控制投入、产出，在 MRP 执行之前要反复进行需求与供给的平衡。

4. 制造资源计划

制造资源计划（Manufacturing Resources Planning Ⅱ，MRPⅡ）拓展了闭环 MRP 的功能，在闭环 MRP 的基础之上，纳入财务、人力、销售模块，形成了一个全面的集成化生产管理系统。

5. 企业资源计划

20 世纪 90 年代，经济飞速发展，企业竞争激烈，竞争范围也不断扩大，企业要发展就不能只对内部资源进行管理。于是，便产生了整合企业内、外部资源的新的管理思想，即企业资源计划（Enterprise Resources Planning，ERP）。ERP 是由美国高德纳咨询公司（Gartner Group）提出的，它对企业内部的采购、生产、成本、库存、分销、人力和财务进行规划，是当前基于计算机应用技术的先进、科学的企业计划、控制、执行管理系统。

ERP 的主要作用为：①综合多种业务模式并进行资源的优化配置，全面提升企业的管理工作效率；②将不同部门的差异性职能整合到同一个网络系统当中，进而针对相关部门的个性化需求提供对应服务；③为企业灵活地提供各类型支持；④将产品质量与顾客满意相结合，消除无效劳动和浪费，提高劳动生产率，增加企业有效产出，促使企业集成发展。

运营实践

Plasco 的 MRP Ⅱ系统

Plasco 成立于 1986 年，是加拿大最早从事塑料挤出的工程公司，也是塑料挤出行业中产品范围最广泛的多元化生产企业。在一个月时间里，Plasco 就需要为 100 多个客户生产 150 种不同的产品，每种产品平均有 7 种不同的子组件，每个子组件通常使用 4 种不同的原材料，这使得手工安排人员和材料非常困难。

过去，Plasco 依赖工头对生产某一特定订单需要多长时间和多少劳动力进行估计。然而，这种方法很难准确地确定需要多少劳动力和原材料库存才能满足公司的生产计划，使得公司必须维持高水平的库存，偶尔还会出现短缺。除此之外，公司也并不清楚每种产品产生的废料量是多少。

1992 年年初，Plasco 开始使用为塑料加工和模具制造专门设计的 MRPII 系统。结果表明，MRPII 系统为公司削减了超过 25% 的库存，减少了 10% 以上的劳动力需求。该系统包含多个集成模块，执行从报价、订单销售到采购、库存控制、物料清单、调度、作业跟踪、应付和应收账款的所有功能。当收到顾客订单时，系统会为订单分配优先级，然后自动为制造该部件所需的所有子组件下订单并安排所需的所有人员和设备。生产操作可以从订单输入日期开始向前调度，也可以从订单到期日期向后调度。该系统还可以跟踪生产的每一批产品，以及产品中使用的所有原材料的供应商、涉及的生产设备和人员、客户等，甚至可以跟踪每一块废料的来源，帮助公司发现导致生产成本居高不下的原因。此外，系统提供的报告给出了每个部门对劳动力需求的精确数据，这使得将人员从一个部门转到另一个部门或在需要时雇用临时工成为可能。

知识点复习

知识点	主要内容
相关需求与独立需求	◆ 相关需求：能够由企业中的其他需求推算出来的需求 ◆ 独立需求：不能够由企业中的其他需求推算出来的需求
物料需求计划（MRP）	◆ 概念：对主生产计划需求按照产品结构进一步展开，分解成各原材料和零部件的生产计划或采购计划 ◆ 结构： （1）输入：主生产计划、物料清单、库存数据等信息 （2）输出：采购计划、生产计划等
主生产计划（MPS）	◆ 概念：规定了生产何种产品或者零部件以及何时生产
物料清单（BOM）	◆ 概念：表明了物料之间的数量和提前期关系
库存状态文件	◆ 概念：反映了每种物料现有库存量和计划接受量的实际状态
MRP 编制逻辑	◆ 编制逻辑： （1）确定 BOM 和产品结构 （2）收集提前期信息 （3）根据产品结构和提前期信息绘制分时段的产品结构 （4）构建总需求量计划表 （5）根据不同的状况对总需求量计划进行修改 （6）汇总不同产品的总需求量计划，得到净需要量计划

（续）

知 识 点	主 要 内 容
ERP	◆ 发展阶段：再订货点法→时段式 MRP→闭环 MRP→MRPII→ERP ◆ 概念：对企业内部的采购、生产、成本、库存、分销、人力和财务进行规划

习题

一、单项选择题

1. 下列关于产品结构图的描述，正确的是（　　）。

A. 父层元件在图中除了最底层外的每一层都出现

B. 子层元件在图中除了最顶层外的每一层都出现

C. 父层元件只在图中最顶层出现

D. 子层元件只在图中最底层出现

E. 子层元件在图中的每一层都出现

F. 父层元件在图中的每一层都出现

2. MRPII 是指（　　）。

A. Material Resource Planning　　B. Material Revenue Planning

C. Material Risk Planning　　D. Manufacturing Resource Planning

二、多项选择题

物料需求计划的输入包括（　　），输出包括（　　）。

A. 主生产计划　　B. 生产作业计划　　C. 物料清单

D. 库存信息　　E. 采购计划　　F. 提前期信息

三、判断题

1. 顾客对企业最终产品的需求是独立需求，独立需求可以通过其他需求推算而来。（　　）

2. 物料需求计划是主生产计划按照产品结构的进一步展开。（　　）

3. 主生产计划规定了生产何种产品或者零部件以及何时生产。（　　）

4. 产品结构树中上层工件为父元件层，下层工件为子元件层，物料清单的顶层一般定为第 1 层。（　　）

5. 净需要量 = 总需要量 − 现有库存 − 在途库存 − 安全库存。（　　）

6. 相关需求一般不是顾客的直接需求，物料相关需求与其他物料需求存在时间、数量上的相关性。（　　）

四、解答题

1. 宝洁公司销售某家庭套装包，其产品结构如图 10-6 所示。假设目前没有该产品包的库存，请分解物料清单。

2. 解答题 1 中，假设在第 13 周需要准备好该产品包，组合产品包需要 1 周的时间，其中，A 产品的提前期是 3 周，B 产品的提前期是 2 周，C 产品的提前期是 4 周，E 工件的提前期是 3 周，F 工件的提前期是 2 周。请画出分时段的产品结构图。

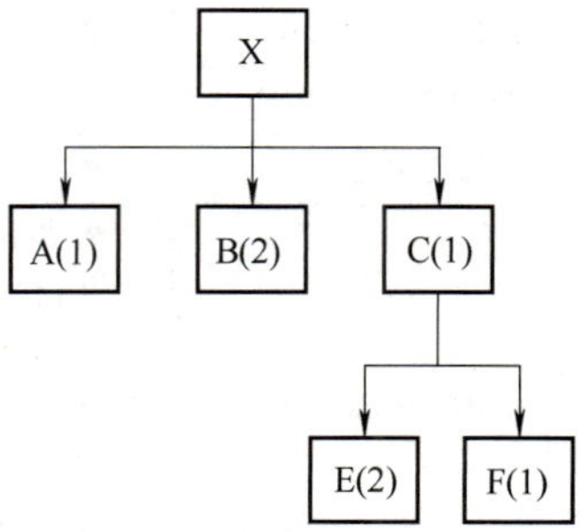

图 10-6　产品结构图

3. 某工厂第 10 周需要组装 200 件产品 U，已知每件产品 U 需要 2 件 H 和 3 件 G，每件 G 需要 1 件 S 和 2 件 T，每件 S 需要 1 件 P 和 1 件 Q。产品和工件生产提前期分别是：U 需要 1 周，H 需要 2 周，G 需要 1 周，S 需要 2 周，T 需要 3 周，P 需要 1 周，Q 需要 2 周。

（1）请画出产品结构图，并标明结构层次。

（2）请画出分时段的产品结构图。

4. 根据解答题 3 的相关信息，编制总需要量计划。

5. 根据解答题 4 的相关信息，结合表 10-5 的相关库存信息，编制净需求量计划。

表 10-5　库存信息

工　件	现有库存（件）	工　件	现有库存（件）
U	20	H	10
G	0	S	30
T	0	P	10
Q	20		

6. 根据解答题 3 和解答题 5 的相关信息，该工厂除了销售产品 U 之外，还销售工件 G，假设第 6 周预期直接销售 50 件 G。请根据这一变化修改净需求量计划。

7. 罗拉瑞尔座椅组装工厂组装椅子，由 1 个靠背、1 个坐垫和 1 个腿部组成，其中，1 个腿部需要 2 个腿椅和 1 个横杆，1 个靠背需要 2 个侧杆、2 个横杆和 3 个后背。上述工件都没有库存。

（1）请画出该产品的产品结构图（标明各工件数量及各层编码）。

（2）如果需要组装 500 把椅子，请计算各工件的总需求量。

（3）假设现在库房中有 60 个横杆、180 个后背和 90 个腿部，请计算各工件的净需求量。

8. 根据解答题 7 物料清单的相关信息，结合表 10-6 给出的提前期信息，画出椅子的分时段产品结构图。如果在第 7 周需要完成 500 把椅子，在哪一周必须开始生产横杆？

表 10-6　提前期信息

工　件	提前期/周	工　件	提前期/周
椅子 A	1	横杆 E	1
靠背 B	2	椅腿 F	1
坐垫 C	2	后背 G	1
腿部 D	1	侧杆 H	2

9. 已知某产品的产品结构、产品总需求量和库存状况如图 10-7 所示。请计算所有工件的净需要量。

产品总需求量

周	8	9	10	11	12	13
A 的总需要量（件）	70		50	100		30

库存状况

工件	提前期/周	库存（件）	工件	提前期/周	库存（件）
A	2	30	E	1	10
B	2	15	F	2	20
C	1	0	G	1	0
D	1	20	H	3	40

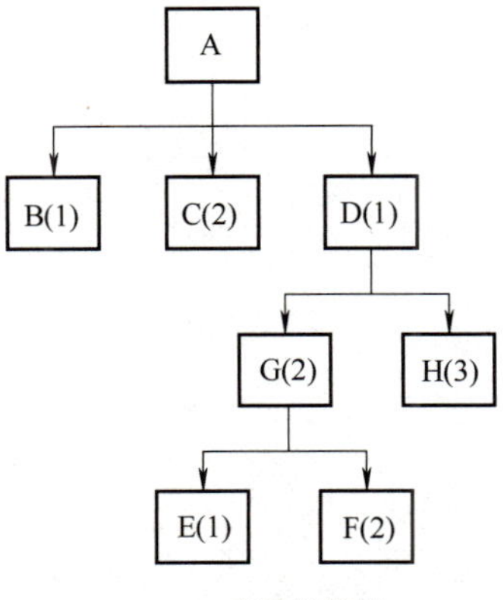

产品结构图

图 10-7　产品结构、产品总需求量和库存状况

参考文献

[1] STRATMAN J K. Realizing benefits from enterprise resource planning: does strategic focus matter? [J]. Production and Operations Management. 2007, 16 (2): 203-216.

[2] HENDRICKS K B, SINGHAL V R, STRATMAN J K. The impact of enterprise systems on corporate performance: a study of ERP, SCM, and CRM system implementations [J]. Journal of Operations Management, 2007, 25 (1): 65-82.

[3] GUPTA M, SNYDER D. Comparing TOC with MRP and JIT: a literature review [J]. International Journal of Production Research, 2009, 47 (13): 3705-3739.

[4] MASINI A, VAN WASSENHOVE L N. ERP competence-building mechanisms: an exploratory investigation of configurations of ERP adopters in the European and U. S. manufacturing sectors [J]. Manufacturing & Service Operations Management, 2009, 11 (2): 274-298.

[5] RIEZEBOS J, ZHU S X. MRP planned orders in a multiple-supplier environment with differing lead times [J]. Production and Operations Management, 2015, 24 (6): 883-895.

[6] 徐学军，顾培亮．生产和库存管理技术：MRP、JIT、TOC 的比较研究 [J]. 决策与决策支持系统，1995 (2): 69-77.

[7] 赵泉午，黄志忠，卜祥智．上市公司 ERP 实施前后绩效变化的实证研究：来自沪市 1993—2003 年的经验数据 [J]. 管理科学学报，2008 (1): 122-132, 152.

学习资源清单

第 11 章

作 业 计 划

引例

APS 在唐钢中的应用

为了提高整体产能协同作业效率，唐山钢铁集团有限公司（简称唐钢）于 2014 年设计并实施了高级计划排程系统（APS），建立起产销一体化管理平台。公司统筹考虑上下游生产状况和生产线能力限制，采用智能优化算法，统一规划各级生产作业计划，提高了生产效率；同时，在 APS 的辅助下，紧急订单、重要订单对生产计划提出的快速响应要求得以满足，实现了生产计划的灵活组织与柔性化管理。

唐钢 APS 充分集成企业资源计划（ERP）、订单设计系统（ODS）、质量管理系统（QMS）、制造执行系统（MES），实现了基于订单的全局产销计划一体化管理，有效避免了传统多系统多层计划编制的逻辑冲突。APS 与以上系统接收、集成、交互和反馈各类信息，具体包括：

（1）ERP 的设备检修信息、物料编码信息、销售订单变更信息、反馈交货期应答信息。

（2）ODS 的订单质量设计信息。

（3）QMS 的余材与销售订单匹配信息。

（4）MES 的各工序作业计划信息、库存物料信息。

唐钢 APS 功能设计包含三大系统：全局计划系统、钢轧作业排程系统以及冷轧作业排程系统。全局计划系统主要负责物料计划、销产转换、订单管理、交期应答和主生产计划，为钢轧作业排程系统以及冷轧作业排程系统提供件次级别的机组排程数据。

APS 的应用使唐钢全面实现了自动化排程，同时有效减少了物料周转的次数。系统上线一年后，唐钢合同兑现率达到 98% 以上，产品交货周期平均缩短 2 天以上，实现了对客户的按旬滚动交货。

11.1　作业计划的重要性

作业计划（Operation Schedule）是企业生产计划的具体执行计划。作业计划将生产计划在产品、作业单位、作业时间等方面进行分解：在产品方面，具体规定到品种、质量、数量；在作业单位方面，规定到企业、工段、班组乃至设备；在作业时间方面，细化到月、旬、日、时，以保证生产计划得到切实可行的落实。

通过制订有效的作业计划，企业可以缩短生产周期，从而快速响应市场；可以帮助企业高效利用资源，降低各类成本，增加企业利润；可以提高订单交割时点的准确性，提升企业的诚信度；可以辅助企业均衡生产设备负荷，提高生产设备的使用效率。

11.2 作业计划的内容与特点

生产作业计划又称为生产调度或生产排程。作业计划可以看作对有限资源的分配过程，即生产部门为了完成销售部门下达的订单任务，依据确定的生产计划和订单交货期，按照产品的加工工艺顺序，将有限的资源合理地安排到各工作平台，并确定开工时间和所需要的加工设备，完成工作任务，并达到预定的目标，如交货期要求、提高设备利用率等。

从接受客户订单到完成订单交货，企业生产作业计划根据不同的生产管理需求目的，可划分为订单选择与协调、生产排程计划与现场重排程三个阶段，如图 11-1 所示。

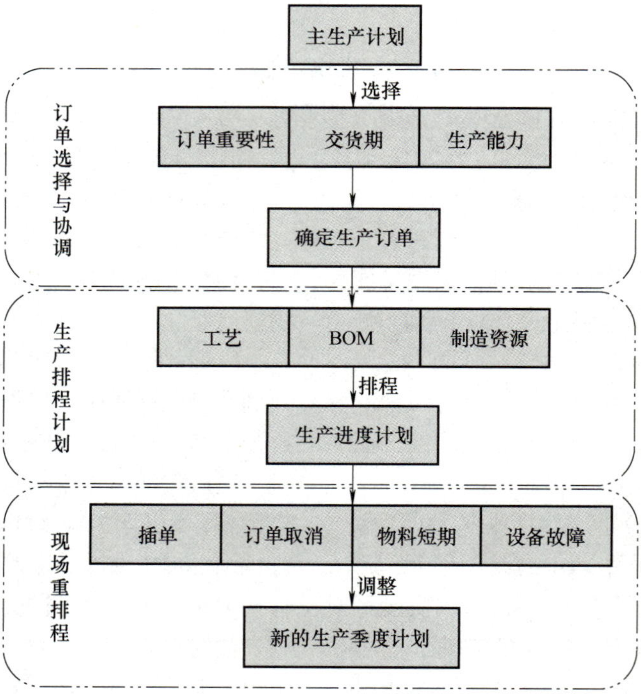

图 11-1　企业生产作业计划制订图

制订作业计划具有以下特点：

（1）不确定性。从接受订单之后的计划工作，到物料采购、加工工艺的设定，以及企业生产过程中的管理，都存在较多的影响因素。在企业实际生产过程中，设备故障时间、物料搬运时间和紧急订单的处理等也会对企业作业排序造成一定的影响，这些因素导致制订作业计划具有很高的不确定性。

（2）复杂性。由于产品种类繁多、工艺多样性以及各产品工艺之间相互影响，企业作业计划问题变得复杂。

（3）多约束性。作业计划涉及对企业现有资源的分配。设备数量、企业总生产能力、人员数量、物料数量以及产品优先级和产品交货周期等都属于企业作业排序的约束条件。

（4）多目标性。对于企业作业排序问题，不同的生产目标对作业排序的侧重点不同，如生产力平衡、最小生产延期、最小生产成本、最大生产利润和最短生产周期等。在实际作业排序中，生产目标往往不止一个，难以保证所有的目标都最优化。所以，在解决该类问题的过程中，需要综合多个目标进行整体考虑。

企业制订作业计划的工作重点包括：

（1）交货期。以交货期为重点进行企业作业的分配，根据不同顾客所提交订单信息中的交货期要求，对各种产品进行生产作业排序。

（2）生产提前期。生产提前期是按照产品工艺路线的相反顺序进行推算得出的，同时也是确定产品在生产作业中不同阶段的开始日期以及结束日期的时间标准之一。

（3）在制品库存。在产品生产过程中，由于一些客观因素导致一部分待加工产品在生产过程被拖延乃至被暂时搁置在加工生产线上或者放置在产品零件库中，它们都可以称为在制品。

（4）资源利用率。在制造业中，有限的资源主要包括设备、人员、物料以及流动资金等，作业排序正是提高资源利用率的关键步骤。

（5）总成本。良好的企业作业排序可以带来流畅的生产过程，提高生产线上在制品的流动速度，提高生产效率，减少各类浪费，降低生产成本。

11.3　作业计划的编制

11.3.1　工作负荷与甘特图

负荷（Loading）是指对工作中心分配的作业任务。管理人员将作业分配到工作中心，使完工时间、空闲时间或成本保持最少。甘特图是一种常用的负荷方法。

甘特图（Gantt Chart）也称为条状图（Bar Chart），是亨利·甘特（Herry Laurence Gantt）于 1917 年开发的，对负荷和计划的编制非常有用。甘特图通过图表反映了劳动力、工作中心等资源的使用情况。管理人员根据图表所显示的系统工作量，对负荷分配计划进行适当的调整。例如，某个工作中心超负荷运行时，管理人员可以暂时调配负荷不足工作中心的人员来增添人手，或者可以将处于等待状态的任务安排到负荷不足的工作中心来处理。

某鼠标生产厂拥有 4 个工作中心，其 2018 年第 11 周工作的甘特负荷图如图 11-2 所示。

	周一	周二	周三	周四	周五
工作中心1	170号作业	← 141号作业 →			
工作中心2	141号作业	168号作业			170号作业
工作中心3	168号作业		141号作业	← 170号作业 →	
工作中心4	← 141号作业 →		170号作业	168号作业	

生产加工　　空闲　　停工

图 11-2　2018 年第 11 周工作的甘特负荷图

11.3.2 作业排序

1. 单台设备 *n* 个生产任务

对于流水车间作业任务，其基本排序规则如表 11-1 所示。

表 11-1 作业排序规则

规则名称	具体内容
FCFS（先到先服务）	优先选择加工先到的订单
LCFS（后到先服务）	优先选择加工后到的订单
SPT（最短加工时间）	优先选择加工时间最短的工件
EDD（交货期最短）	优先选择完工期限最紧（即交货期最短）的工件
SCR（最小临界比率）	优先选择临界比（工件允许停留时间与工件余下加工时间之比）最小的工件
MOPNR（余下工序数最多）	优先选择余下工序数最多的工件
MWKR（余下加工时间最长）	优先选择余下加工时间最长的工件
LWKR（余下加工时间最短）	优先选择余下加工时间最短的工件
STR（剩余松弛时间）	优先加工剩余松弛时间（交货期前所剩时间减去剩余加工时间的差值）短的工件
CR（关键比率）	优先加工关键比率（交货日期减去当前日期的差值除以剩余工作日数）最小的工件
QR（排队比率）	优先加工排队比率（计划中剩余松弛时间除以计划中剩余排队时间）最小的工件

例 11-1 某公司有 A、B、C、D、E 5 种工件需要进行加工，请分别用 SPT、FCFS、EDD、CR 规则来确定工件加工的先后次序。5 个工件的加工时间和交货日期如表 11-2 所示。

表 11-2 工件加工时间和交货日期

工件	加工时间/天	交货日期/天
A	3	5
B	4	6
C	2	7
D	6	9
E	1	2

[解]

假设今天是生产计划的第 0 天，交货日期表示在生产计划的第几天交货，如交货日期为 2，则表示在生产计划的第 2 天交货。

SPT 规则排序如表 11-3 所示；FCFS 规则排序如表 11-4 所示；EDD 规则排序如表 11-5 所示；CR 规则排序如表 11-6 所示。

表 11-3 SPT 规则排序 （单位：天）

工　件	加工时间	交货日期	流程时间	延　迟
E	1	2	0+1=1	0
C	2	7	1+2=3	0
A	3	5	3+3=6	1
B	4	6	6+4=10	4
D	6	9	10+6=16	7

表 11-4 FCFS 规则排序 （单位：天）

工　件	加工时间	交货日期	流程时间	延　迟
A	3	5	0+3=3	1
B	4	6	3+4=7	1
C	2	7	7+2=9	2
D	6	9	9+6=15	6
E	1	2	15+1=16	14

表 11-5 EDD 规则排序 （单位：天）

工　件	加工时间	交货日期	流程时间	延　迟
E	1	2	0+1=1	0
A	3	5	1+3=4	0
B	4	6	4+4=8	2
C	2	7	8+2=10	3
D	6	9	10+6=16	7

表 11-6 CR 规则排序 （单位：天）

工　件	加工时间	交货日期	关键比	排产顺序
A	3	5	(5-0)/3=1.67	3
B	4	6	(6-0)/4=1.50	1
C	2	7	(7-0)/2=3.50	5
D	6	9	(9-0)/6=1.50	2
E	1	2	(2-0)/1=2.00	4

2. 多台设备 *n* 个生产任务

（1）2 台设备 *n* 个任务排序问题——约翰逊（Johnson）算法。

多个作业任务在 2 台机器上的排序方法一般采用约翰逊算法，具体步骤如下：

第一步，将所有的加工时间进行排序，选择最短的作业时间。

第二步，如果最短时间来自第 1 台机器，则将与之对应的作业尽可能往前排；如果最短时间来自第 2 台机器，则将与之对应的作业尽可能往后排，并在加工时间表中划去该任务；如果最短加工时间有多个，则任选一个。

第三步，如果所有零件都已排序，停止；否则，转到第一步。

例 11-2 某公司有 5 种工件按工序 1 和工序 2 的顺序进行加工，两道工序在不同的机器上进行，其加工时间如表 11-7 所示。请使用约翰逊算法进行生产排序。

表 11-7 加工时间（一） （单位：h）

工件	工序 1	工序 2
A	3	1.2
B	2	2.5
C	1	1.6
D	3	3
E	3.5	1.5

［解］

按照约翰逊算法，首先找到最短的加工时间为 1h，是工件 C 在工序 1 的加工时间，将其排在第一位，划掉工件 C 的加工时间；剩下的 4 个工件的加工时间中，最短的加工时间是 1.2h，是工件 A 在工序 2 的加工时间，将其排在第 5 位，划掉工件 A 的加工时间；其余工件按同样的方式进行排序，得到 5 个工件的排序情况，如图 11-3 所示。

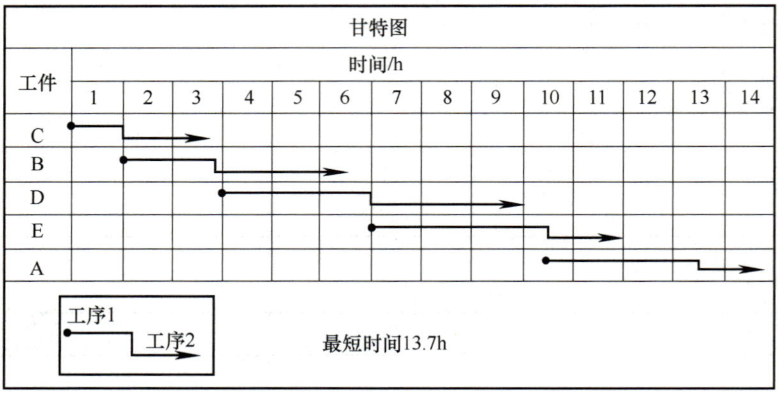

图 11-3 约翰逊算法排序图

（2）多台设备 n 个任务排序问题。

1）Palmer 法。Palmer 法是通过计算零件的斜度指标λ_i来指导排序。按照各零件的λ_i不增的顺序排列零件，得到排序结果。零件的斜度指标λ_i为

$$\lambda_i = \sum_{k=1}^{m}\left(k - \frac{m+1}{2}\right)P_{ik} \qquad (k = 1,2,\cdots,n) \tag{11-1}$$

式中，m 为机器数；P_{ik}为第 i 个零件在第 k 台机器上的加工时间。

例 11-3 某工厂现有 4 个作业需要在 3 台机器上按序依次完成，各作业在各机器上的加工时间如表 11-8 所示。请使用 Palmer 法帮助该工厂进行作业排序（各作业加工顺序为机器 1—机器 2—机器 3）。

表 11-8 加工时间（二） （单位：h）

P_{ik}	作业 1	作业 2	作业 3	作业 4
机器 1	2	3	5	4
机器 2	6	8	2	3
机器 3	7	6	9	6

［解］

由 $\lambda_i = \sum_{k=1}^{m}\left(k - \frac{m+1}{2}\right)P_{ik}(k = 1,2,\cdots,n)$ 公式计算λ_i，在此例中 $m=3$，故有

$$\lambda_i = \sum_{k=1}^{3}\left(k - \frac{3+1}{2}\right)P_{ik} = -P_{i1} + P_{i3}$$

求得：

$$\lambda_1 = -2+7=5$$
$$\lambda_2 = -3+6=3$$
$$\lambda_3 = -5+9=4$$
$$\lambda_4 = -4+6=2$$

按照λ_i不增的顺序进行任务排序，得到的排序结果为作业 1—作业 3—作业 2—作业 4。

2）CDS 法。CDS 法将约翰逊算法用于多台设备 n 个任务的排序问题中，得到（$m-1$）个加工顺序，取其中的最优结果。具体做法为：对加工时间 $\sum_{k=1}^{m}P_{ik}$ 和 $\sum_{k=m+1-N}^{m}P_{ik}(N=1,2,\cdots,m-1)$ 用约翰逊算法求（$m-1$）次加工顺序，比较各加工顺序，取其中最好的结果。

例 11-4 某工厂现有 4 个作业需要在 3 台机器上按序依次完成，各作业在各机器上的加工时间如表 11-9 所示。请使用 CDS 法帮助该工厂进行作业排序（各作业加工顺序为机器 1—机器 2—机器 3）。

表 11-9 加工时间（三） （单位：h）

P_{ik}	作业 1	作业 2	作业 3	作业 4
机器 1	1	4	3	5
机器 2	3	2	4	7
机器 3	6	8	4	2

［解］

当 $N=1$ 时

$$\sum_{k=1}^{N}P_{ik} = P_{i1} = (1,4,3,5)\text{，其中 } i=1,2,3,4$$

$$\sum_{k=m+1-N}^{m}P_{ik} = P_{i3} = (6,8,4,2)\text{，其中 } i=1,2,3,4$$

使用约翰逊算法进行排序，得到的加工顺序为作业 1—作业 3—作业 2—作业 4，总时间为 24h。

当 $N=2$ 时

$$\sum_{k=1}^{N} P_{ik} = P_{i1} + P_{i2} = (4,6,7,12)\text{，其中 } i = 1,2,3,4$$

$$\sum_{k=m+1-N}^{m} P_{ik} = P_{i2} + P_{i3} = (9,10,8,9)\text{，其中 } i = 1,2,3,4$$

使用约翰逊算法进行排序，得到的加工顺序为作业 1—作业 2—作业 3—作业 4，总时间为 27h。

故取顺序作业 1—作业 3—作业 2—作业 4。

11.3.3 分派方法

分派方法是将任务分派给资源的方法。分派问题一般使用“匈牙利法”进行求解，表格中给出了完成每项任务所需的时间或者成本。例如，某工厂有 5 名员工，现有 5 项任务等待处理，5 名员工完成 5 项任务的成本数据如表 11-10 所示。

表 11-10 任务成本 （单位：元）

任务	员工				
	A	B	C	D	E
1	4	8	7	15	12
2	7	9	17	14	10
3	6	9	12	8	7
4	6	7	14	6	8
5	6	9	12	10	6

根据表 11-10 中的数据，通过“匈牙利法”得到最优的分派方案为：员工 C 完成任务 1，员工 B 完成任务 2，员工 A 完成任务 3，员工 D 完成任务 4，员工 E 完成任务 5，最低总成本为 34 元。

使用“匈牙利法”进行求解的具体步骤如下：

第一步，对成本矩阵每行减去该行中最小的数，然后对变化后矩阵的每列减去该列中最小的数。

4	8	7	15	12
7	9	17	14	10
6	9	12	8	7
6	7	14	6	8
6	9	12	10	6

→

0	4	3	11	8
0	2	10	7	3
0	3	6	2	1
0	1	8	0	2
0	3	8	4	0

→

0	3	0	11	8
0	1	7	7	3
0	2	3	2	1
0	0	5	0	2
0	2	5	4	0

第二步，从只有一个 0 的行（列）开始，给这个 0 打圈，然后划掉打圈的 0 所在列（行）的其他 0。

第三步，给只有一个 0 的列（行）中的 0 打圈，然后划掉打圈的 0 所在行（列）的其他 0。

第四步，重复进行第二步、第三步，直到尽可能多的 0 被圈出和划掉为止。若某行（列）的 0 至少有两个，则选择其中一个打圈，划掉该 0 所在行或列的其他 0，直到所有 0

元素都已被圈出和划掉为止。若此时圈出的 0 元素的数目等于矩阵的阶数，那么该指派问题已得到最优解，若圈出的 0 元素的数目小于矩阵的阶数，转入下一步。

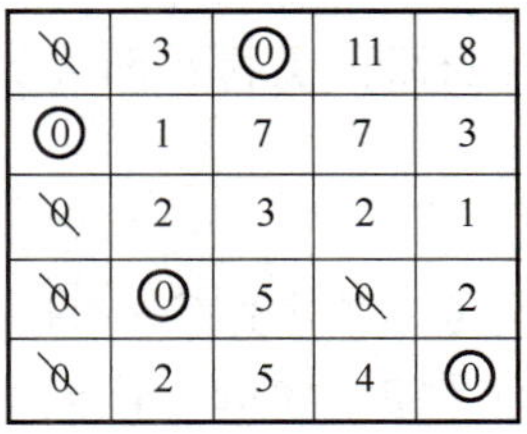

第五步，对没有打圈的 0 所在的行打钩。

第六步，对已经打钩的行中所有含被划掉的 0 的列打钩。

第七步，重复第五步、第六步，直到对新的行列打不出钩为止。

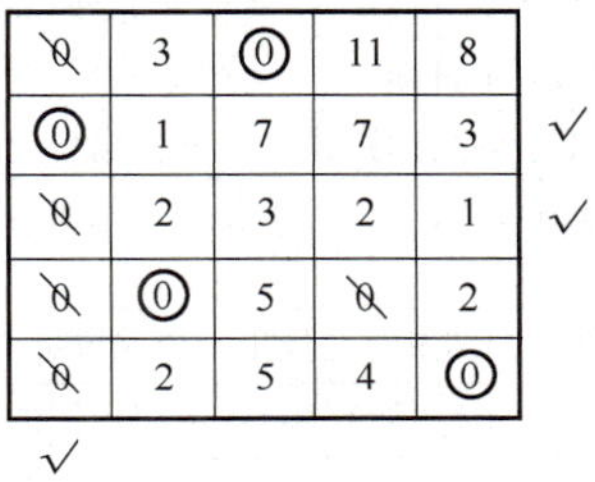

第八步，对没有打钩的行画横线，对打钩的列画纵线，此时直线数应该等于打圈的 0 的数目，若不相等说明有误。

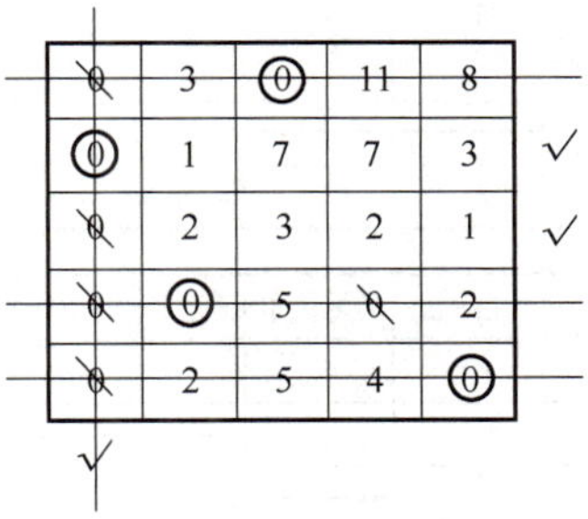

第九步，从没有被直线覆盖的所有数中找出最小的数，然后打钩的各行都减去这个最小的数，打钩的各列都加上这个最小的数，转回到第二步。

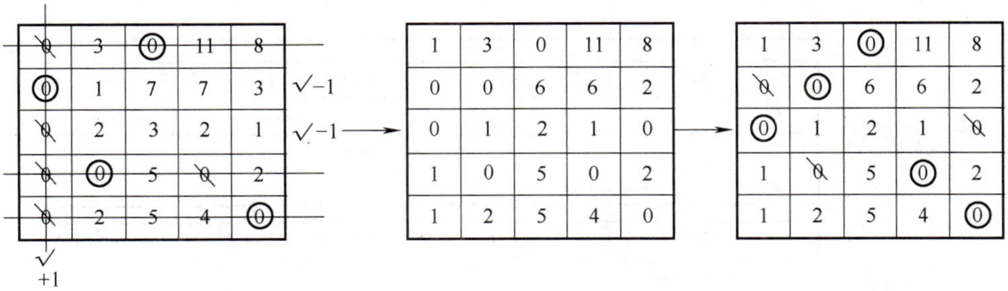

例题得到的最优指派方案为：员工 C 完成任务 1，员工 B 完成任务 2，员工 A 完成任务 3，员工 D 完成任务 4，员工 E 完成任务 5，最低总成本为 34 元。

11.4　无限能力排程与有限能力排程

企业排程可分为无限能力排程和有限能力排程两大类。

11.4.1　无限能力排程

面向无限能力进行排程时，暂不考虑各工作中心的能力情况，所有车间的订货工序都独立制订计划，排出各工序的开工时间和完工时间。面向无限能力的排程方法主要有正排法、倒排法、平行排程法、偏置法以及覆盖法等，如表 11-11 所示。

表 11-11　无限能力排程算法

排 程 方 法	排 程 规 则
正排法	从计划下达日期（最早开工日期）开始，按照工艺路线顺序从前往后排，直到任务的最后一道工序，以此计算出各工序的开始日期和完工日期
倒排法	由最晚完工日期开始，按照工艺的反向路线，往前推出各道工序的开始日期和完工日期
平行排程法	按倒排逻辑，所有工序平行进行，所有平行工艺均以最晚完工日期开始，按照工艺的反向路线倒推出各工序的开始日期
偏置法	为各工序的结束时间与车间任务的结束时间规定一个偏置量，然后再按倒排法计算出各工序的开工时间
覆盖法	与正排法相似，差别在于前一道工序结束之前，按照规定的覆盖量提前开始下一道工序

假设某产品生产经过 A、B、C 三道工序，各道工序所需时间别分为 1 天、2 天和 3 天，6 月 7 日下达产品生产计划，规定最晚6 月 14 日完工交货。各种排程方法的计划安排如图 11-4 所示。

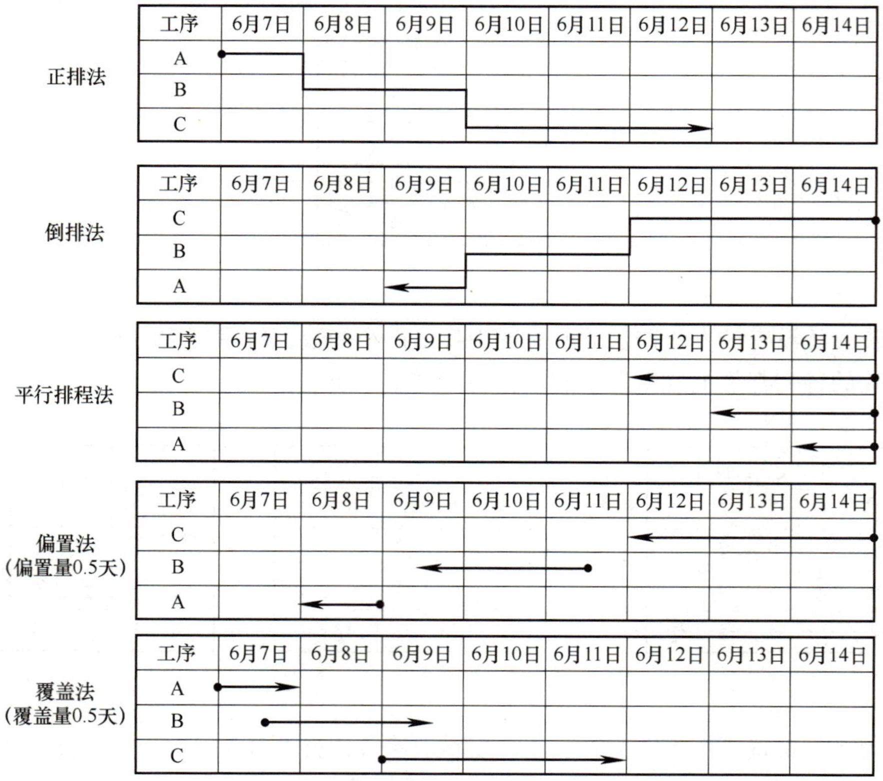

图 11-4　各种排程方法的计划安排

11.4.2 有限能力排程

在实际生产中，往往没有真正意义上的无限能力，一般会针对有限能力进行排程。面向有限能力进行排程时，对关键工作中心安排的负荷不能超出其能力。最初，人们利用整数规划、仿真和简单的规则对排程问题进行求解，但这些方法求解的结果不理想，且难以解决复杂问题。随着其他相关学科的不断发展，出现了许多新的求解方法，如遗传算法、模拟退火算法和禁忌搜索算法等，能够较好解决复杂排程问题。

（1）遗传算法（Genetic Algorithms，GA）。遗传算法是建立在自然选择和自然遗传学机理基础上的迭代自适应概率性搜索算法，是对复杂问题进行优化计算、预测和数字寻优的一类计算方法。

（2）模拟退火算法。模拟退火算法来源于固体退火原理，将固体加温至充分高，再让其徐徐冷却，加温时，固体内部粒子随温度升高而变为无序状，内能增大，而徐徐冷却时，粒子渐趋有序，在每个温度都达到平衡态，最后在常温时达到基态，内能减为最小。模拟退火算法是一种基于概率的算法，可以解决排程优化问题。

（3）禁忌搜索算法。禁忌搜索算法的思想是由弗雷德·格洛弗（Fred Glove）在1986提出的，是对局部领域搜索的扩展、对人类智力过程的模拟，是一种全局逐步寻优算法，可以有效解决排程优化问题。

11.5 高级计划与排程

20世纪90年代中期开发的高级计划与排程（Advanced Planning and Scheduling，APS）是一种基于供应链管理和约束理论的先进计划与排程工具，包含了大量的数学模型、优化及模拟技术，可以实时基于约束重排计划与报警。

在计划与排程过程中，APS将企业内外的资源与能力约束都囊括在考虑范围之内，采用复杂的智能化运算法则，做常驻内存计算。APS主要是通过帮助企业及时响应顾客要求、快速同步计划、提供精确的交货日期、减少在制品与成品库存、并发考虑供应链的所有约束、自动识别潜在瓶颈、提高资源利用率等方式，改善企业的整体生产管理水平。

知识点复习

知 识 点	主 要 内 容
作业计划	◆ 概念：作业计划是企业生产计划的具体执行计划 ◆ 重要性： （1）帮助企业缩短生产周期，快速响应市场 （2）帮助企业高效利用资源，降低成本，增加企业利润 （3）提高订单交割时点的准确性，提升企业的诚信度 （4）辅助企业均衡生产设备负荷，提高生产设备的使用效率 ◆ 特点：不确定性、复杂性、多约束性、多目标性 ◆ 工作重点：交货期、生产提前期、在制品库存、资源利用率、总成本

（续）

知识点	主要内容
作业计划的编制	◆ 工作负荷与甘特图： （1）负荷：对工作中心分配的作业任务 （2）甘特图对负荷和计划的编制非常有用，通过图表反映了劳动力、工作中心等资源的使用情况 ◆ 单台设备 n 个生产任务的排序规则： （1）FCFS（先到先服务）：优先选择加工先到的订单 （2）LCFS（后到先服务）：优先选择加工后到的订单 （3）SPT（最短加工时间）：优先选择加工时间最短的工件 （4）EDD（交货期最短）：优先选择完工期限最紧（即交货期最短）的工件 （5）SCR（最小临界比率）：优先选择临界比（工件允许停留时间与工件余下加工时间之比）最小的工件 （6）MOPNR（余下工序数最多）：优先选择余下工序数最多的工件 （7）MWKR（余下加工时间最长）：优先选择余下加工时间最长的工件 （8）LWKR（余下加工时间最短）：优先选择余下加工时间最短的工件 （9）STR（剩余松弛时间）：优先加工剩余松弛时间（交货期前所剩余时间减去剩余的加工时间的差值）短的作业 （10）CR（关键比率）：优先加工关键比率（交货日期减去当前日期的差值除以剩余的工作日数）最小的工件 （11）QR（排队比率）：优先加工排队比率（计划中剩余的松弛时间除以计划中剩余的排队时间）最小的工件 ◆ 2 台设备 n 个任务排序问题——约翰逊算法： 第一步，将所有的加工时间进行排序，选择最短的作业时间 第二步，如果最短时间来自第 1 台机器，则将与之对应的作业尽可能往前排；如果最短时间来自第 2 台机器，则将与之对应的作业尽可能往后排，并在加工时间表中划去该任务；如果最短加工时间有多个，则任选一个 第三步，如果所有零件都已排序，停止；否则，转到第一步 ◆ 多台设备 n 个任务排序问题——Palmer 法： （1）零件的斜度指标 λ_i 为 $$\lambda_i = \sum_{k=1}^{m}\left(k - \frac{m+1}{2}\right)P_{ik} \qquad (k = 1,2,\cdots,n)$$ （2）按照各零件的λ_i不增的顺序排列零件，得到排序结果 ◆ 多台设备 n 个任务排序问题——CDS 法： CDS 法将约翰逊算法用于多台设备 n 个任务的排序问题中，得到（$m-1$）个加工顺序，取其中的最优结果。具体做法为：对加工时间 $\sum_{k=1}^{N}P_{ik}$ 和 $\sum_{k=m+1-N}^{N}P_{ik}(N=1,2,\cdots,m-1)$ 用约翰逊算法求（$m-1$）次加工顺序，比较各加工顺序，取其中最好的结果 ◆ 分派方法：将任务分派给资源的方法。分派方法一般利用表格求解，表格中给出了完成每项任务所需的时间或者成本
无限能力排程	◆ 正排法：从计划下达日期（最早开工日期）开始，按照工艺路线顺序从前往后排，直到任务的最后一道工序，以此计算出各工序的开始日期和完工日期 ◆ 倒排法：由最晚完工日期开始，按照工艺的反向路线，往前推出各道工序的开始日期和完工日期 ◆ 平行排程法：按倒排逻辑，所有工序平行进行，所有平行工艺均以最晚完工日期开始，按照工艺的反向路线倒推出各工序的开始日期 ◆ 偏置法：为各工序的结束时间与车间任务的结束时间规定一个偏置量，然后再按倒排方法计算出各工序的开工时间 ◆ 覆盖法：与正排法相似，差别在于前一道工序结束之前，按照规定的覆盖量提前开始下一道工序

（续）

知 识 点	主 要 内 容
有限能力排程	◆ 遗传算法 ◆ 模拟退火算法 ◆ 禁忌搜索算法
高级计划与排程（APS）	◆ APS 是一种基于供应链管理和约束理论的先进计划与排程工具，包含了大量的数学模型、优化及模拟技术，可以实时基于约束进行重计划与报警 ◆ 作用： （1）帮助企业及时响应顾客要求 （2）快速同步计划 （3）提供精确的交货日期 （4）减少在制品与成品库存 （5）并发考虑供应链的所有约束 （6）自动识别潜在瓶颈 （7）提高资源利用率

习题

一、单项选择题

1. 下列哪类计划所覆盖的时间期最短？（　　）

A. 产能计划　　B. 作业计划　　C. 综合计划　　D. 主生产计划

2. 哪种作业排序规则是优先加工关键比最小的工件？（　　）

A. CR　　B. STR　　C. EDD　　D. SPT

3. 约翰逊算法中，尽可能往后排的作业是指哪类作业？（　　）

A. 所有作业中作业时间最长，且来自第 1 台机器的作业

B. 所有作业中作业时间最长，且来自第 2 台机器的作业

C. 所有作业中作业时间最短，且来自第 1 台机器的作业

D. 所有作业中作业时间最短，且来自第 2 台机器的作业

4. 采用下列哪种排序规则可以很好地满足工件完工期要求？（　　）

A. CR　　B. SPT　　C. LCFS　　D. FCFS

二、判断题

1. 甘特图是制定工作负荷的直观工具。（　　）

2. LCFS 作业排序规则要求优先加工先到的订单。（　　）

3. MRP 系统的排程方法可以分为有限能力排程和无限能力排程。（　　）

三、解答题

1. 洛克维修厂有 A、B、C、D 4 项任务需要处理，工件任务按照下达的顺序排列，如表 11-12 所示。今天是第 101 天。

表 11-12　加工信息（一）　　（单位：天）

工　件	加工时间	交货日期
A	6	108
B	3	106
C	10	115
D	9	112

请根据下列排序规则来确定各项任务的维修排序：

（1）FCFS（先到先服务）。

（2）EDD（交货期最短）。

（3）CR（关键比率）。

（4）LWKR（余下加工时间最短）。

（5）SPT（最短加工时间）。

2. 假设有 A、B、C、D、E 5 个任务需要在同一台机器上完成，其交货日期以及加工时间如表 11-13 所示，下列任务目前都未开始，现在是计划中的第 15 天。

表 11-13　加工信息（二）　　（单位：天）

任　务	下达任务的日期	加工时间	交货时间
A	5	8	28
B	10	10	26
C	8	6	34
D	12	7	40
E	15	12	35

请根据下列规则来确定各任务的排序，并标明在此排序规则下，哪些任务延迟，延迟多少天？哪种排序规则总延迟天数最短？

（1）SPT（最短加工时间）。

（2）MWKR（余下工序数最多）。

（3）CR（关键比率）。

（4）EDD（交货期最短）。

（5）LCFS（后到先服务）。

（6）STR（剩余松弛时间）。

3. 高智图书印刷厂的主要业务是印刷儿童图书。图书的制作需要经过印刷和装订 2 道工序，现在有 5 套图书需要印刷并装订，其工序所需时间如表 11-14 所示。请使用约翰逊算法进行排序。

表 11-14　工序信息（一）　　（单位：天）

图书编号	印刷时间	装订时间
1	2	1.8
2	4	3
3	4.5	3.5
4	1.6	2
5	3	2.5

4. 假设某工厂有 6 部机械需要经过组装和测试 2 道工序才能完工，各机械的 2 道工序所需时间如表 11-15所示。请使用约翰逊算法进行排序。

表 11-15　工序信息（二）　　（单位：h）

机械编号	组装时间	测试时间
A	2.4	3
B	1.2	0.8
C	3	1.2

（续）

机械编号	组装时间	测试时间
D	4	3.2
E	3.8	4
F	2	2.4

5. 某律师事务所有4项不同类型的案件需要处理，记为A、B、C、D，现在空闲的律师团队分别是以李律、张律、吴律、孙律为组长的4个团队，根据以往的记录，他们的团队处理这4类案件的成本如表11-16所示。如何进行指派可以使总成本最小？最小成本为多少？

表11-16 成本信息（单位：万元）

案件	团队			
	李律	张律	吴律	孙律
A	9	7	6	8
B	10	8	4	12
C	14	12	13	11
D	5	11	7	5

6. 某电子元件公司有5种电子元件需要组装以及测试，这些元件需要在同一组设备上完成，现有5名闲置工人，5名工人进行组装以及测试完成的时间如表11-17所示。如何指派这些工人才能保证完工时间最短？最短完工时间为多少？

表11-17 工件信息（一）（单位：h）

元件	工人				
	A	B	C	D	E
A05	60	45	56	45	65
B21	47	55	38	46	55
B44	56	50	60	48	51
C53	56	64	62	58	65
D07	47	42	47	42	45

7. 某公司现有A、B、C、D、E 5件工作需要完成，甲、乙、丙、丁、戊5名工人完成各项任务所需工时如表11-18所示。如何指派工人才能使所用总工时最少？

表11-18 工件信息（二）（单位：h）

任务	工人				
	甲	乙	丙	丁	戊
A	14	9	11	9	11
B	10	11	8	8	8
C	9	19	14	16	11
D	17	16	8	8	12
E	6	12	9	12	11

8. 某工作室需要将一份中文说明书翻译成英、德、俄、日、法 5 种语言，现有甲、乙、丙、丁、戊 5 名翻译员空闲，通过估计，他们将这份中文说明书翻译成各语种所需时间如表 11-19 所示。如何安排可使总时间最短？最短总时间为多少？

表 11-19　翻译时间信息　（单位：h）

翻译员	语种				
	英	德	俄	日	法
甲	7	8	10	8	12
乙	9	10	14	11	10
丙	8	14	10	12	9
丁	10	15	11	8	14
戊	8	10	7	9	13

参考文献

[1] MCKAY K, PINEDO M, WEBSTER S. Practice-focused research issues for scheduling systems [J]. Production and Operations Management, 2002, 11 (2): 249-258.

[2] CHEN Z, PUNDOOR G. Integrated order scheduling and packing [J]. Production and Operations Management, 2009, 18 (6): 672-692.

[3] CAYIRLI T, VERAL E. Outpatient scheduling in health care: a review of literature [J]. Production and Operations Management, 2009, 12 (4): 519-549.

[4] RIBAS I, LEISTEN R, FRAMIÑAN J M. Review and classification of hybrid flow shop scheduling problems from a production system and a solutions procedure perspective [J]. Computers and Operations Research, 2010, 37 (8): 1439-1454.

[5] HARJUNKOSKI I, MARAVELIAS C T, BONGERS P, et al. Scope for industrial applications of production scheduling models and solution methods [J]. Computers & Chemical Engineering, 2014, 62: 161-193.

[6] HALL N G, LEUNG J Y-T, LI C. The effects of multitasking on operations scheduling [J]. Production and Operations Management, 2015, 24 (8): 1248-1265.

[7] 梁波，孙林岩，李怀祖．生产作业计划的数学方法综述 [J]. 决策与决策支持系统，1996 (2): 116-124.

[8] 何鸿声，张建林，刘国威．制造业车间生产调度方案的仿真 [J]. 管理工程学报，1997 (3): 162-166.

学习资源清单

第 12 章

库 存 管 理

引例

当心滞销的存货

Ace Hardware 是美国最大的五金零售连锁店，在全球拥有超过 4 500 间店铺，有 65 000多款五金产品供顾客选择。

霍林斯沃思（Hollingsworth）是 Ace Hardware 在南加利福尼亚开设的三家分店的销售副总裁，她的主要工作就是管理滞销库存。滞销库存的处理借助了一个自动库存维护系统，该系统以两年作为截止日期来界定滞销产品，并在每月月底输出一份滞销产品的库存清单。霍林斯沃思将库存清单发给南加利福尼亚地区的每个分店的经理，经理再将清单按部门分开，发送给相应的部门专家，由部门专家确定需要储存的滞销产品和待清仓的滞销产品。确定待清仓产品之后，就可以根据产品类别和店铺位置决定待清仓产品的处理方式，如降价销售、赠送给员工或捐给慈善机构等。

12.1 库存管理概述

12.1.1 库存的功能和弊端

库存是一种闲置待用的资源，一定量的库存可以增加企业运作的柔性。当供应商不能如期供货时，库存可以避免生产中断，保障企业生产正常进行；当顾客需求波动较大时，库存可以避免缺货；当存在价格折扣时，维持一定库存水平的企业可以订购更多的货品，订购次数减少。但是，过多的库存会增加企业开支、占用大量资金、掩盖管理中存在的问题等。

12.1.2 库存的类型

库存依据不同的分类标准，可以分为以下几类：

（1）按物料在生产过程中处于的不同阶段，库存可分为原材料库存、在制品库存、成品库存和维护/维修/日常运行补给库存。

1）原材料库存：已采购但还没有投入生产的原材料的库存。

2）在制品库存：已经开始加工但尚未完工的产品或零部件的库存。

3）成品库存：已完成生产并等待运送的产品的库存。

4）维护/维修/日常运行补给库存：为确保机器和流程效率而必需的维护/维修/日常运行所需物资的库存。

（2）按产品的需求特征，库存可分为单周期需求库存和多周期需求库存。

1）单周期需求库存：仅仅在比较短的一段时间内有需求，超过这段时间就会严重贬值的产品的库存。单周期需求产品通常具有易逝性，如鲜花、报纸、冰淇淋、新鲜水果等。

2）多周期需求库存：为了满足在足够长的时间内对某种产品的重复性和连续性需求而设置的库存，如钢铁、煤炭等的库存。

（3）按在库存管理中的作用，库存可分为周转库存和安全库存。

1）周转库存：企业为了完成产品流转计划，保证市场正常供应，根据产品销售任务、产品流通环节和速度而需要的保持一定数量的产品库存。

2）安全库存：为了避免因需求和供给的不确定导致短缺而设置的库存。

12.1.3 ABC 库存管理

ABC 库存管理的管理思想是建立一种分类标准对产品进行分类管理。ABC 库存管理是依据“80/20”定律对产品进行分类，对库存年度成本高的少数关键产品（A 类产品）进行严格控制与管理，对库存年度成本中等的产品（B 类产品）进行正常控制与管理，对库存年度成本低的大多数产品（C 类产品）进行较为宽松的控制与管理，如表 12-1 所示。

表 12-1　ABC 库存管理的分类标准和管理原则

分　类	含　义	种类百分比	库存年度成本百分比	管理原则
A 类产品	库存年度成本高的产品	15% ~20%	65% ~80%	严格控制与管理
B 类产品	库存年度成本中等的产品	30% ~40%	15% ~20%	正常控制与管理
C 类产品	库存年度成本低的产品	40% ~55%	5% ~15%	宽松控制与管理

例 12-1　XM 公司是一家智能手机生产企业，请用 ABC 库存管理帮助该公司对 10 种主要库存物资进行分类。这 10 种物资的年需求量和单位成本如表 12-2 所示。

表 12-2　10 种物资的年需求量和单位成本

物资库存编号	年需求量（件）	单位成本（元）
PM10288	1 000	90. 00
PM10867	500	154. 00
PC12572	1 550	17. 00
PM10571	350	42. 86
PM14075	1 000	12. 50

（续）

物资库存编号	年需求量（件）	单位成本（元）
PC01066	600	14.17
PQ42015	2 000	0.60
PQ10867	100	8.50
PC01356	1 200	0.42
PN11589	250	0.60

[解]

利用ABC库存管理进行求解的计算结果如表12-3所示。

表12-3 ABC库存管理计算结果

物资库存编号	种类百分比	年需求量（件）	单位成本（元）	年成本（元）	年成本百分比	类别
PM10288 PM10867	20%	1 000 500	90.00 154.00	90 000 77 000	72%	A A
PC12572 PM10571 PM14075	30%	1 550 350 1 000	17.00 42.86 12.50	26 350 15 001 12 500	23%	B B B
PC01066 PQ42015 PQ10867 PC01356 PN11589	50%	600 2 000 100 1 200 250	14.17 0.60 8.50 0.42 0.60	8 502 1 200 850 504 150	5%	C C C C C

12.1.4 库存管理的相关成本

库存管理的相关成本包括调整准备成本、库存持有成本、缺货损失成本和订货成本。

调整准备成本（Setup Cost）包括原材料准备成本、设备调试成本和转换成本。

库存持有成本（Holding Cost）包括处理成本、资金占用成本、过期成本和空间占用成本。

缺货损失成本（Shortage Cost）包括机会损失和顾客流失的潜在影响造成的成本。

订货成本（Ordering Cost）包括运输成本、订单处理成本和接收成本。

12.1.5 库存管理的目标

库存管理的目标就是减少库存成本、提高顾客服务水平。库存管理需要解决的关键问题主要有两个：

（1）每次需要订购多少货物？

（2）什么时候需要发起订货？

运营实践

美的集团的库存管理

在美的流传着一句话："宁可少卖，不多做库存。"这句话体现了美的控制库存的决心。长期以来，美的在减少库存成本方面一直有不错的成绩，但依然有5~7天的零部件库存和几十万台的成品库存。这一存货水准相较其他产业的优秀标杆仍稍逊一筹。在此压力下，美的在2002年开始尝试供应商管理库存（Vendor Managed Inventory，VMI）。

美的较为稳定的供应商共有300多家。60%的供应商在美的总部顺德周围，还有部分供应商距美的总部的车程在3天以内，只有15%的供应商距离较远。美的为这部分远程供应商在顺德总部建立了很多仓库，外地供应商可以在仓库里租赁一个片区来储备零配件，此时的库存成本由供应商承担。美的需要用到这些零配件时就会通知供应商，然后进行资金划拨、取货等工作，此时零配件的所有权才从供应商转移至美的。自VMI实施后，美的零部件库存周转率上升到70~80次，零部件库存也由原来的平均5~7天存货水平，大幅降低到3天左右。

12.2 多周期需求的库存控制

12.2.1 多周期需求的库存控制策略

1. 连续性检查策略

连续性检查策略是指连续地检查库存水平以确定订货时间和订货数量的策略。典型的连续性检查策略是（Q,R）策略，又称定量订货系统、Q系统、再订货点法，是指当库存量低于某一固定水平即再订货点ROP（Re-Order Point）时，便发起订货，每次订购固定数量的订货批量Q，经过订货提前期LT（Lead Time），所订货物到达，库存得到补充。（Q,R）策略具有定量不定期的特点，如图12-1所示。

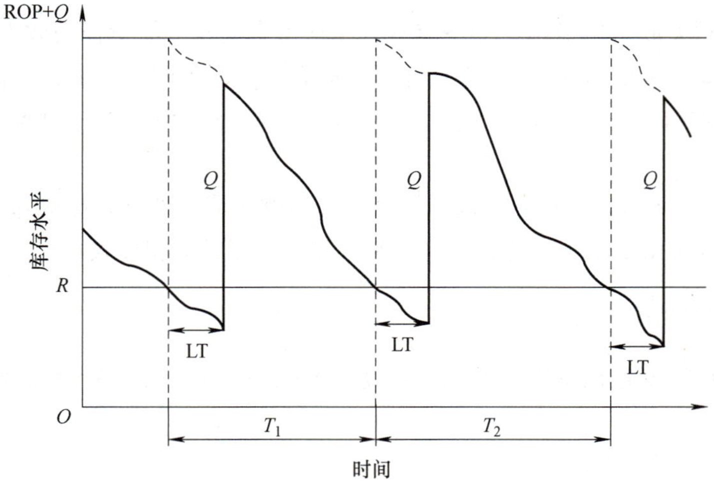

图12-1 （Q,R）策略

使用连续性检查策略需要随时对库存量进行检查，工作量大。现实企业运营中，常使用“双堆法”来减少工作量。“双堆法”将库存分为两部分，第二部分的数量为ROP，先用第一部分库存，当第一部分库存用完后，启用第二部分库存，并发出订货，经过提前期货物到达后，同样按两部分存放。

2. 周期性检查策略

周期性检查策略是指每隔一段时间检查库存水平以确定订货时间和订货批量的策略。典型的周期性检查策略有（T,S）策略和（s,S）策略。

（T,S）策略又称定期订货系统、P系统，是指每隔一个固定的间隔期T便发起订货，每次订货到目标库存水平S，即每次的订货数量等于目标库存水平S减去现有库存水平。（T,S）策略具有定期不定量的特点，如图12-2所示。

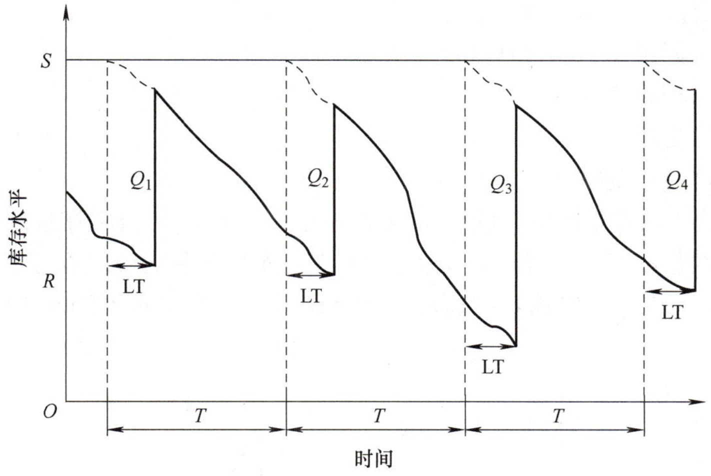

图12-2 （T,S）策略

（s,S）策略又称最大最小系统，是指每隔一个固定的间隔期T对库存量进行检查，若库存量降至s及以下，便发起订货，每次订货到目标库存水平S；若库存量大于s，不发起订货，再经过固定间隔期T后，根据库存量是否低于s决定是否发起订货，如图12-3所示。

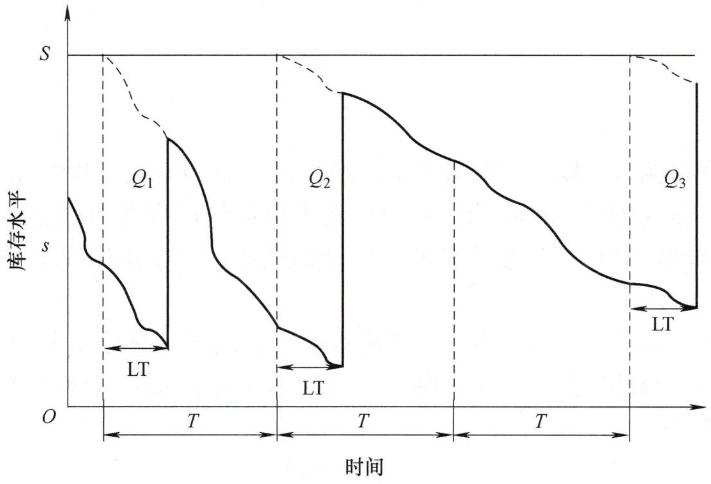

图12-3 （s,S）策略

使用周期性检查策略只需要对货物进行周期性检查，但所需的安全库存量比较大。

12.2.2 多周期需求的库存控制模型

1. 经济订货批量模型

经济订货批量（Economic Order Quanlity，EOQ）模型最早由哈里斯（F. W. Harris）于1913年提出。经济订货批量模型有以下几个基本假设：

（1）产品的需求是固定的，且在整个时期内保持一致。

（2）一次订货量没有限制。

（3）提前期是固定的。

（4）单位产品的价格是固定的。

（5）库存持有成本是库存量的线性函数。

（6）订货费是固定的，与订货批量无关。

（7）不允许出现缺货现象。

（8）订货一次交付。

（9）采用（Q,R）策略订货。

基于以上假设，库存量随时间的变化规律如图12-4所示。当库存量降至再订货点ROP时，企业订购Q数量的产品，经过订货提前期LT，库存消耗为0，所订货物到达，库存量补充到最高水平Q，库存又以稳定的速度开始下降，当库存量再次降至ROP时，企业又开始订货。

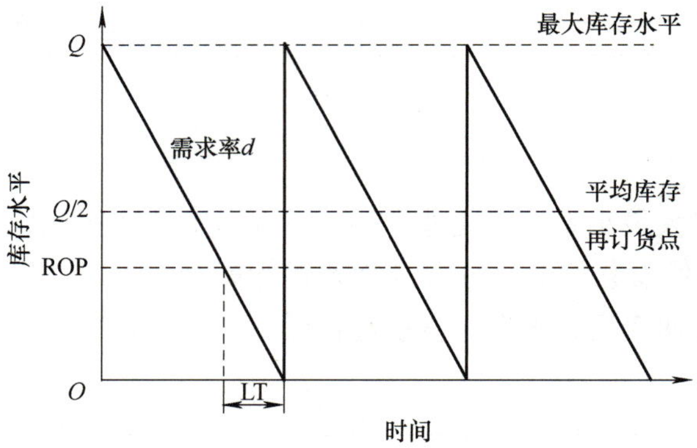

图12-4 EOQ模型下的库存水平随时间的变化规律

由于最小库存量为0，最大库存量为Q，产品需求是固定的，库存水平呈直线下降趋势，所以平均库存量为$Q/2$。EOQ模型的目标是求出最佳订货点和最优订货量，进而使库存总成本最小。因此需要将库存总成本表示为Q的函数，最小化库存总成本，进而得出最优订货量。

由于库存总成本 = 库存持有成本 + 订货成本 + 购买成本 + 缺货损失成本，在EOQ模型中，不考虑购买成本和缺货损失成本，则库存总成本 = 订货成本 + 库存持有成本，即EOQ模型的库存总成本为

$$C = \frac{DS}{Q} + \frac{QH}{2} \tag{12-1}$$

式中，C 为单位时间库存总成本；D 为单位时间的总需求；S 为每次的订货成本；Q 为每次的订货量；H 为单位产品单位时间的库存持有成本，$H = Ip$（I 为库存保管费率，p 为单位产品购买成本）。

可见，库存持有成本是关于 Q 的线性增函数，订货成本是关于 Q 的减函数。库存总成本曲线是库存持有成本曲线和订货成本曲线的叠加，是凸函数，存在一个点（库存持有成本曲线和订货成本曲线的交点）使得库存总成本最小，该点对应的 Q 值便为经济订货批量，记为Q^*，如图 12-5 所示。

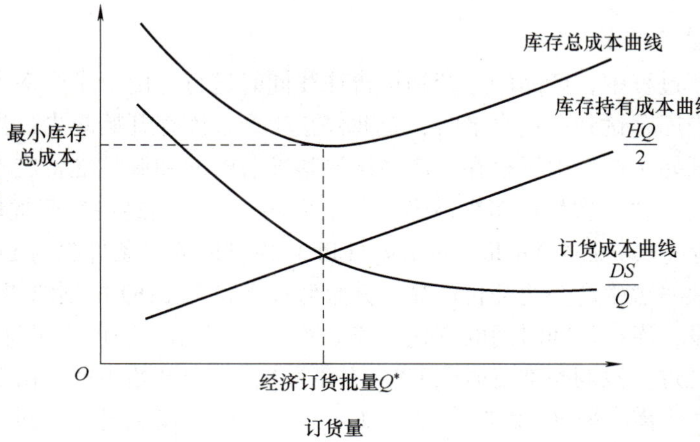

图 12-5　EOQ 模型下成本与订货量的函数

根据凸函数的性质，只需对式（12-1）中的 Q 进行一阶求导，令求导后的公式等于 0 便可求出经济订货批量Q^*。或者令订货成本等于库存持有成本，也可求出经济订货批量 Q^*。所以经济订货批量为

$$Q^* = \sqrt{\frac{2DS}{H}} = \sqrt{\frac{2DS}{Ip}} \tag{12-2}$$

故单位时间的订货次数为

$$N = \frac{D}{Q^*} \tag{12-3}$$

订货周期为

$$T = \frac{\text{工作时间}}{N} \tag{12-4}$$

库存总成本为

$$C = \sqrt{2DSH} \tag{12-5}$$

扫描下方二维码，见知识点视频详解：

例 12-2　Superstore 超市的巧克力豆月需求量为 100 000 箱，每次的订货成本为 100 元，每箱采购价格为 50 元，库存保管费率为 10%。请求出每份订单的经济订货批量、订货次数

及库存总成本。假设以（Q,R）策略订货，每次应当订购多少数量？每月需要订货多少次？

［解］

$$每份订单的经济订货批量Q^* = \sqrt{\frac{2DS}{H}} = \sqrt{\frac{2\times100\ 000\times100}{50\times10\%}}箱 = 2\ 000\ 箱$$

$$订货次数\ N = \frac{D}{Q^*} = \frac{100\ 000}{2\ 000}次 = 50\ 次$$

$$月总库存成本\ C = \sqrt{2DSH} = \sqrt{2\times100\ 000\times100\times5}元 = 10\ 000\ 元$$

2. 经济生产批量模型

在企业的生产过程中，产品的生产和销售往往同时进行。由于生产率大于需求率，所以库存不断增加；当库存达到一定水平时，企业停止生产，库存开始减少；当库存减少到某一水平时，企业又开始生产。由于存在生产系统调整准备时间和调整准备成本，一边生产一边销售过程中存在一个“一次生产多少最经济”的问题，这就是经济生产批量问题。

经济生产批量（Economic Production Lot，EPL）模型的假设条件除与 EOQ 模型的第（8）条假设不同，企业一边生产一边交付产品，其余假设条件与 EOQ 模型的假设条件相同。

基于以上假设，库存量随时间的变化规律如图 12-6 所示。当库存量降至 ROP 时，企业开始准备生产，经过一段调整准备时间 LT，库存为 0，企业开始生产，由于企业边生产边消销，且生产率 p 大于需求率 d，因此库存量以（$p-d$）的速度上升。经过一段生产时间t_p之后，库存量补充到最高水平I_{max}，企业停止生产，库存以 d 的速度下降。当库存为 0 后，企业又开始新一轮的生产，不断循环。

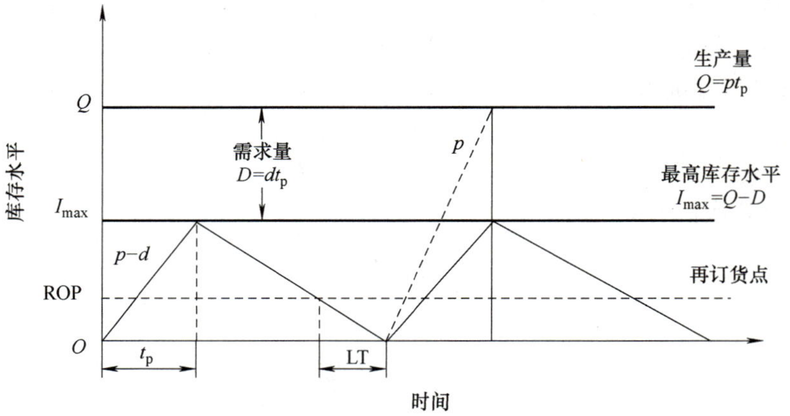

图 12-6　EPL 模型下库存水平随时间的变化规律

在 EPL 模型中，仅考虑调整准备成本和库存持有成本，则库存总成本 = 调整准备成本 + 库存持有成本。

由于最高库存水平 = 生产运作期间总生产量 − 生产运作期间的总消耗量，但总生产量 $Q = p\,t_p$，则$t_p = \dfrac{Q}{p}$，即

$$I_{max} = p\,t_p - d\,t_p = Q - \frac{d}{p}Q = Q\left(1 - \frac{d}{p}\right) \tag{12-6}$$

式中，t_p为生产时间。

则库存总成本为

$$C=\frac{DS}{Q}+\frac{HQ\left(1-\frac{d}{p}\right)}{2} \tag{12-7}$$

式中，D 为单位时间的总需求；S 为每次的生产准备成本；H 为单位时间单位库存的库存持有成本；Q 为每次的订货量；p 为生产率；d 为需求率。

经济生产批量模型的库存成本公式与经济订货批量模型的库存成本公式相似。对式（12-7）中的 Q 进行一阶求导，令求导后的公式等于0便可求出经济生产批量Q_p^*；或者令调整准备成本等于库存持有成本，也可求出经济生产批量Q_p^*。

故经济生产批量为

$$Q_p^*=\sqrt{\frac{2DS}{H\left(1-\frac{d}{p}\right)}} \tag{12-8}$$

扫描下方二维码，见知识点视频详解：

例 12-3 Superstore 超市的冰激凌月总需求量为 1 000 个，在 Superstore 的卖场一边生产一边销售给顾客，暂时未销售的冰激凌存储于冰柜中，每个冰激凌存储一个月的库存成本为 0.5 元。冰激凌的日需求量为 40 个，而冰激凌机的日生产量为 80 个，每开机一次的生产准备成本为 10 元。每次应当生产多少个冰激凌？

[解]

$$Q_p^*=\sqrt{\frac{2DS}{H\left(1-\frac{d}{p}\right)}}=\sqrt{\frac{2\times1\ 000\times10}{0.5\times\left(1-\frac{40}{80}\right)}}\text{个}=282.8\text{ 个}\approx283\text{ 个}$$

3. 价格折扣模型

现实企业运营中，企业往往会为大批量采购提供价格折扣。随着单次购买数量的增加，产品单价降低，订货次数减少，但库存水平上升，产品的购买成本和订货成本降低，库存持有成本增加。因此，购买者是否接受价格折扣，需要在减少的产品成本（购买成本和订货成本）和增加的库存持有成本之间进行权衡。

价格折扣模型的假设条件大规模采购存在价格折扣，与 EOQ 模型的第（3）条假设不同，其余假设条件与 EOQ 模型的假设条件相同。

由于存在价格折扣，所以计算经济订货批量时不能简单地使用 EOQ 公式。假设存在三种价格折扣：当采购批量小于Q_1时，产品单位售价为p_1；当采购批量大于Q_1小于Q_2时，产品单位售价为p_2；当采购批量大于Q_2时，产品单位售价为p_3。价格折扣模型的库存总成本为

$$C=\frac{DS}{Q}+\frac{QH}{2}+PD \tag{12-9}$$

式中，D 为单位时间的总需求；S 为每次的生产准备成本；H 为单位时间单位库存的库存持

有成本；P 为单位产品的价格。

由于存在三种价格折扣，订货成本随着批量的增加而减少，库存持有成本曲线随着批量的增加而增加，产品的购买成本随着批量的增加而减少，因此，其库存总成本随价格折扣的变化规律如图 12-7 所示。其成本最低点可能是曲线斜率（一阶导数）为 0 的点或者曲线的端点。

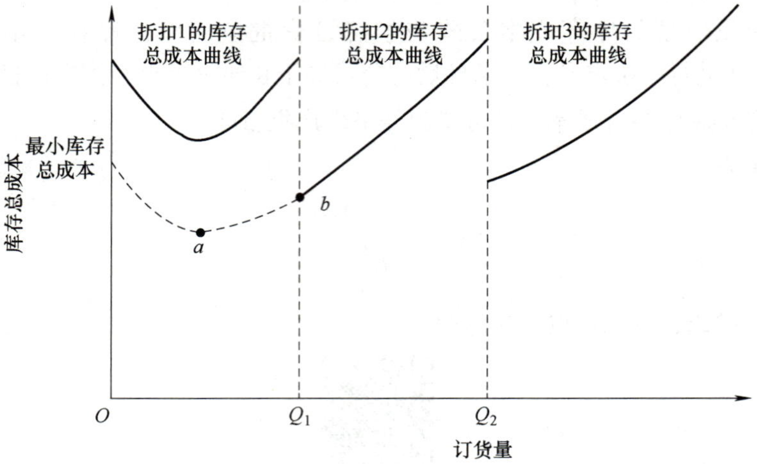

图 12-7　价格折扣模型下库存总成本随价格折扣的变化规律

求解价格折扣模型的经济订货批量的步骤如下：

（1）计算每个价格折扣下的经济订货批量Q^*为

$$Q^* = \sqrt{\frac{2DS}{IP}} \tag{12-10}$$

式中，I 为库存保管费率。

（2）如果（1）中计算得出的Q^*不符合折扣条件，选择价格折扣下成本最低的订货批量作为Q^*。

（3）计算（1）和（2）中确定的每个Q^*所对应的库存总成本。

（4）选择使库存总成本最小的Q^*作为经济订货批量。

扫描下方二维码，见知识点视频详解：

例 12-4　参照例 12-2 的数据，2018 年 Fimls 公司对 Superstore 超市提出了价格折扣的激励政策，如表 12-4 所示。那么，Superstore 超市是否需要增大巧克力豆的订货批量呢？

表 12-4　价格折扣表

折扣编号	折扣批量（箱）	折扣（%）	折扣价格（元/箱）
1	1 ~ 2 999	无	50.00
2	3 000 ~ 3 999	4	48.00
3	4 000 以上	5	47.50

[解]

(1) 计算每个价格折扣下的经济订货批量Q^*：

$$Q_1^* = \sqrt{\frac{2 \times 100\ 000 \times 100}{0.1 \times 50.00}}\text{箱} = 2\ 000\ \text{箱}$$

$$Q_2^* = \sqrt{\frac{2 \times 100\ 000 \times 100}{0.1 \times 48.00}}\text{箱} = 2\ 041\ \text{箱}$$

$$Q_3^* = \sqrt{\frac{2 \times 100\ 000 \times 100}{0.1 \times 47.50}}\text{箱} = 2\ 051\ \text{箱}$$

(2) 判断Q^*是否符合折扣条件，调整每种折扣条件下最小的可能订货批量$Q^{*\prime}$：

$$Q_1^{*\prime} = 2\ 000\ \text{箱}$$

$$Q_2^{*\prime} = 3\ 000\ \text{箱}$$

$$Q_3^{*\prime} = 4\ 000\ \text{箱}$$

(3) 计算（1）和（2）中每个Q^*的总成本，如表12-5所示。

表12-5　折扣的总成本计算

折扣编号	折扣价格（元/箱）	订货批量（箱）	月产品成本（元）	月订货成本（元）	月持有成本（元）	总成本（元）
1	50.00	2 000	5 000 000	5 000	5 000	5 010 000
2	48.00	3 000	4 800 000	3 333	7 200	4 810 533
3	47.50	4 000	4 750 000	2 500	9 500	4 762 000

(4) 选择库存总成本最小的订货批量。因此，应该以47.50元/箱的价格订货4 000箱巧克力豆。

4. 安全库存模型

现实企业运营中，需求量和订货提前期往往是不确定的，都是随机变量。当需求确定时，再订货点的计算公式为

$$\text{ROP} = d \times \text{LT} \tag{12-11}$$

式中，d为提前期的日需求均值；LT为提前期。

当需求不确定时，需要考虑安全库存（Safety Stock，SS），以获得满意的服务水平，减少缺货风险。此时再订货点的计算公式为

$$\text{ROP} = d \times \text{LT} + \text{SS} \tag{12-12}$$

提前期内的需求假设近似服从正态分布，如图12-8所示。左边无阴影部分的面积表示不缺货概率，可以视为库存系统的服务水平；右边阴影部分的面积表示缺货概率，若没有安全库存，缺货概率为50%。

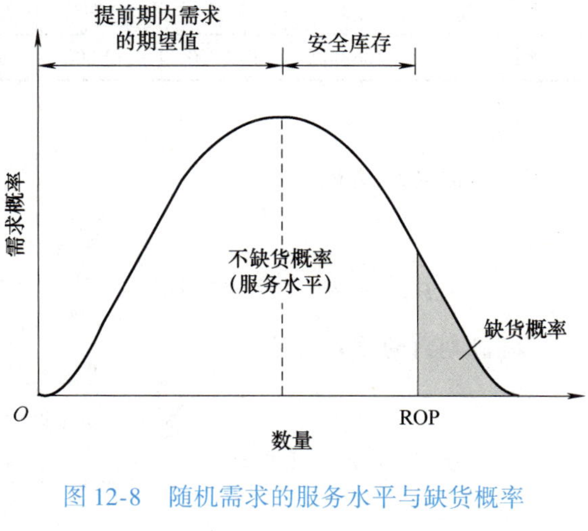

图12-8　随机需求的服务水平与缺货概率

安全库存取决于服务水平目标（不缺货概率）和提前期内需求不确定性的大小（标准差）。当提前期内需求的概率分布满足正态分布时，安全库存为

$$\mathrm{SS} = Z\sigma_{d\mathrm{LT}} \tag{12-13}$$

式中，Z 为标准差对应的分位数，由服务水平目标 CSL（不缺货概率）决定，即 $Z = Fs^{-1}(\mathrm{CSL})$；$\sigma_{d\mathrm{LT}}$为提前期内需求的标准差。

当需求近似服从正态分布时，再订货点为

$$\mathrm{ROP} = d \times \mathrm{LT} + \mathrm{SS} = d \times \mathrm{LT} + Z\sigma_{d\mathrm{LT}} \tag{12-14}$$

现实生活中，需求和提前期常常存在以下三种情况：

（1）需求是变量，提前期是常量。

$$\mathrm{ROP} = d \times \mathrm{LT} + \mathrm{SS} = d \times \mathrm{LT} + Z\sigma_{d\mathrm{LT}} = d \times \mathrm{LT} + Z\sigma_d\sqrt{\mathrm{LT}} \tag{12-15}$$

式中，d 为提前期的日需求均值；LT 为提前期；Z 为标准差的个数；$\sigma_{d\mathrm{LT}}$为提前期内需求的标准差；σ_d为日需求的标准差。

（2）提前期是变量，需求是常量。

$$\mathrm{ROP} = d \times \mathrm{LT} + \mathrm{SS} = d \times \mathrm{LT} + Z\sigma_{d\mathrm{LT}} = d \times \mathrm{LT} + Zd\sigma_{\mathrm{LT}} \tag{12-16}$$

式中，d 为提前期的日需求均值；LT 为提前期，Z 为标准差的个数；σ_{LT}为提前期的标准差。

（3）需求和提前期都是变量。

$$\mathrm{ROP} = d \times \mathrm{LT} + \mathrm{SS} = d \times \mathrm{LT} + Z\sigma_{d\mathrm{LT}} = d \times \mathrm{LT} + Z\sqrt{\mathrm{LT} \times \sigma_d^{\ 2} + d^2\sigma_{\mathrm{LT}}^2} \tag{12-17}$$

式中，d 为提前期的日需求均值；LT 为提前期，Z 为标准差的个数；$\sigma_{d\mathrm{LT}}$为提前期内需求的标准差；σ_d为日需求的标准差；σ_{LT}为提前期的标准差。

扫描下方二维码，见知识点视频详解：

例 12-5 Superstore 超市每个月对巧克力豆的需求不一样，如表 12-6 所示。向供应商的订货需要经过一周的提前期才能收到，假设以（Q,R）策略订货，允许 5% 的缺货率。应当如何确定再订货点 ROP?

表 12-6　Superstore 超市 1 ~ 8 月巧克力豆的需求情况

月　份	1 月	2 月	3 月	4 月	5 月	6 月	7 月	8 月
需求（箱）	106 000	105 000	112 000	95 000	98 000	90 000	92 000	102 000

［解］

提前期需求均值

$$\mu = d \times \mathrm{LT} = \bar{x} \times \mathrm{LT} = \frac{\sum_{i=1}^{n=8} x_i}{n} \times \mathrm{LT} = 100\ 000\ \text{箱} \times \frac{1}{4} = 25\ 000\ \text{箱}$$

提前期内的需求标准差

$$\sigma_{d\mathrm{LT}} = \sigma_d\sqrt{\mathrm{LT}} = \sqrt{\frac{\sum_{i=1}^{n=8}(x_i - \bar{x})^2}{n-1}} \times \sqrt{\mathrm{LT}} = 7\ 578\ \text{箱} \times \sqrt{\frac{1}{4}} = 3\ 789\ \text{箱}$$

通过查正态分布概率表，可知95%对应的 $Z=1.65$，则

安全库存 $SS=Z\sigma_{dLT}=1.65$ 箱 $\times 3\ 789=6\ 252$ 箱

再订货点 $ROP=d\times LT+SS=d\times LT+Z\sigma_{dLT}=25\ 000$ 箱 $+6\ 252$ 箱 $=31\ 252$ 箱

12.3 单周期需求的库存控制

12.3.1 单周期需求的库存决策

单周期需求的库存模型主要描述的是对某一产品仅发出一次订货，并且在销售季末，该产品没有或只存在较小的使用价值。单周期需求的库存决策只需要在缺货成本和过剩成本之间进行权衡。由于预测存在误差，使得订货批量常常与需求量不相等。当订货批量小于需求量时，企业将承担机会损失成本以及其他不可预测的成本，这部分成本统称为缺货成本(Understocking Cost)。C_u表示单位缺货成本，等于单位售价减去单位成本。当订货批量大于需求量时，未销售的产品可能会以低于成本的价格被售出，也有可能不能出售反而需要额外支付处理成本，这部分成本统称为过剩成本（Overstocking Cost）。C_o表示单位过剩成本，等于单位成本减去单位折扣价，或者单位成本加单位处理成本。缺货成本和过剩成本受服务水平的影响，服务水平越高，产品的缺货成本越低，过剩成本越高，如图12-9所示。

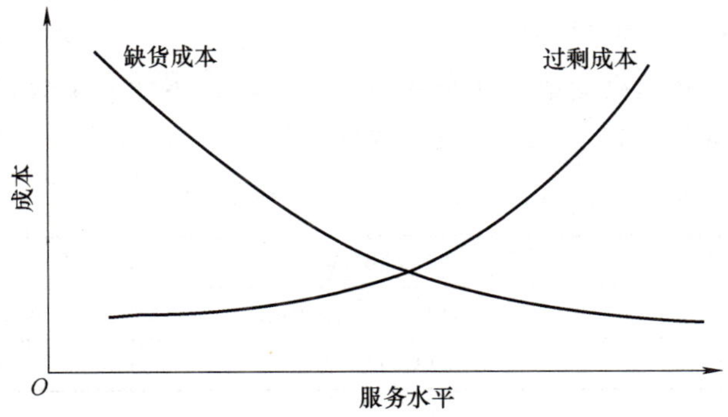

图12-9 服务水平与成本之间的关系

单周期需求的库存决策需要在周期开始时决定订购产品的数量。经济订货批量取决于需求的均值、服务水平的目标和需求的不确定性。即

$$Q^*=\mu+Z\sigma_{dLT} \tag{12-18}$$

式中，μ 为提前期需求的均值；Z 为标准差对应的分位数；σ_{dLT}为提前期内需求的标准差。

12.3.2 单周期需求的库存控制模型

报童模型是单周期需求库存问题的一个经典模型。假设报童每天以P_1的价格购买报纸，以P_2的价格卖出，每天报纸的需求服从均值为μ、标准差为σ_{dLT}的正态分布；如果报纸在一天结束时未卖出，则第二天将无法售出，只能以P_3的价格退回。那么，报童每天应该购买多少报纸？

假设订货量为 Q；需求量为 x；周期服务水平为 CSL，表示需求量 x 小于或等于订货量 Q 的概率；最优的订货量为Q^*；最优的周期服务水平为CSL^*。

每单位报纸的缺货成本为$C_u = P_2 - P_1$，每单位报纸的过剩成本为$C_o = P_1 - P_3$。

如果订货量由 Q 增加到 $Q+1$，那么存在两种情况，如表 12-7 所示。

表 12-7　额外订购 1 单位产品存在的两种情况

情　况	能否售出	发生的概率	带来的成本	预期收益
需求量 $x >$ 订货批量 Q	售出	1 − CSL	$P_2 - P_1$	$(1-\text{CSL})(P_2-P_1)$
需求量 $x \leq$ 订货批量 Q	无法售出	CSL	$P_1 - P_3$	$\text{CSL}(P_1-P_3)$

因此，当订货量由Q增加到$Q+1$，按经济学中的边际分析法，令边际预期收益等于边际预期损失时有：

$$(1-\text{CSL})(P_2-P_1)=\text{CSL}(P_1-P_3)$$

此时的服务水平CSL为令利润最大化的最优服务水平，即

$$\text{CSL}^* = \text{Prob}(x < Q^*) = \frac{P_2 - P_1}{P_2 - P_3} = \frac{C_u}{C_u + C_o} \tag{12-19}$$

故最优订货量为

$$Q^* = \mu + Z\sigma_{dLT} \tag{12-20}$$

式中，Z 根据CSL^*查正态分布概率表得到。

报童模型公式的积分求解过程如下：

假设需求 x 为连续非随机变量，其密度函数为$f(x)$，累计分布函数为 $F(x)$。

需求量与订购批量存在如表 12-8 所示的两种情况。

表 12-8　需求量与订购批量的关系

情　况	售出情况	利　润
$Q \leq x$	Q 单位产品被售出	QC_u
$Q > x$	x 单位产品被售出	$xC_u - (Q-x)C_o$

因此预期利润为 $P(Q)$，即

$$P(Q) = \int_0^Q [xC_u - (Q-x)C_o]f(x)\mathrm{d}x + \int_Q^\infty QC_u f(x)\mathrm{d}x \tag{12-21}$$

为确定使预期利润最大化的 Q 值，令

$$\frac{\mathrm{d}P(Q)}{\mathrm{d}Q} = -C_o\int_0^Q f(x)\mathrm{d}x + C_u\int_Q^\infty f(x)\mathrm{d}x = C_u[1-F(Q)] - C_oF(Q) = 0$$

得到

$$F(Q) = \frac{C_u}{C_u + C_o} \tag{12-22}$$

即最优服务水平为

$$\text{CSL}^* = \frac{C_u}{C_u + C_o} \tag{12-23}$$

最优服务水平CSL^*又称临界点，由它得出的经济订货批量可以使企业利润最大化。如

果需求量服从正态分布，且均值为μ，标准差为σ，则经济订货批量为

$$Q^{*}=F^{-1}(\mathrm{CSL}^{*},\mu,\sigma)=\mathrm{NORMINV}(\mathrm{CSL}^{*},\mu,\sigma) \tag{12-24}$$

扫描下方二维码，见知识点视频详解：

例 12-6 Superstore 超市售卖的圣诞姜饼是以 0.2 元的采购价格从 Jummy 公司买进的，又以 1 元的零售价格在圣诞节期间售卖给顾客。假设圣诞姜饼的需求服从正态分布，均值为 50 000 盒，标准差为 3 000 盒。圣诞开始前，订购的姜饼将全部运送到卖场，而圣诞结束时，未售出的姜饼只能扔掉。Superstore 超市应当订购多少盒姜饼？

[解]

$$均值\ \mu=50\ 000\ 盒$$

$$标准差\ \sigma_{\mathrm{dLT}}=3\ 000\ 盒$$

$$C_{\mathrm{u}}=单位售价-单位成本=1\ 元-0.2\ 元=0.8\ 元$$

$$C_{\mathrm{o}}=单位成本-单位折扣价=0.2\ 元-0=0.2\ 元$$

$$服务水平\ \mathrm{CSL}=\frac{C_{\mathrm{u}}}{C_{\mathrm{u}}+C_{\mathrm{o}}}=\frac{0.8\ 元}{0.8\ 元+0.2\ 元}=80\%$$

查正态分布概率表，80%服务水平对应的 $Z=0.842$。

圣诞姜饼的最优订货量为

$$Q^{*}=\mu+Z\sigma_{\mathrm{dLT}}=50\ 000\ 盒+0.842\times3\ 000\ 盒=52\ 526\ 盒$$

$$缺货风险=1-服务水平=1-0.8=0.2=20\%$$

知识点复习

知识点	主要内容
库存管理	◆ 库存的类型： （1）按物料在生产过程中处于的不同阶段，分为原材料库存、在制品库存、成品库存和维护/维修/日常运行补给库存 （2）按产品的需求特征，分为单周期需求库存和多周期需求库存 （3）按在库存管理中的作用，分为周转库存和安全库存 ◆ ABC 库存管理：建立一种分类标准对产品进行分类管理 ◆ 库存管理的相关成本：调整准备成本、库存持有成本、缺货损失成本和订货成本 ◆ 库存管理的目标：减少库存成本，提高顾客服务水平 ◆ 库存管理的关键问题：每次需要订购多少货物和什么时候需要发起订货
多周期需求的库存控制	◆ 连续性检查策略：连续地检查库存水平以确定订货时间和订货数量的策略 (Q,R) 策略：当库存量低于再订货点 ROP 时，便发起订货，每次订购固定数量的订货批量 Q ◆ 周期性检查策略：每隔一段时间检查库存水平以确定订货时间和订货批量的策略 (T,S) 策略：每隔一个固定的间隔期 T 便发起订货，每次订货到目标库存水平 S (s,S) 策略：每隔一个固定的间隔期 T 对库存量进行检查，若库存量降至 s 及以下，便发起订货，每次订货到目标库存水平 S；若库存量大于 s，不发起订货

（续）

知识点	主要内容
多周期需求的库存控制	◆ 经济订货批量（EOQ）模型： $$Q^* = \sqrt{\frac{2DS}{H}}$$ ◆ 经济生产批量（EPL）模型： $$Q_p^* = \sqrt{\frac{2DS}{H\left(1-\frac{d}{p}\right)}}$$ ◆ 价格折扣模型： $$Q^* = \sqrt{\frac{2DS}{IP}}$$ ◆ 安全库存模型： $$\text{ROP} = d \times \text{LT} + \text{SS} = d \times \text{LT} + Z\sigma_{d\text{LT}}$$
单周期需求的库存控制	◆ 单周期需求的库存模型主要描述的是对某一产品仅发出一次订货，并且在销售季末，该产品没有或只存在较小的使用价值 ◆ 当订货批量小于需求量时，企业将承担机会损失成本以及其他不可预测的成本，这部分成本统称为缺货成本 ◆ 当订货批量大于需求量时，未销售的产品可能会以低于成本的价格处理，也有可能不能出售反而需要额外支付处理成本，这部分成本统称为过剩成本 ◆ 报童模型的最优服务水平： $$\text{CSL} = \frac{C_u}{C_u + C_o}$$ ◆ 单周期需求的库存决策的经济订货批量取决于需求的均值、服务水平的目标和需求的不确定性： $$Q^* = \mu + Z\,\sigma_{d\text{LT}}$$ $$Z = Fs^{-1}(\text{CSL})$$

习题

一、单项选择题

1. 维持库存所需的储存成本是（　　）。

A. 订货成本　B. 调整准备成本　C. 库存持有成本　D. 库存总成本

2. 经济订货批量模型是一种使（　　）最小的库存控制技术。

A. 总的订货成本和库存持有成本　B. 总的订货成本和购买成本

C. 总的库存持有成本和购买成本　D. 购买成本和缺货损失成本

3. 选择最合适的安全库存的关键取决于（　　）。

A. 选择可以保证满意的服务水平的库存水平　B. 使库存总成本最小

C. 维持充足的安全库存避免缺货　D. 使预期的缺货成本最小

二、多项选择题

库存管理能解决的两个关键问题是（　　）。

A. 每次订购多少货物　B. 何时发起订货　C. 向谁订货　D. 订货成本是多少

三、填空题

将连续性检查策略和周期性检查策略的区别填入表 12-9 中。

表 12-9 连续性检查策略和周期性检查策略的区别

区　别	连续性检查策略	周期性检查策略
订货周期		
订货批量		
订货方式		
检查方式		
优缺点		

四、判断题

1. ABC 库存管理是依据库存年度成本进行的分类。(　　)
2. 库存服务水平的降低意味着缺货风险的增大。(　　)
3. 维持库存成本低的库存系统倾向于选择高库存水平和频繁补充订货。(　　)

五、解答题

1. 表 12-10 是某水果店目前库存物资的相关信息，根据 ABC 库存管理对这些物资进行分类。

表 12-10 某水果店库存物资信息

库 存 物 资	平均库存（箱）	价值（元/箱）	库存物资	平均库存（箱）	价值（元/箱）
苹果	12	90	车厘子	2	160
香蕉	6	73	百香果	9	385
李子	8	62	火龙果	6	83
梨	6	39	水蜜桃	3	115
榴莲	10	430	哈密瓜	6	99
葡萄	3	116	荔枝	2	120
芒果	3	100			

2. 某快餐店每月对鸡肉的需求是 800kg，每次的订货成本是 100 元，库存持有成本是 1 元/(kg · 月)。

(1) 经济订货批量是多少?

(2) 如果库存持有成本上升 1 倍，那么经济订货批量如何变化?

(3) 如果库存持有成本减少到原来的一半，那么经济订货批量又将如何变化?

3. 假设每月算 30 天，利用解答题 2 的信息计算出每月预计订货次数、预计订货时间间隔及每月的库存总成本。

4. 某汽车玩具制造商预测下一年汽车玩具的需求量是 10 万件，平均日需求量为 400 件。但是生产线的日生产率为 600 件/天，年工作日 250 天，每年每件玩具的库存持有成本是 1 元/件，每次的调整准备成本是 10 元。

(1) 经济生产批量是多少?

(2) 每年将有几次生产期? 最大的库存水平将是多少?

5. 假设某品牌手机的年需求量是 20 000 部，平均日需求量为 60 部，公司的生产能力是每天 100 部，年工作日是 250 天。调整准备成本是 100 元，每部手机的成本是 1 000 元，每部手机每年的库存持有成本是 10 元。

(1) 在生产期间的最佳生产批量是多少?

(2) 平均年库存持有成本是多少?

(3) 平均年调整准备成本是多少?

（4）年总成本是多少？

6. 某印刷厂库存了大量图书，故提出了价格折扣的激励政策。每本图书的正常价格是 40 元；订购量在 301～400 本，价格降至 35 元；订购量在 400 本以上（不含 400 本），单价为 32 元。另外，每次的订货成本为 100 元，年需求量为 5 000 本，库存持有成本占图书成本的 20%。使库存总成本最低的订货批量是多少？

7. 某计算机公司以 1 200 元单价购买集成芯片。每个芯片每年的库存持有成本是 100 元，每次的订货成本是 300 元。该公司每月销售 600 台计算机，且需求稳定。为了吸引更大的订单，该公司的供应商决定提供价格折扣，如表 12-11 所示。

表 12-11　芯片价格折扣信息

购买数量（个）	单位价格（元）
1～200	1 200
201～300	1 150
301～400	1 100

（1）最优订货量是多少？

（2）年订货成本是多少？

（3）年库存持有成本是多少？

（4）年库存总成本是多少？

8. 某超市储存的大米在订货期间的需求满足正态分布，在订货期间的需求均值是 20 袋，标准差是 2 袋。超市的管理者希望制定库存政策，使缺货发生率只有 5%。

（1）Z 值是多少？

（2）该超市应该维持多少安全库存？

（3）再订货点应该是多少？

9. 假设订货期间的平均销售额是 100 万元，标准差为 6 万元，并且商家可以容忍 10% 的缺货率。该商家的安全库存应该设置为多少？再订货点应该设置为多少？（$Z=1.28$）

10. 某报亭每天销售 200 份报纸，报亭的销售服从正态分布，标准差是 15 份，每份报纸进价 0.7 元，1.25 元售出，未售出的报纸被商家以每份 0.3 元的价格回收。该报亭每天应该订购多少份报纸？缺货风险是多少？最优订货量是多少？

11. 某面包店每天烘烤面包，为保证面包当天全部售完，晚上 8 点之后剩下的面包通常半价销售，平常价格是 10 元。烘烤一份面包的成本是 6 元。面包的需求预测服从均值为 25、标准差为 4 的标准正态分布。最优烘烤量为多少？

参考文献

[1] SILIVER E A. Operations research in inventory management: a review and critique [J]. Operations Research, 1981, 29 (4): 628.

[2] JONSSON P, MATTSSON S-A. Inventory management practices and their implications on perceived planning performance [J]. International Journal of Production Research, 2008, 46 (7): 1787-1812.

[3] BERBAIN S, BOURBONNAIS R, VALLIN P. Forecasting, production and inventory management of short life-cycle products: a Review of the literature and case studies [J]. Supply Chain Forum: International Journal, 2011, 12 (4): 36-48.

[4] FISHER M, VAIDYANATHAN R. Which products should you stock? [J] Harvard Business Review, 2012,

90 (11): 108-118.

[5] COHEN M A. Inventory management in the age of big data [J]. Harvard Business Review Digital Articles, 2015, 6: 2-4.

[6] CIVELEK I. Sustainability in inventory management [J]. Current Topics in Management, 2016, 18: 43-55.

[7] 陈一凡. 需求不确定下的易逝品库存策略研究综述 [J]. 统计与决策, 2014 (4): 70-73.

[8] 崔崟, 陈剑, 肖勇波. 行为库存管理研究综述及前景展望 [J]. 管理科学学报, 2011, 14 (6): 96-108.

学习资源清单

第 13 章

供应链管理

引例

是什么决定了名创优品的优质低价?

名创优品是一家实体零售连锁店，创立于2013年9月，截至2018年年底，其店铺数量已经超过3 500家，遍布全球79个国家和地区。名创优品拥有十大商品品类、4 800多个SKU，主打高性价比，力求做到优质、创意、低价。

名创优品与供应商之间的合作伙伴关系是其产品优质低价的决定因素之一。为了从源头上把控产品品质，名创优品在全球范围内严格筛选优质、顶尖供应商。香精行业的领导品牌奇华顿、意大利老牌彩妆代工厂莹特丽、餐厨类产品的供应商嘉诚集团等都是名创优品长期稳定的合作伙伴。名创优品有一套独特的供应商合作模式，即“以量定价+买断定制+不压货款”。名创优品与供应商联合开发商品、深度介入产品设计，然后买断版权形成独家货源；实行大规模采购降低成本；最快15天与供应商结算货款。通过与供应商的紧密合作，名创优品能够在保证品质的同时降低供应链采购成本。

13.1 供应链与供应链管理

13.1.1 供应链

供应链（Supply Chain，SC）是产品在生产和运输过程中由供应商、生产商、零售商以及消费者组成的供需网络。供应链一般由3个以上企业构成，上游为供应商以及供应商的供应商，中间是核心企业，下游包括分销商、零售商以及终端客户。供应链的基本结构如图13-1所示。

供应链具有以下几大特征：

（1）复杂性。由于供应链由多个企业组成，这些企业通常是不同等级、不同类别的，所以供应链的结构模式往往比较复杂。

（2）动态性。企业战略和市场需求的变化导致供应链中的节点企业不断更新，使供应链具有较强的动态性。

（3）不确定性。由于供应链中各节点企业信息不对称、目标存在差异、关系结构复杂等，所以供应链面临着诸多不确定性因素。

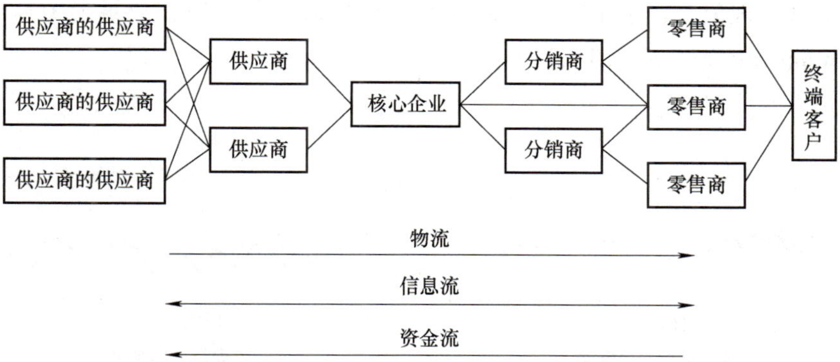

图 13-1　供应链的基本结构

13.1.2　供应链管理

20 世纪 80 年代以来，企业所面临的市场环境发生了巨大转变——从过去供应商主导的、静态的、简单的市场环境变成了现在顾客主导的、动态的、复杂的市场环境。传统的管理思想和方法无法适应新市场环境，供应链管理思想迅速兴起。

美国供应链协会（Supply Chain Council）给出了供应链管理的概念，将供应链管理（Supply Chain Management，SCM）描述为从供应商的供应商到客户的客户，生产和交付最终产品所涉及的所有工作。

具体而言，供应链管理是指人们在认识和掌握供应链环节内在规律和相互联系的基础上，对整个供应链中各参与部门、组织之间的物流、资金流与信息流进行计划、协调与控制，提高所有相关过程的速度和确定性，通过前馈信息流（如订货合同、采购单等）和反馈信息流（如完工报告、销售量、库存量等），将供应商、核心企业直至终端客户连成一个整体的管理模式。

供应链管理主要包括以下几项管理内容：

（1）信息管理。企业应用信息管理系统实现有效的信息管理，信息系统可以帮助供应链上的企业建立标准化的操作流程，并通过整合联通各个管理模块和供应链环节，达到缩短订单处理时间、提高订单处理效率和订单满足率、降低库存水平、提高库存周转率、减少资金积压等目的。

（2）成本控制。供应链的成本包括直接成本、管理成本和交易成本，供应链管理通过标准化企业流程、消除不必要作业、促进供应链成员沟通等方式降低以上三大成本。

（3）关系管理。供应链的关系管理包括供应商管理和客户关系管理。各成员统一目标、建立信任关系、共同承担风险，对整个供应链的发展至关重要。

13.2　牛鞭效应

1995 年，宝洁公司的管理人员发现在某地区总是出现如下现象：客户对纸尿裤的消费需求比较稳定，零售商的销售量没有太大的波动，但是生产厂商向原材料供应商的订货量却时常出现较为明显的波动。类似的现象也出现在 IBM、通用电气等企业。

这种现象是供应链管理中普遍存在的需求不确定性放大的现象。需求的方差从下游到上游逐级放大的这种现象，在图形上显示就像是一根甩起的赶牛鞭，故被形象地称为“牛鞭效应”（Bullwhip Effect），如图 13-2 所示。

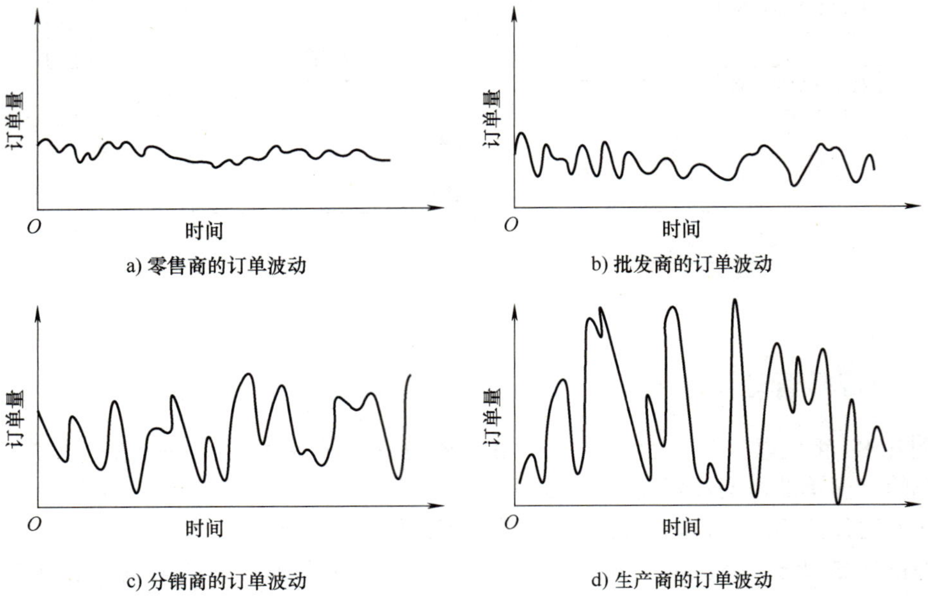

图 13-2　牛鞭效应

牛鞭效应会造成如下危害：

(1) 各个节点企业库存水平居高不下，占用大量资金，并增加企业的经营风险。

(2) 生产和市场脱节，由于供应链上游企业接收到的客户需求与实际需求相差甚远，使生产企业无法获取真正的需求量，生产过程可能会进入无序状态。

(3) 由于存在牛鞭效应，供应链节点企业之间会相互不信任，企业间合作可能最终局限于短期行为，很难上升到战略层面，不利于供应链的稳定和发展。

研究发现，导致牛鞭效应的原因主要有以下几点：

(1) 需求信息扭曲。造成需求信息扭曲的原因包括上游根据下游订单预测需求、上游看不到终端的需求、供应链各级主体对需求预测进行连续修正以及过长的提前期等。

(2) 批量订货。由于存在高额的订货成本或数量折扣，企业进行批量订货，增加了订单的波动性。

(3) 价格波动。价格波动会导致需求信息的扭曲，如短期促销会导致超前购买而造成需求信息失真。

(4) 限额配给与短缺博弈。在供给短缺的情况下，上游实行比例配给，下游忽视上游供给限制向上浮动虚报需求量，导致需求信息失真。

一般而言，通过签订合理的契约、建立激励和监督机制、实行有效的信息共享、缩短产品提前期、保持价格的相对稳定、减小订货批量、减弱短缺博弈等方式，可以在一定程度上减小牛鞭效应带来的影响。

13.3　供应链合作伙伴关系

13.3.1　供应链合作伙伴关系的基本概念

供应链合作伙伴关系是指供应链中相互独立的上下游企业间基于相互信任和共同目标，共享资源、共担风险、共同获利的非正式长期协作关系。

供应链合作伙伴关系是一种战略合作关系，与企业经营成本、库存管理、业务经营模式息息相关，对合作企业管理制度的兼容性、一致性有直接影响。以良好的供应链合作伙伴关系为基础，企业可以有效提升财务管理、质量管理以及售后服务水平。建立供应链合作伙伴关系，可以为企业带来诸多好处，如提高新产品研发效率、提高市场经营信息共享效率、制定高效的投资策略等。

13.3.2　供应链合作伙伴关系的主要特点

供应链合作伙伴关系主要有以下特点：

（1）长期稳定性：供应链合作伙伴关系是全面持久的合作关系。

（2）信任性：相互信任、相互依赖、密切合作。

（3）双赢性：加快共同增长，从供应链中获取收益。

（4）互动性：客户与供应商都是积极主动的（如实行有效的信息共享、共同制订计划和寻求解决问题的途径）。

（5）集成性：伙伴方都致力于集成关键业务活动，拥有共同的目标和准则。

供应链合作伙伴关系更加强调直接的、长期的合作，强调共同努力实现共同计划和解决共存问题，强调相互之间的信任，与传统企业间关系模式具有显著差异，如表 13-1 所示。

表 13-1　供应链合作伙伴关系与传统供应商关系的区别

项　目	传统供应商关系	供应链合作伙伴关系
共享的内容	物流	物流、服务
供应商选择标准	强调价格	多标准考虑
稳定性	变化频繁	长期、稳定、紧密合作
合同性质	单一	开放合同（长期）
供应批量	小	大
供应商数量	大量	少而精，可以长期紧密合作
供应商规模	小	大
供应商定位	当地	国内和国外
信息交流	信息专有	信息共享
质量控制	输入检查控制	质量保证
选择范围	投标评估	广泛评估可增值的供应商

13.3.3　供应商合作的层级架构

企业与供应商合作的层级架构大致可以分为六个等级：清楚地掌握供应商的运营情况阶段、监督管理供应商阶段、化解竞争并加强合作阶段、发展匹配的技术能力阶段、选择性的信息共享阶段和共同提升阶段。在不同的阶段关注的重点不同，具体内容如图 13-3 所示。

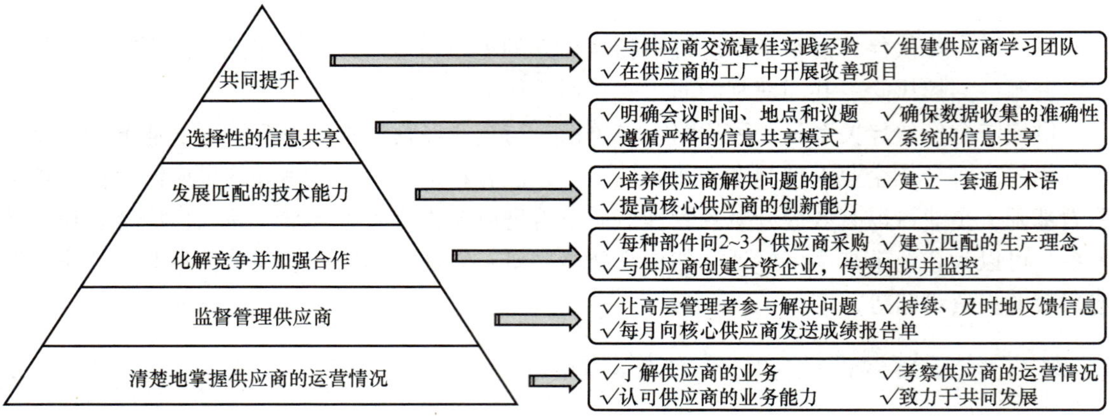

图 13-3　企业与供应商合作的层级架构

13.3.4　建立供应链合作伙伴关系的优势

（1）减少市场不确定性带来的风险。减少市场不确定性的关键在于获取正确的信息和有效的信息反馈。供应链节点企业间利用先进的信息技术（如 DEI、POS）进行信息的快速传递，增加相互之间的信任度，减少信息的失真与延迟，从而减少不确定性产生的风险。

（2）减少浪费。建立供应链合作伙伴关系可以减少生产流通领域的浪费。①拟订生产计划，从而有效地避免过量生产；②建立供应链合作伙伴关系可以增加生产的柔性、灵活性和敏捷性，减少产品的等待时间；③建立供应链合作伙伴关系可以合理配置节点企业间的物流资源，节点企业可以采用联合运输和联合库存的方式来减少运输和库存的浪费；④建立供应链合作伙伴关系可以增加企业间的信任度，减少企业间的产品检验成本。

（3）降低企业经营风险。建立供应链合作伙伴关系，企业可以将有限的人力、财力、物力集中在核心业务范围内，从而增强企业的核心竞争力，降低企业在非核心业务上的经营风险。

（4）缩短产品提前期。节点企业通过紧密的合作可以缩短产品的订单处理时间和物流运输时间；同时，随着节点企业对市场和产品的理解一致性程度的增加，产品的设计和生产时间也能有所缩短。

运营实践

惠普台式喷墨打印机的供应链

惠普的喷墨系列打印机自 1988 年上市以来，销售量稳步上升，1990 年销售量达到 60 万台。惠普台式喷墨打印机的供应链由供应商、制造商、配送中心、中间商和客户组成。

惠普需要从全世界范围的外部供应商处采购零部件，再将零部件运往温哥华分部进行生产制造。生产制造分为两个阶段：通用打印机生产和“本地化”生产。通用打印机生产是指生产出一台可工作的打印机并完成最终测试。“本地化”生产是指为满足当地语言和电力供应的要求，对在不同国家销售的打印机安装配备正确电压（110V 或 220V）和电源终端（插座）的电源供应模块；之后，再将已完成“本地化”工作的打印机通过海运方式分别送往在北美、欧洲和亚太地区的三个配送中心，再由中间商送到客户手中。从印刷电路板安装到总装的整个生产周期大约 1 周，从温哥华运送到美国的配送中心需要 1 天，而运送到亚洲和欧洲的配送中心则需要 4 ~ 5 周。

由于差异化的本地需求以及很长的运输提前期，预测的不确定性高，供需不匹配现象严重。20 世纪末，惠普配送中心的货架托盘上堆满了打印机，但欧洲分公司却要求进一步增加库存以保证各种产品的供货能力。为了满足差异化的本地需求、提高预测的准确度以及降低库存，惠普改变了喷墨打印机的供应链设计。在温哥华分部生产通用打印机后，直接将通用打印机运送到配送中心，在明确当地需求之后，再在配送中心进行“本地化”生产。虽然这一策略成功地解决了库存和服务水平的危机，但惠普也面临着重新设计产品和包装、改造配送中心、寻找本地供应商、人力资源等方面的挑战。

知识点复习

知　识　点	主 要 内 容
供应链	◆ 概念：供应链是产品在生产和运输过程中由供应商、生产商、零售商以及消费者组成的供需网络 ◆ 结构：一般由 3 个以上企业构成，上游为供应商以及供应商的供应商，中间是核心企业，下游包括分销商、零售商以及终端客户 ◆ 特征： （1）复杂性 （2）动态性 （3）不确定性
供应链管理	◆ 概念：从供应商的供应商到客户的客户，生产和交付最终产品所涉及的所有工作 ◆ 内容： （1）信息管理 （2）成本控制 （3）关系管理
牛鞭效应	◆ 概念：需求的方差从下游到上游逐级放大的这种现象，在图形上显示就像是一根甩起的赶牛鞭，故被形象地称为“牛鞭效应”（Bullwhip Effect） ◆ 危害： （1）各节点企业库存水平居高不下 （2）生产和市场脱节 （3）供应链节点企业之间会相互不信任 ◆ 成因： （1）需求信息扭曲 （2）批量订货 （3）价格波动 （4）限额配给与短缺博弈

（续）

知识点	主要内容
供应链 合作伙伴关系	◆ 概念：供应链中相互独立的上下游企业间基于相互信任和共同目标，共享资源、共担风险、共同获利的非正式长期协议关系 ◆ 特点： （1）长期稳定性 （2）信任性 （3）双赢性 （4）互动性 （5）集成性 ◆ 层级架构： （1）清楚地掌握供应商的运营情况阶段 （2）监督管理供应商阶段 （3）化解竞争并加强合作阶段 （4）发展匹配的技术能力阶段 （5）选择性的信息共享阶段 （6）共同提升阶段 ◆ 优势： （1）减少市场不确定性带来的风险 （2）减少浪费 （3）降低企业经营风险 （4）缩短产品提前期

习题

一、单项选择题

1. 下列哪项不是导致牛鞭效应的原因？（　　）

A. 需求信息扭曲　B. 批量订货　C. 价格波动

D. 维持高库存水平　E. 限额配给与短缺博弈

2. 供应链是交错链状的（　　）。

A. 闭环结构　B. 星状结构　C. 网络结构　D. 总线结构

二、多项选择题

1. 牛鞭效应会造成（　　）。

A. 库存水平居高不下　B. 价格波动

C. 供应链节点企业相互不信任　D. 生产和市场脱节

2. 供应链合作伙伴关系与传统供应商关系相比（　　）。

A. 信息共享程度更高　B. 合作更稳定　C. 更强调价格　D. 供应商数量更多

三、判断题

1. 20 世纪 80 年代，由于企业面临的市场环境转变为供应商主导的、动态的、复杂的，供应链管理的思想迅速兴起。（　　）

2. 供应链中需求的方差从上游到下游逐级放大的现象被称为牛鞭效应。（　　）

3. 实行有效的信息共享、缩短产品提前期、增大订货批量、保持价格相对稳定，可以在一定程度上减轻牛鞭效应。（　　）

4. 信息扭曲是导致牛鞭效应的根本原因。（　　）

四、解答题

1. 简述建立供应链合作伙伴关系的优势。
2. 分析导致牛鞭效应的原因以及相关解决办法。

参考文献

[1] LEE H L, PADMANABHAN V, WHANG S. Information distortion in a supply chain: the bullwhip effect [J]. Management Science, 1997, 43 (4): 546-558.

[2] CHATFIELD D C, KIM J G, HARRISON T P, et al. The bullwhip effect-impact of stochastic lead time, information quality, and information sharing: a simulation study [J]. Production and Operations Management, 2004, 13 (4): 340-353.

[3] KOUVELIS P, CHAMBERS C, WANG H. Supply chain management research and production and operations management: review, trends, and opportunities [J]. Production and Operations Management, 2006, 15 (3): 449-469.

[4] CACHON G P, RANDALL T, SCHMIDT G M. In search of the bullwhip effect [J]. Manufacturing & Service Operations Management, 2007, 9 (4): 457-479.

[5] SODHI M S, SON B, TANG C S. Researchers'perspectives on supply chain risk management [J]. Production and Operations Management, 2012, 21 (1): 1-13.

[6] SHAN J, YANG S, YANG S, et al. An empirical study of the bullwhip effect in China [J]. Production and Operations Management, 2014, 23 (4): 537-551.

[7] CHEN Y J, DENG M. Information sharing in a manufacturer-supplier relationship: suppliers' incentive and production efficiency [J]. Production and Operations Management, 2015, 24 (4): 619-633.

[8] 沈厚才，陶青，陈煜波．供应链管理理论与方法 [J]. 中国管理科学，2000 (1): 1-9.

[9] 傅烨，郑绍濂．供应链中的“牛鞭效应”：成因及对策分析 [J]. 管理工程学报，2002 (1): 82-83.

[10] 汤世强．供应链战略合作伙伴关系治理结构的研究 [D]. 上海：上海交通大学，2006.

[11] 李辉，李向阳，孙洁．供应链伙伴关系管理问题研究现状评述及分析 [J]. 管理工程学报，2008 (2): 148-151.

[12] 童利忠，谷春梅．供应链管理的5F研究模型 [J]. 管理世界，2013 (6): 184-185.

学习资源清单

第 14 章

精益管理

引例

Futura 工厂的精益生产模式

Futura 工厂总部位于美国犹他州，是邦内尔铝业的子公司。2015 年，在总裁布林赫斯特的领导下，工厂开始实施精益生产模式，以实现准时交货和提升产品质量。

Futura 工厂最初的改善活动主要是对小型弯曲部件的工作区域布局进行优化，其中包括增加两个新的 U 形工作单元，使得生产力提高了 24%，节省了 33% 的楼面面积，消除了在制品库存，并将操作团队规模从 11 个操作工减少到 6 个，将其余 5 个操作工转移到其他价值流中。在阳极氧化方面，工厂开展了 5S 简化、使用点存储（POUS）、标准化工作、看板和单元/流程改进等。Futura 为家具用品开发了影子板；增加了视觉控制和看板；实现了阳极氧化生产线部分半自动化，并且将视觉控制添加到整流器中（视觉控制表现在：绿灯表明整流器正在供电；循环接近完成时，有一个 2min 的警告，其间绿灯开始闪烁；循环结束时，指示灯停止闪烁，变为红色，蜂鸣器发出声音，通知操作员进行下一道工序）。

14.1 精益生产与 JIT

14.1.1 精益生产与 JIT 的起源

第二次工业革命后，机器全面普及使用，逐渐替代人力成为生产制造的主要方式，这大大促进了生产力的发展，提高了生产效率。在这种背景下，大量生产方式应运而生。大量生产方式是指大规模生产单一品种产品的生产方式，主要通过大规模生产单一品种产品实现规模经济，降低产品成本。然而，大量生产方式由于生产规模庞大、专业化分工、大量采用专用设备等，企业很难进行快速调整以适应变化的市场需求，因此，大量生产方式无法适用于多品种小批量的生产。

20 世纪 50 年代，第二次世界大战刚刚结束，日本经济萧条，生产效率低下。日本想要发展汽车产业，但又没有能力全面引进美国成套设备进行汽车生产。于是，日本丰田公司开始探索新的生产方式，该生产方式初期被称为大野式管理，在1962年被正式命名为丰田生产方式（Toyota Production System，TPS）。20世纪70年代以后，丰田生产方式在日本汽车企业中迅速普及，并表现出良好的优越性。此时，整个日本的汽车工业生产水平已经迈上了一个新台阶，在1980年以1100万辆的产量超过美国，成为世界汽车制造第一大国。之后，不仅在汽车行业，日本在家用电器、数控机床等领域的产量也超过了美国。1985年，美国麻省理工学院组织了由17个国家、150多名专家学者组成的团队，耗资500万美元，历时5年对14个国家的近90个汽车装配厂进行实地考察，查阅了数百份公开的简报和资料，对西方的大量生产方式与日本的丰田生产方式进行深入对比分析。最终，专家认为丰田汽车的管理模式是最适合现代制造企业的管理模式，并于1990年出版了《改变世界的机器》（*The Machine that Changed the World*）一书，第一次把丰田生产方式定名为精益生产（Lean Production，LP）。此后，精益生产方式被广泛应用于世界各地的各个行业。

丰田生产方式有效的最根本原因在于准时生产（Just in Time，JIT）和以全面质量管理为核心的管理技术。其根本思想是：要解决生产和库存过量问题，必须实行准时化生产，实施看板管理，使产品像水一样流动起来，简化生产过程，柔化生产线，减少在制品，实行一人多岗等。

14.1.2 精益生产与JIT的概念与内涵

1. 精益生产

精益生产模式理论的整体架构主要包含“一个目标”“两大支柱”“一大基础”。“一个目标”是指低成本、高效率、高质量地进行生产，最大限度地满足客户的要求。“两大支柱”：一个是准时生产（JIT），即在必需的时刻按照必需的数量生产必需的产品；另一个是自働化，也称为人员自觉化，意为赋予设备和人员识别异常的能力，在缺陷产品产生之前停止操作，旨在充分发挥人员和设备的配合性，自动、及时地发现并制止不良品的产生以及流入下一道生产工艺。“一大基础”是指持续改善。精益生产的结构体系可以用丰田屋来概括，如图14-1所示。

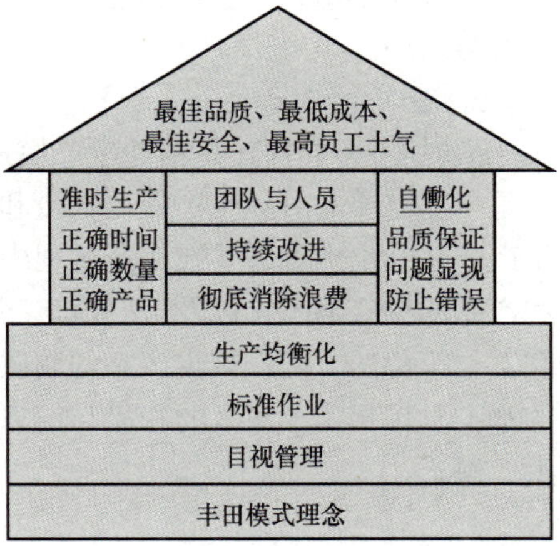

图14-1 丰田屋

屋顶是追求最佳品质、最低成本、最佳安全、最高员工士气等目标；房屋的两大支柱是准时生产和自働化；房屋的里面是团队与人员、持续改进以及彻底消除浪费；房屋的基础是丰田模式理念、目视管理、标准作业和生产均衡化等。精益生产要求充分发挥人的主观能动性，通过持续改善，采用自働化和准时生产等方法消除制造中的各种浪费，降低成本，实现利润最大化。

消除浪费是精益生产模式的核心思想之一。生产浪费包括生产现场的浪费和生产过剩的浪费。生产现场的浪费是指超出需求量的人员、设备、库存，从而导致的不必要的生产费用，这些浪费甚至会衍生出其他费用，造成二次浪费。生产过剩的浪费是指为了维持过剩的库存而导致的人力、物力、财力上的损耗。丰田公司总结出生产现场常见的七大浪费，如表14-1所示。

表 14-1　常见的七大浪费

浪费类型	主要内容	解决方法
过剩浪费	制造过剩、过早而产生的库存（最大浪费）	拉动式生产、看板管理等
库存浪费	原材料库存、产成品库存、在制品库存	与供应商协定、看板管理等
加工浪费	超过需要的工作（生产精度过高但不必要）	追求最合适而不是最好
搬运浪费	生产现场布局不合理，导致多余搬运走动	U 形生产线、流水线等
动作浪费	不创造价值、无效率的动作、不合理的操作	人体工学设计、制作工装等
等待浪费	人员、物料以及设备的等待	拉动式生产等
不良品浪费	返工损失、废品损失	全面质量管理等

除了以上七大浪费外，丰田公司后来又提出了第八大浪费，即未能发挥员工积极性导致的浪费。人是企业中最主要、最活跃的要素，员工的积极性与效率不高，再好的生产要素也无法创造出价值。

以人为本也是精益生产模式的核心思想之一。精益生产倡导的是全员参与，从集团领导到基层员工都要贯彻执行精益生产方式的思想和理念，调动每个参与者的积极性、创造性和荣誉感。例如，天津一汽丰田要求每个员工入职以后先进行 1 ~ 2 周的封闭培训，一方面学习丰田的精益生产方式，另一方面改变一个人的习惯，强调放弃以前的经验和认识，从头开始全面接受丰田式的管理思想。只有参与者相信精益的理论和工具，才能够全心投入到应用和改善之中。

2. 准时生产（JIT）

准时生产（JIT）是精益生产模式的主要表现形式，也是精益生产模式的支撑。准时生产是指在需要的时间生产需要数量和质量的产品。实际生产中，JIT 模式主张根据实际需要生产产品，生产者需要在生产过程中对存在的质量缺陷环节进行及时改进，明确每一道工序和产品的供应情况，以及下一道工序需要的产品品类和生产时间，以此降低产品的库存水平和工位等待的时间，减少产品的调试时间，从而缩短整个产品的生产周期。JIT 与传统生产的基本思想相反，两者的物流与信息流呈相反方向运动。JIT 是由顾客需求为主导的拉动式生产模式。

14.2　JIT 的关键要素

14.2.1　JIT 布置

JIT 布置是指为了推行 JIT 而对生产车间重新整理布置。其目的是减少移动带来的浪费，其基本原理是将物料直接移动到所需要的地方。建立 U 形工作单元是实施 JIT 布置的一个重要内容，如图 14-2 所示。

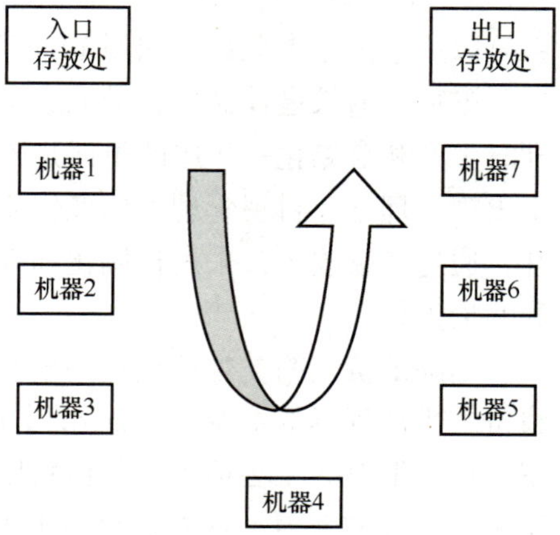

图 14-2　U 形工作单元

在 U 形工作单元内，工人随零件移动，零件从加工到完成始终由一位工人操作，所以 U 形工作单元内的工人需要经过多技能培训。另外，U 形工作单元具有很大的柔性，可以通过调整单元内的工人数量来调整单元的生产率。

14.2.2 降低调整准备时间

降低机器设备的调整准备时间也是 JIT 的一个重要内容。通常可以采用以下方法来降低调整准备时间：

（1）尽可能在机器运行时进行调整准备。

（2）尽可能缩短停机时的准备时间。

（3）缩短物料的移动距离，提升搬运效率。

（4）进行员工培训，标准化员工工作流程。

（5）对工具设备、操作系统等进行改进。

14.2.3 JIT 调度

看板是实现 JIT 调度的基本工具。看板是传递信号的工具，通过卡片、揭示牌、某种“板”等手段来进行信号的传递。常用的传递方式有告示板、记号灯、储物标签等。看板是整个工作流程中的指令，将传统生产过程中的送货方式转换为取货的方式。看板及其使用规则构成了看板系统。

1. 看板系统的原理

看板系统是实现准时生产的重要方法和途径。看板系统将传统的推动式生产转化为拉动式生产。在生产时，下一道工序需要多少物料、什么时候需要，都按照上一道工序的要求，有需要时才向上一道工序去取货，不会有积压的物料或零部件。在整个看板系统中，用户是拉动式生产的源头。

为方便所有人能够快速地掌握需要的信息和管理现状，看板系统通过各种形式（如图表、电子屏、标语等）把各种与生产相关的信息显示出来。看板系统的常用方式如表 14-2 所示。

表 14-2 看板系统的常用方式

种类	具体内容
限度样品	样品不符合规格基本要求时，及时将信息公示给员工
警告灯	对生产中某个环节出现的问题给予相关提示
红色标签	在物品上贴上红色标签，表示该物品在平时使用的频率较低
看板	看板上给出如生产时间段、产品信息、零部件信息、负责人信息、存放位置、生产办法、生产线信息等

一般来说，看板可以分为在制品看板、取货看板和临时看板三种。在制品看板又称为生产看板，用以指示某工序加工制造规定数量的产品；取货看板指示后道工序的使用者按看板上所列数量、品名等信息，到前道工序去取零部件；临时看板主要用于指导设备维修或保养等临时任务。

2. 运用看板系统的规则

运用看板系统需要掌握以下规则：

（1）不把不良品交给后道工序。

（2）看板要由后道工序向前道工序领取。

（3）前道工序根据后道工序的需求进行生产。

（4）确保生产均衡。

3. 看板拉动操作的基本逻辑

每箱零件放有一张纸质看板卡，该看板卡上印有条码，条码内容为看板卡号、零件数量、零件类型等信息。装配工在取用零件时，取出看板卡，放到看板收集箱中，表示该箱零件已经开始使用。收卡员定期收集看板卡，对看板卡进行分线路整理归类并扫描看板卡，经过系统处理后，发布物料拉动单，库房备料工按照物料拉动单上的信息进行备料，生产线旁的配送工把备好的物料送至生产线旁并投放看板卡，依此过程循环，保证物料拉动的连续衔接运行。看板拉动操作运行逻辑如图 14-3 所示。

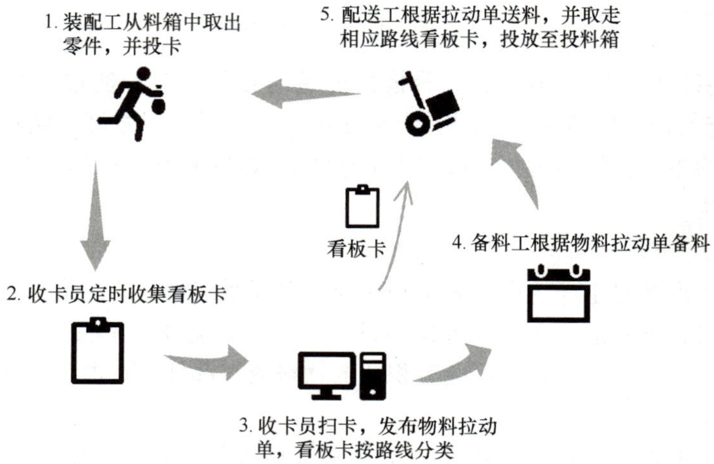

图 14-3　看板拉动操作运行逻辑

14.2.4　JIT 供应商管理与精益供应链管理

1. JIT 供应商管理

根据精益生产对 JIT 的要求，供应商管理的重点应该放在提高与供应商合作的深度上。在与供应商深度合作的条件下，企业需要利用信息化手段实现生产订单驱动采购的执行。这样的采购模式可以消除库存浪费，加快企业响应速度，保证产品质量，降低企业运营成本。

实现 JIT 供应商管理模式，需要满足以下几个方面的要求：

（1）有效的看板系统。看板系统是驱动拉动式生产的一个重要工具。整个拉动链条中，供应商处于最末端，也是唯一的外部单位。当生产现场对某项物料产生需求时，需要迅速、准确地将采购看板信息传递到供应商处。

（2）紧密的合作关系。JIT 下的供应商合作，双方应当尽可能弱化“外部”这个概念，供应商要尽量将企业的生产与自身的生产链条一体化。

（3）有效的采购过程控制。从采购订单发出到收到货物，中间需要有效的沟通来辅助订单顺利完成。从订单确认、交货期确认、发货确认到收货检验，都需要信息透明化。

2. 精益供应链管理

精益供应链管理（Lean Supply Chains Management，LSCM）是指对整个供应链的环节进行优化和改造，剔除其中一切不必要的耽搁、等待以及步骤，最大限度地减少成本，最大限度地满足客户需求。单一企业可以在内部实施精益生产，但要进行精益供应链管理，则必须上下游企业共同参与合作才能达成。

精益供应链管理的特征包括：

（1）对象明确。精益供应链管理模式面向的对象是订单，以订单为驱动，实现一系列的供应流、生产流及分销流。

（2）采购与供销一体化。精益供应链管理必须是JIT采购法与JIT生产相匹配的方式来运作。如果缺少JIT，整个供应链就达不到“三流统一”的精细运作。

（3）基于互联网/EDI（电子数据交换）的电子业务模式。互联网及EDI等技术的日益成熟，使企业的供销业务越来越迅速便捷。

（4）动态联盟的组织形式。动态联盟的组织形式能通过优化成本结构以及减少虚拟结构的冗余来实现低成本，从而增加企业收益。

（5）开放式的企业信息系统。在集成化供应链模式中，供应商、生产商及分销商之间应做到信息共享，使整个供应链系统实现同步化、并行化。

运营实践

海尔的JIT策略

海尔实现JIT策略依赖企业的ERP系统，整个生产过程由市场需求拉动生产计划，再由生产计划拉动原材料采购，要求供应商直接将原材料送至工位，生产流程环环相扣。

在生产时，海尔采用电子看板下达工作指令，完成物料拉动，并由模块化物料清单集成化进行质量控制。这一系列操作保障了海尔的工位库存材料不会超过4h。

在配送时，海尔使用了标准化、单元化和集装化技术，机械化和自动化搬运工具，以及条码识别和无线通信技术，利用集团的配送资源，同国家邮政局和中远集团以及欧洲的专业物流公司合作，完成运输配送环节。目前，海尔在国内的可调配车辆已达1 600辆以上（其中海尔拥有200辆）。公司在全国还建立了12个配送中心，每天按照订单向1 550个专卖店和9 000多个网点配送100余个品种、5万多台产品，形成了完善的成品分拨物流体系、备件配送体系与返回物流体系，为JIT配送提供设施基础，且实现了中心城市8h配送到位，区域内24h配送到位，全国范围平均4.5天内配送到位的JIT配送目标。

知识点复习

知 识 点	主 要 内 容
精益生产	◆ 丰田屋： （1）“一个目标”：低成本、高效率、高质量地进行生产 （2）“两大支柱”：准时生产（JIT）和自働化 （3）“一大基础”：持续改善 ◆ 核心思想： （1）消除浪费（过剩浪费、库存浪费、加工浪费、搬运浪费、动作浪费、等待浪费、不良品浪费） （2）以人为本

（续）

知识点	主要内容
JIT	◆ 概念：在需要的时间生产需要数量和质量的产品 ◆ JIT 布置：U 形工作单元 ◆ 降低调整准备时间： （1）尽可能在机器运行时就进行调整准备 （2）尽可能缩短停机时的准备时间 （3）缩短物料的移动距离，提升搬运效率 （4）进行人员培训，标准化人员工作流程 （5）对工具设备、操作系统等进行改进 ◆ JIT 调度：看板是实现 JIT 调度的基本工具 运用看板系统需要掌握以下规则： （1）不把不良品交给后道工序 （2）看板要由后道工序向前道工序领取 （3）前道工序根据后道工序的需求进行生产 （4）确保生产均衡 ◆ JIT 供应商管理： （1）有效的看板系统 （2）紧密的合作关系 （3）有效的采购过程控制 ◆ 精益供应链管理：对整个供应链的环节进行优化和改造，剔除其中一切不必要的耽搁、等待以及步骤，最大限度地减少成本，最大限度地满足客户的需求 ◆ 精益供应链管理的特征： （1）对象明确 （2）采购与供销一体化 （3）基于互联网/EDI（电子数据交换）的电子业务模式 （4）动态联盟的组织形式 （5）开放式的企业信息系统

习题

一、单项选择题

1. 精益生产模式的两大支柱是（　　）。

A. 准时生产和 5S　　B. 消除浪费和准时生产

C. 准时生产和自働化　　D. 标准化和准时化

2. 下列不属于精益生产特征的是（　　）。

A. 拉动式生产　　B. 推动式生产

C. 实现准时生产　　D. 最大限度地减少库存

3. 下列哪种方法不能降低调整准备时间？（　　）

A. 尽可能在停机时进行调整准备　　B. 尽可能缩短停机准备时间

C. 尽可能缩短物料的移动距离　　D. 进行员工培训

二、判断题

1. 在思想观念上改变是推行精益生产方式的难点。（　　）

2. 在精益生产方式下，用推动式管理替代拉动式管理。（　　）

3. 以人为本、消除浪费是精益生产的核心思想。（　　）

4. 建立U形工作单元是实施JIT布置的一个重要内容。(　　)
5. 在看板系统中，用户是推动式生产的源头。(　　)
6. 运用看板时，后道工序根据前道工序的需求进行生产。(　　)

三、解答题

1. 简述七大浪费的主要内容以及解决方法。
2. 简述看板拉动操作的基本逻辑。
3. 简述采用JIT供应商管理时需要满足的要求。

参考文献

[1] SHAH R, WARD P T. Lean manufacturing: context, practice bundles, and performance [J]. Journal of Operations Management, 2003, 21 (2): 129-149.

[2] HOPP W J, SPEARMAN M L. To pull or not to pull: what is the question? [J]. Manufacturing & Service Operations Management, 2004, 6 (2): 133-148.

[3] DIAZ R, ARDALAN A. An analysis of dual-kanban just-in-time systems in a non-repetitive environment [J]. Production and Operations Management, 2010, 19 (2): 233-245.

[4] STAATS B R, BRUNNER D J, UPTON D M. Lean principles, learning, and knowledge work: evidence from a software services provider [J]. Journal of Operations Management, 2011, 29 (5): 376-390.

[5] ARDALAN A, DIAZ R. NERJIT: Using net requirement data in kanban-controlled jumbled-flow shops [J]. Production and Operations Management, 2012, 21 (3): 606-618.

[6] NETLAND T H, SCHLOETZER J D, FERDOWS K. Implementing corporate lean programs: the effect of management control practices [J]. Journal of Operations Management, 2015, 36: 90-102.

[7] NETLAND T H, FERDOWS K. The s-curve effect of lean implementation [J]. Production and Operations Management, 2016, 25 (6): 1106-1120.

[8] 徐学军，顾培亮. 生产和库存管理技术：MRP、JIT、TOC的比较研究 [J]. 决策与决策支持系统，1995 (2): 69-77.

[9] 叶飞帆，华尔天. 精益企业理念与精益生产实现模式研究 [J]. 管理工程学报，1998 (2): 27-31.

[10] 谌述勇，陈荣秋. 论JIT环境下制造商和供应商之间的关系：中国汽车工业中的JIT采购与供应 [J]. 管理工程学报，1998 (3): 48-54.

[11] 龚其国，赵晓波，王永县. JIT生产控制策略的研究现状与进展 [J]. 系统工程学报，2001 (6): 456-464.

[12] 荆全忠，魏振宽. JIT：人力资源开发的新思维 [J]. 管理世界，2002 (8): 145-146.

学习资源清单

第 15 章

服务运营管理

引例

以服务出名的海底捞

海底捞是一个快速增长的中式餐饮品牌。2015—2018 年，海底捞的年收入在国内中式餐饮市场均排名第一。海底捞始终秉持“服务至上、顾客至上”的理念，周到的服务贯穿于从进门、等位、就餐到离开整个环节。

当顾客进门时，服务人员就会热情地为其引路，安排好座位。如果人太多需要等位，等位区为顾客提供了舒适的沙发和座椅，服务人员还会端上免费的水果、饮料和小吃，送上飞行棋、扑克之类的桌面游戏，此外，顾客甚至还可以享受美甲、擦鞋、免费替换丝袜、游戏代打等服务。顾客准备就餐时，服务员会送上围裙，帮忙把外套挂起来；为长发的顾客递上发夹、皮筋；为戴眼镜的顾客提供眼镜布；为过生日的顾客提供一些小礼物；为单独吃饭的顾客准备玩偶陪吃；每隔 15min，会更换顾客面前用来擦手的热毛巾；如果有小孩、老人，会帮忙照顾小孩，为老人提供符合他们口味的食物。在用餐结束后，服务人员会立马送上口香糖，打包一份顾客特别喜欢的食物。离开的时候，服务人员会一路送顾客到电梯口并微笑告别。

无处不在的细节服务已经成为海底捞最大的特色，使其成为同行争先模仿的对象。

15.1 服务运营管理概述

服务运营是将投入的人力、物料、设施、资金、信息、技术等要素转换为无形服务产出的过程。服务运营管理（Service Operations Management）包括对服务运营及其运营系统进行设计、计划、组织和控制等一系列管理活动。

15.1.1 服务运营的特性

1. 无形性

服务最基本的特性是无形性，这是服务与有形产品最基本的区别，也是服务在顾客消费之前难以被感知及评价的原因。因此，将无形服务进行有形化展示是服务运营的重要环节。例如，酒店行业可以通过酒店大堂或房间的设计对服务进行有形化展示。

2. 生产和消费同时发生

与有形产品先生产再消费不同，服务的产销过程往往是同时发生的，是顾客和服务提供者互动的过程。例如，关于理发服务的提供，如果没有顾客，理发师就不可能提供服务。

3. 顾客参与服务过程

对顾客来说，服务是一种发生在服务设施环境中的体验。在提供服务时，顾客参与服务过程十分重要。管理咨询、个人培训、医院诊疗等都需要顾客高度参与整个服务过程。顾客的参与增加了服务过程的不确定性。

4. 异质性

异质性是由于服务提供地点、服务提供时间以及服务提供者等差异导致的。员工和顾客之间的互动作用以及伴随这一过程的所有变化因素，导致服务组织难以提供强一致性和强可靠性的服务。例如，同一门课程由不同教师教学，其讲授呈现可能完全不同。由于异质性的存在，服务业的质量管理通常难于制造业。

5. 易逝性

不同于有形产品，服务是不可储存的。这不仅取决于服务的无形性，也取决于服务的生产和消费同时发生。服务一旦被生产出来，就要被消费；如果没有及时消费，则将不能再被使用。例如，如果酒店今天有未售出的房间，那么这些房间便失去了价值，不能把这些未售出的房间留到明天售卖。

15.1.2　服务包

服务包是指在某种环境下提供的一系列产品和服务的组合，包括支持性设施、显性服务、隐性服务、辅助物品以及信息，如图 15-1 所示。

其中，显性服务是指可以用感官及时感受、察觉到的收益，是服务的核心内在特征，如收货速度、服务专业性、产品信息等；隐性服务是指顾客能模糊感知到的心理收益，是服务的非本质特性或外在特征，如网站界面、网站速度、图文一致性、服务态度等；支持性设施是指在提供服务前必须到位的物质资源，如办公场所、运输车辆、仓储中心及设备等；辅助物品是指顾客消费和购买的物质产品，如包装、计算机耗材、办公用品等；信息包括顾客的运营数据或信息，如浏览痕迹、购买频率、交易信息等。

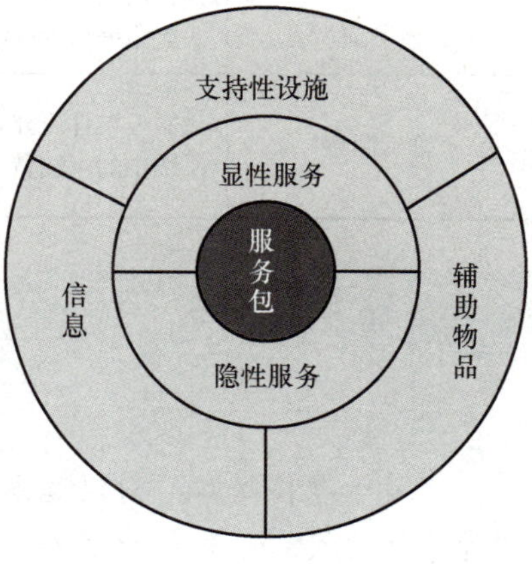

图 15-1　服务包

15.2　服务设计

服务设计的实质是设计一种有效的模式，用于组织和规划服务系统中的人、基础设施、沟通交流以及有形物质的各组成部分。

针对服务设计要解决的不同问题，可以采用不同的服务设计方法。常见的服务设计方法如表 15-1 所示。

表 15-1 常用的服务设计方法

名称	内容	目标
头脑风暴法	参与者针对某一话题，在科学引导下，提出想法、问题和改进意见。设计师、企业管理者、用户等都可以使用头脑风暴法进行服务设计。参与者需要使用白板和便利贴随时记录内容	提出设计想法或找出设计环节中的漏洞
服务蓝图	结合用户和服务提供者的观点，包括各有关环节的模型架构、各角色沟通交流的方式等，制作视觉图像，呈现服务流程	详细地展现服务设计的细节，以便设计师和服务提供者等更好地实现和维护服务
创建用户档案	以简洁、直观的方式总结出某个被设计师所熟知的人物的服务体验和主要特点，类似人物画像，用于用户研究。设计团队针对服务参与者，创造出某些共性结论或知识	帮助设计者以及利益相关者在设计项目中更好地调整创新方式
人种志	“人种志”是研究人群及其所产生文化的系统类方法，用于探究某一群体背后的文化现象，又称群体文化学、民族志学。在服务设计中，人种志方法通过再现服务流程中的关键“接触点”，模拟出有关一个具象产品、一个空间或一个系统的服务经验	帮助设计师更清晰地洞察用户的心理活动和文化诉求
用户流程图绘制	将用户在一定时间和空间内对服务的完整体验，以及服务需要完成的目标进行清晰的可视化再现。用户和服务接触产生的关键“接触点”构成了一个完整的服务流程	帮助设计师分析哪些时刻（神奇时刻）服务在为用户起作用，以及哪些部分（痛点）需要继续改进
利益相关者地图绘制	服务设计中大致包括企业经理、员工、用户、企业合作伙伴以及其他隐性利益相关者，将这些不同群体之间的相互作用绘制成可视化的图表，并加以分析，得到从利益相关者角度出发的相关结论	帮助服务设计者提取具体的需求和痛点
幕后洞察	服务设计研究者将自己投入到用户的行为里，成为服务系统中的一线员工，或在幕后洞察用户的行为和体验过程	使设计者直接看到问题发生的时刻，避免间接了解用户而得到的不实信息

运营实践

看得见的“干净”

“爱干净住汉庭”对汉庭酒店来说，不仅是对消费者的承诺，更是一种战略和行动。“爱干净住汉庭”这一承诺不仅被高挂于酒店外的顶招上，在店内的各种设施，包括入口玻璃门、大堂的形象墙、楼层海报、电梯内的电子屏上，也随处可见汉庭酒店的干净承诺牌。每一间客房的床头都摆放着一张小小的卡片，上面写着：

15min 臭氧 + 紫外线双重消毒 = 可安心使用的水杯。

5 道专业洗涤工序 + 165℃高温熨烫烘干 = 干净亲肤的床品和毛巾。

100℃沸水高温消毒 = 可直接使用的水壶。

美国进口艺康清洁剂消毒 + 99.9% 有效除菌 = 可坐下来放心使用的马桶。

清洁员每次在打扫完房间之后，都会在这张卡片底部签上自己的姓名和清洁日期，承诺房间的清洁工作严格按照上述标准完成。这一张小小的卡片成功地通过具象化的“数字”和“签名”，将无形的“干净”有形地展示出来。

15.3　服务质量管理

1982 年，芬兰营销学家克里斯廷·格罗鲁斯（Christian Gronroos）提出了顾客感知服务质量的概念，其逻辑框架如图 15-2 所示。

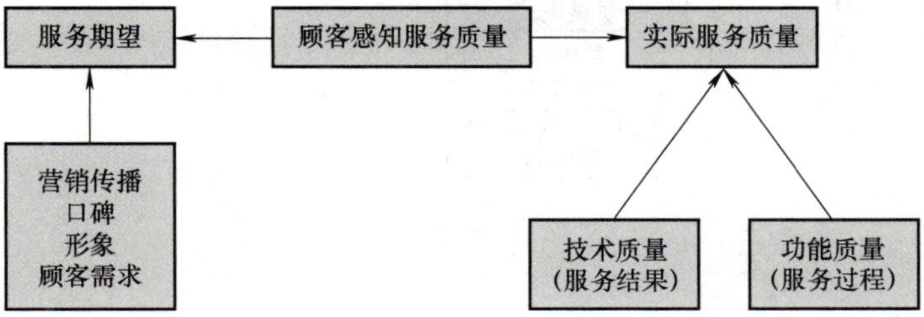

图 15-2　顾客感知服务质量逻辑框架

顾客感知服务质量由顾客对服务质量的期望与实际服务质量之间的差值决定。如果实际服务质量大于服务期望，则顾客的感知服务质量即是满意的；反之，则是不满意的。服务期望还受到营销传播、口碑、形象、顾客需求的影响。实际服务质量主要包括功能质量和技术质量，功能质量主要从服务过程中体现，技术质量主要从服务结果中体现。

对企业而言，良好的服务质量有助于增加企业利润，提升企业形象和口碑，帮助企业留住现有顾客并吸引更多更优质的顾客等。

15.3.1　服务质量差距模型

1985 年，美国服务营销学者帕拉休拉曼（A. Parasuraman）、赞瑟姆（V. A. Zeithamal）以及贝利（L. L. Berry）等人提出服务质量差距模型，如图 15-3 所示。

服务质量差距是服务提供过程中所产生的偏差，包括市场调查差距、设计差距、一致性差距、沟通差距和顾客满意差距。市场调查差距即顾客对服务的期望与管理者对顾客期望的理解之间的差距；设计差距即管理者对顾客期望的理解与制定感知转换服务质量规范之间的差别；一致性差距即服务质量规范与企业员工实际进行事前和事后服务传递之间的差距；沟通差距即企业实际传递的服务与其宣传的服务或与顾客的沟通之间的差距；顾客满意差距即顾客服务期望与服务感知之间的差距。以上五种差距中，顾客满意差距是服务质量差距模型的核心部分，市场调查差距、设计差距、一致性差距、沟通差距是造成顾客满意差距的原因所在。服务质量差距模型分为上、下两部分，上半部分与顾客相关，下半部分与服务提供者相关。

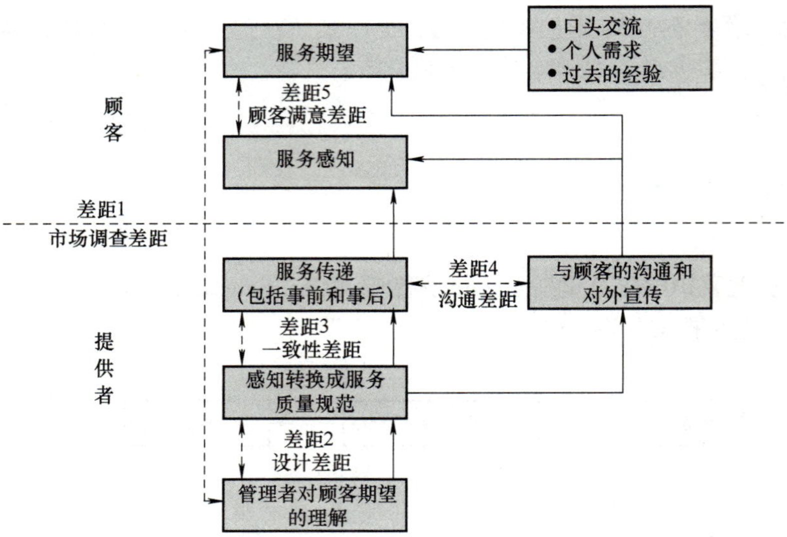

图 15-3　服务质量差距模型

15.3.2　SERVQUAL 模型

SERVQUAL 是“Service Quality”（服务质量）的缩写，1988 年由美国市场营销学家帕拉休拉曼、赞瑟姆和贝利在《SERVQUAL：一种多变量的顾客感知的服务质量度量方法》一文中提出。服务质量的高低取决于顾客实际感知服务质量水平是否超过顾客的期望值。服务质量分数 = 顾客实际感受值 - 顾客期望值。当顾客实际感受值大于期望值时，顾客比较满意；当顾客实际感受值等于期望值时，顾客认为服务质量可以接受；当顾客实际感受值小于期望值时，顾客认为服务质量较低，顾客对服务质量不满意。

SERVQUAL 模型将服务质量划分为五个维度，即可靠性（Reliability）、响应性（Responsiveness）、保证性（Assurance）、移情性（Empathy）和有形性（Tangibles），如图 15-4 所示；每一维度又包含若干个问题，共计 22 个问题，让被调查者从五个维度对每个项目的期望值 E 和实际感受值 P 进行评分，最后通过综合计算得出服务质量的分数。

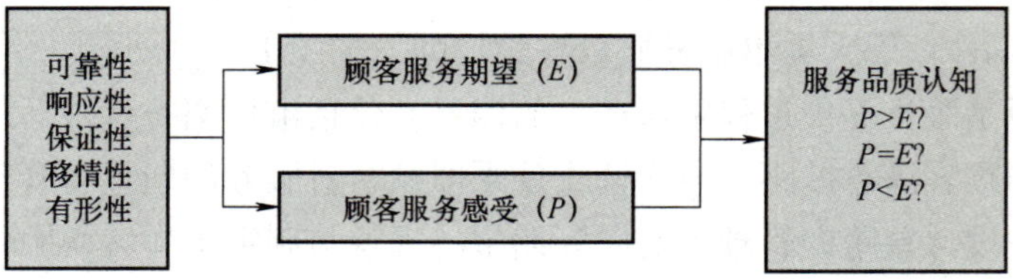

图 15-4　SERVQUAL 模型

服务质量的计算公式为

$$SQ = \frac{\sum_{i=1}^{N}(\overline{P}_i - \overline{E}_i)}{N} \tag{15-1}$$

式中，SQ 代表总服务质量；$\overline{P}_i$代表第 i 个项目的顾客感知服务质量均值；$\overline{E}_i$代表第 i 个项目的顾客期望服务质量均值；N 为项目个数。

某公司的 SERVQUAL 量表如表 15-2 所示。

表 15-2　SERVQUAL 量表示例

维　度	序号	项　目	期望值（E）					感知值（F）				
			1	2	3	4	5	1	2	3	4	5
可靠性（Reliability）	1	公司在某时承诺做某事后，确实这样做了										
	2	当顾客遇到问题时，公司忠诚地为顾客解决问题										
	3	公司正确记录相关事情										
	4	公司在其承诺的时间提供服务										
	5	公司执行服务一次成功										
响应性（Responsiveness）	6	公司的员工总能通知顾客什么时候能够进行服务										
	7	公司的员工给予顾客快速的服务										
	8	公司的员工总是乐于帮助顾客										
	9	公司的员工从未因太忙而不能对顾客的要求做出反应										
保证性（Assurance）	10	公司员工的行为使顾客满怀信心										
	11	顾客对公司的交易感到安全										
	12	公司的员工对顾客一直礼貌相待										
	13	公司的员工具有回答顾客问题的知识										
移情性（Empathy）	14	公司给予顾客个别关照										
	15	公司的员工给予顾客个别关照										
	16	公司时刻牢记顾客的利益										
	17	公司的员工理解顾客的特殊需求										
	18	公司向顾客提供弹性的运营时间										
有形性（Tangibles）	19	公司拥有现代化设备										
	20	公司的有形设施实际上很有吸引力										
	21	公司的员工看起来很整洁										
	22	公司与服务有关的材料（如手册或声明）很有吸引力										

15.4　服务流程分析

服务蓝图是服务流程分析的常用工具。服务蓝图由三条线和整体服务分解而来的四部分组成：三条线包括外部互动作用线、可视性线以及内部互动作用线，四个组成部分包括服务流程中的四种行为，分别是顾客行为、前台接触员工行为、后台接触员工行为以及支持过程，如图 15-5 所示。某酒店的服务蓝图如图 15-6 所示。

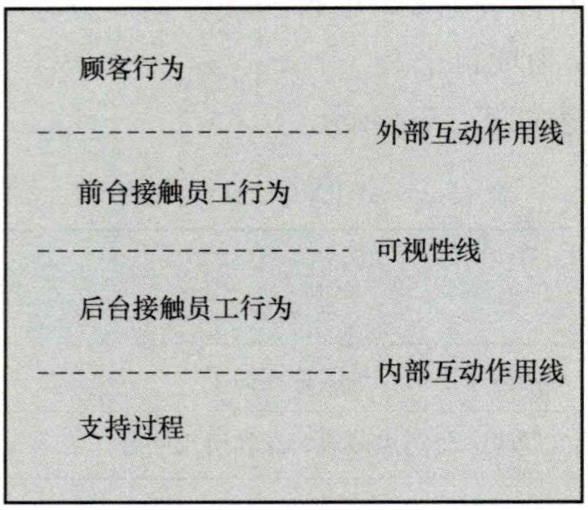

图 15-5　服务蓝图的组成

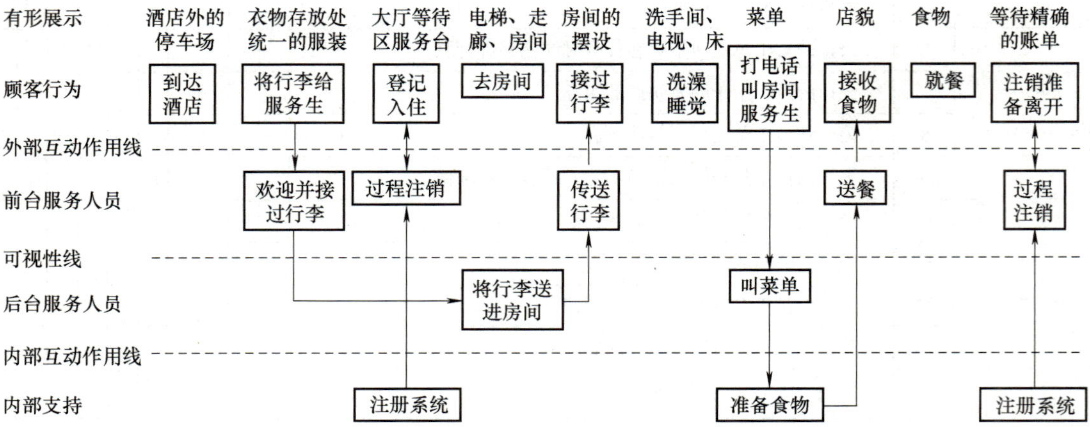

图 15-6　某酒店的服务蓝图

15.5　收益管理

15.5.1　收益管理的概念

收益管理（Revenue Management）是以企业收益最大化为目标，融合供求管理理论、决策论、经济学、运筹学、计算机信息技术和市场营销学等多种理论的经营管理方法。收益管理最早出现在 20 世纪 70 年代的航空业中，随着其理论的发展，收益管理逐渐被应用到其他行业（如酒店、汽车租赁服务行业等），成为提高企业管理效率、增加收入的重要手段。

15.5.2　收益管理的起源与发展

20 世纪 70 年代，美国为了使航空业能够不受束缚地蓬勃发展，取消了对机票价格的管制。由于行业束缚的减少，航空业涌入了大量民间资本，于是在这个时间点出现了美国第一家航空创业公司——美国人民捷运航空公司（People Express）。该公司一经面世就推出了远低于市场平均价的低价机票，吸引了大量学生和低收入家庭等对价格比较敏感的乘客，使该公司的市场份额迅速扩大，对其他航空公司造成了巨大压力。美利坚航空公司（American Airlines）迅速做出了应对，先是对在不同订票时间预订的机票采用差别定价策略，然后对乘客群体进行细分，将乘客划分为时间敏感型乘客和价格敏感型乘客，实现了差别定价和席位预定管理。由此，美利坚航空公司的市场份额迅速回暖，而人民捷运航空公司很快就失去了抵抗能力，最终低价被其他航空公司收购。

这场航空界的大战拉开了收益管理的应用与研究的热潮，美利坚航空公司的事件强烈刺激了当时其他美国航空公司，它们纷纷开始研发自己的收益管理系统。随之而来的热潮波及欧洲、亚洲的航空公司以及酒店、汽车租赁等行业。

15.5.3　收益管理的内容

收益管理包括战略、战术和预订控制三大层面（见表 15-3）。收益管理的战略层面对市场中顾客和与之相对应的产品进行统计分析，细分市场，针对不同价格敏感度的顾客制定不同的销售策略并结合市场实施运作，通常每半年或一个季度调整一次；战术层面确认每个子市场应该配置的产品数量，并及时更新预订限额，以铁路运输行业为例，就是每天更新不同席位的可预订数量；预订控制层面则要实时判断是否接受当前顾客的预订请求。

表 15-3　收益管理的三大层次

层　次	内　容	频　率
战略	市场细分、差别定价	季度或半年
战术	计算和更新预订限额	天或周
预订控制	决定接受和拒绝预订	实时

15.5.4　收益管理的适用条件

收益管理适用于具有如下特点的行业：

（1）产品库存固定且易逝。由于服务产品具有不可储存性，无法通过储存缓解供需矛盾。在生命周期内无法出售的产品会直接损失其价值，同时这部分产品本应获得的收益也会损失。以航空业为例，每个航班的座位数是固定且有限的，飞机起飞后，空闲座位将无法售出，这部分收入也将失去。

（2）根据顾客对价格的敏感程度不同细分市场，划分价格等级。根据顾客对价格的敏感度细分市场，针对不同子市场制定不同的价格策略和营销手段。价格敏感度是差别定价的依据。

（3）顾客提前预订产品或服务，且对价格不敏感的顾客预订时间较晚，即高价顾客比低价顾客更晚预订。

（4）销售商可随时改变价格等级的可获得性。销售商根据资源能力和需求预测，对不同的价格等级划分相应的预订限额，并根据需求更新优化和分配未被预订的能力。

（5）产品的固定成本较高，可变成本较低。在一定范围内，增加产品的销售量基本不会改变成本支出，这给了企业很大的空间对价格进行操作。例如，铁路行业固定成本很高，但一列客车多携带一个旅客增加的可变成本很低。

知识点复习

知 识 点	主 要 内 容
服务运营管理	◆ 服务运营的概念：将投入的人力、物料、设施、资金、信息、技术等要素转换为无形服务产出的过程 ◆ 服务运营管理的概念：包括对服务运营及其运营系统进行设计、计划、组织和控制等一系列管理活动 ◆ 服务运营的特性：无形性、生产和消费同时发生、顾客参与服务过程、异质性、易逝性 ◆ 服务包： （1）概念：在某种环境下提供的一系列产品和服务的组合 （2）组成：支持性设施、显性服务、隐性服务、辅助物品以及信息
服务设计	◆ 常用的服务设计方法：头脑风暴法、服务蓝图、创建用户档案、人种志、用户流程图绘制、利益相关者地图绘制、幕后洞察等
服务质量管理	◆ 顾客感知服务质量：由顾客对服务质量的期望与实际服务质量之间的差值决定 ◆ 服务质量差距模型：服务提供过程中所产生的偏差，包括市场调查差距、设计差距、一致性差距、沟通差距和顾客满意差距 ◆ SERVQUAL 模型： （1）服务质量分数 = 顾客实际感受值 − 顾客期望值 当顾客实际感受值大于期望值时，顾客比较满意；当顾客实际感受值等于期望值时，顾客认为服务质量可以接受；当顾客实际感受值小于期望值时，顾客认为服务质量较低，顾客对服务质量不满意 （2）五个维度：可靠性、响应性、保证性、移情性和有形性 （3）服务质量的计算公式为 $\mathrm{SQ} = \left[\sum_{i=1}^{N}(\bar{P}_i - \bar{E}_i)\right] / N$
服务流程分析	◆ 服务蓝图： （1）三条线：外部互动作用线、可视性线以及内部互动作用线 （2）四个组成部分：顾客行为、前台接触员工行为、后台接触员工行为以及支持过程
收益管理	◆ 收益管理的概念：以企业收益最大化为目标，融合供求管理理论、决策论、经济学、运筹学、计算机信息技术和市场营销学等多种理论的经营管理方法 ◆ 收益管理的内容： （1）战略层面：对市场中顾客和与之相对应的产品进行统计分析，细分市场，针对不同价格敏感度的顾客制定不同的销售策略并结合市场实施运作，通常每半年或一个季度调整一次 （2）战术层面：确认每个子市场应该配置的产品数量，并及时更新预订限额 （3）预订控制层面：实时判断是否接受当前顾客的预订请求 ◆ 适用条件： （1）产品库存固定且易逝 （2）根据顾客对价格的敏感程度不同细分市场，划分价格等级 （3）顾客提前预订产品或服务 （4）销售商可随时改变价格等级的可获得性 （5）产品的固定成本较高，可变成本较低

习题

一、单项选择题

1. 服务包包括（　　）。

A. 显性服务　　B. 辅助物品　　C. 信息　　D. 以上全是

2. SEVQUAL 模型将服务质量划分为________个维度，共计________个问题。（　　）

A. 5；20　　B. 5；22　　C. 6；20　　D. 6；22

3. 服务蓝图是分析服务流程的常用工具，由四个部分组成，下列不属于该四部分的是（　　）。

A. 顾客行为　　B. 前台接触员工行为　　C. 支持过程　　D. 辅助活动

4. 在具有下列特点的行业中，不适合采用收益管理的是（　　）。

A. 库存固定且易逝

B. 顾客能提前预订产品或服务

C. 可以根据顾客对价格的敏感程度细分市场

D. 产品或服务的固定成本低、可变成本高

二、判断题

1. 易逝性是服务的最基本特性。（　　）

2. 如果某趟航班有未售出的座位，则该座位不能留到明天售卖，这是因为服务具有异质性。（　　）

3. 顾客感知服务质量由顾客对服务质量的期望与实际服务质量之间的差值决定。（　　）

三、解答题

1. 简述服务的几大特性。

2. 选择某一行业，使用服务质量差距模型分析该行业可能存在的服务质量差距。

3. 绘制出一家医院的服务蓝图。

4. 简述收益管理三大层次的主要内容以及相应的更新调整频率。

5. 简述收益管理的适用条件。

参考文献

[1] PARASURAMAN A, ZEITHAML V A, BERRY L L. SERVQUAL：a multiple-item scale for measuring consumer perceptions of service quality [J]. Journal of Retailing, 1988, 64 (1)：12-40.

[2] ROTH A V, MENOR L J. Insights into service operations management：a research agenda [J]. Production and Operations Management, 2003, 12 (2)：145-164.

[3] STEWART D M. Piecing together service quality：a framework for robust service [J]. Production and Operations Management, 2003, 12 (2)：246-265.

[4] SHEN Z-J M, SU X. Customer behavior modeling in revenue management and auctions：a review and new research opportunities [J]. Production and Operations Management, 2007, 16 (6)：713-728.

[5] DIETRICH B, PALEOLOGO G A, WYNTER L. Revenue management in business services [J]. Production and Operations Management, 2008, 17 (4)：475-480.

[6] DANA J D. New directions in revenue management research [J]. Production and Operations Management, 2009, 17 (4)：399-401.

[7] VULCANO G, RYZIN G V, CHAAR W. OM practice—choice-based revenue management：an empirical study of estimation and optimization [J]. Manufacture&Service Operations Management, 2010, 12 (3)：

371-392.
[8] ZHAN P，BERMAN O，HU M. Up then down：bid-price trends in revenue management [J]. Production and Operations Management，2015，24 (7)：1135-1147.
[9] DE P，HAO L，LI Y M，et al. Quality of service based pricing schemes for content sharing in peer-to-peer networks [J]. Production and Operations Management，2017，26 (8)：1427-1443.
[10] 陈旭. 酒店收益管理的研究进展与前景 [J]. 管理科学学报，2003 (6)：72-78.
[11] 李明生. 关于铁路客运服务产品质量的量化探讨 [J]. 管理工程学报，2005 (1)：120-123.
[12] 张新安，田澎. 基于 SERVQUAL 的供电服务质量测量标尺研究 [J]. 管理工程学报，2005 (4)：4-11.
[13] 卜祥智，赵泉午，陈荣秋. 基于收益管理的海运集装箱舱位分配与路径选择优化模型 [J]. 管理工程学报，2008 (3)：94-99.
[14] 汪应洛. 创新服务型制造业，优化产业结构 [J]. 管理工程学报，2010，24 (S1)：2-5.
[15] 慕银平，黄丽. 考虑顾客行为的网络订餐二维预订控制策略研究 [J]. 系统工程学报，2013，28 (1)：66-74.
[16] 倪冠群，徐寅峰，徐玖平. 航空收益管理价格和座位在线联合控制策略 [J]. 管理科学学报，2014，17 (7)：10-21.
[17] 格罗鲁斯. 服务市场营销管理 [M]. 吴晓云，冯伟雄，译. 上海：复旦大学出版社，1998.
[18] 泽丝曼尔，比特纳，格兰姆勒. 服务营销 [M]. 张金成，白长虹，译. 北京：机械工业出版社，2017.

学习资源清单

第 16 章

运营管理前沿

16.1 大数据与运营管理

16.1.1 大数据与运营管理的关系

我们正处于大数据时代。物联网、云计算、无线传感器网络和社交媒体等都是人们日常生活中常见的与大数据相关的一些名词术语。这里的大数据是指数据集具有如高容量、多类型、高数据处理速度等多种特征。毫无疑问，未来的社会经济发展将依赖与大数据相关的技术和方法。

运营管理（OM）通常被定义为使用科学合理的分析方法来帮助组织做出最优（或接近最优）决策的学科。为了解决 OM 问题，时常需要运用统计和数学模型的算法。因此，大数据分析与运营管理密切相关。如今，大数据分析已越来越多地运用到运营管理决策中。

16.1.2 大数据分析技术

大数据分析涉及以不同格式处理不同来源的数据。例如，数据可以来自网络、社交媒体、ERP 系统和云平台，以文本、图形、音频和视频等格式存在。因此，大数据分析包括诸如网络分析、社交分析、文本分析、多媒体分析等多种分析模式。

数据处理方案可以分为三种类型，包括批处理、实时（或接近实时）流处理和交互处理（交互处理具有人工交互的输入输出）。常用的大数据分析技术如下：

（1）统计（Statistics）。统计是一种成熟的技术，其目的是提供一个科学框架来进行数据收集（如通过抽样）、分析、推断和得出结论（如统计测试）。统计常用于强调关系，其相关方法有相关性分析、统计回归分析、多元统计分析等。

（2）机器学习（Machine Learning）。机器学习是指通过学习给定的数据来发现知识的边缘并做出决策的计算机算法。处理大数据问题的机器学习技术包括并行支持向量机、深度机器学习、分布式机器学习、快速学习、本体学习及 MapReduce 等模型。

（3）数据挖掘（Data Mining）。数据挖掘是从给定数据集中提取见解（Insights）的过程，是商业智能和大数据分析的基石。数据挖掘模型是建立在机器学习和统计的基础上的。数据挖掘可以应用于市场细分、协作过程、分类、聚类和回归等领域。数据挖掘包括顺序和时间挖掘、空间挖掘、过程挖掘、隐私保护挖掘、Network 挖掘、Web 挖掘等类型。

（4）优化（Optimization）。优化是在定量决策问题中寻找最优（或近似最优）解的标准分析方法。在商业应用中的快速成熟算法有遗传算法、受激退火、粒子滤波等。

上述四种大数据分析技术在数据分析中的功能以及优劣势如表 16-1 和表 16-2 所示。

表 16-1 大数据分析技术在数据分析中的功能

类型	在大数据分析中的功能
统计	1. 确定相关性和数据模式，并快速识别数据关系（如回归分析） 2. 显示样本是否可以用来表示总体，有助于减少数据需求和计算时间 3. 作为支持其他技术（如数据挖掘）的基本技术
机器学习	1. 通过智能、学习、进化和捕获来研究行为 2. 能获得系统中的复杂关系，但需要大量的培训时间和内存 3. 能够通过图像处理、模式识别、文本识别等支持不同数据类型的处理 4. 作为支持其他技术（如数据挖掘）的基本技术
数据挖掘	1. 利用统计和机器学习模型从数据中提取有用的信息 2. 对多源海量数据集进行聚类分析、分类分析、动态数据挖掘
优化	1. 求得定量分析模型的最优解 2. 通过扩展以处理大规模优化中的实时处理、并行处理等

表 16-2 四种大数据分析技术的比较

类型	优势	劣势	基于大数据分析开发的领域
统计	成熟、快速 易于分析	不够严谨和通用 无法处理异构数据类型等	并行处理、统计计算与学习、混合方法
机器学习	在利用数据捕捉复杂行为时，具有通用性和灵活性	训练耗时	深度机器学习、扩大机器学习、快速学习算法、并行支持向量机、并行处理
数据挖掘	结合统计和机器学习模型，能处理不同类型的数据	可能存在类似基础模型的缺陷	聚类技术、分布式并行处理、多媒体处理
优化	完善且易于分析	传统的优化方法可能无法满足大数据要求（如处理时间的要求）	实时优化、数据简化、并行处理、大规模优化

（5）其他。社交网络分析、聚类算法分析、数据包络分析以及可视化分析也是有效的大数据分析技术。

16.1.3 大数据分析策略

大数据分析面临着不同于典型数据分析的各类挑战。在数据方面，数据体量大（大数据量、高维数）、复杂程度高（数据类型的多样性高）、不确定性程度高等增加了数据分析的计算量和计算难度；在计算方面，现有的很多方法都不够灵活，无法适应大数据的需求，无法处理巨大维数问题等。大数据分析策略就是为了克服这些挑战而产生的算法策略。常见的几种大数据分析策略如表 16-3 所示。

表 16-3　常见的大数据分析策略

策略类型	主要内容
分而治之	将大数据分解成多个部分，使其足够小，可以逐一解决
分布式并行处理	在多个处理器中通过多个并行和分布式计算处理数据
使用新案例进行增量学习	利用新案例逐步改进机器学习算法
统计推断	了解样本与总体的关系，通过处理样本而不是总体以节省计算量
特征选择	从大数据集中选择一个子集来表示它的核心特性
用学习解决不确定性	用模糊方法处理缺失数据
可扩展性	确保计算系统可伸缩，以应对“无尺寸限制”的大数据挑战
启发式	确定近似最优解，确定时间和内存约束范围

16.1.4　运营管理中的大数据分析

大数据分析已越来越多地应用于运营管理中，特别是在预测、库存管理、服务运营管理等领域。

1. 预测

在大数据分析支持的运营管理决策领域中，“预测”可能是最直观、最直接的一个领域。传统预测主要依据历史数据、专家意见、市场信息等。随着大数据时代的到来，可用信息源越来越多，显著地提升了预测的性能。Rue La La 是一家在线零售商，公司利用数据驱动的机器学习技术对需求预测进行了升级改进，该项大数据分析技术不仅提高了预测准确性，还优化了其定价决策，使其收入提高了 9.7%。亚马逊研究团队则利用亚马逊的网络评论和营销数据，开发了一种基于神经网络预测消费者需求的系统。该团队利用相关数据，研究了评论数量、评论体量、在线折扣、免运费送货等因素对产品需求的影响。亚马逊基于大数据的运营实践表明，可以将在线评论和其他促销因素结合起来帮助企业预测产品需求。

2. 库存管理

库存管理是企业运营管理中的一个重要内容，将大数据分析技术运用到库存管理中，能有效解决库存相关问题，获得最优库存管理方案。例如，通过条件随机优化的数据驱动优化技术，可以探索大数据下的库存控制。研究者利用某零售公司零售网络中的销售点和库存数据，使用谷歌地理编码 API 来获取商店位置的具体坐标以及谷歌的搜索查询量来了解市场对不同商品的关注程度，通过综合所有的信息来源，运用大数据分析技术，确定了该零售网络的最优库存管理方案。

3. 收益管理

大数据分析在收益管理和一些服务运营中也很重要，大数据时代的到来可能会给服务领域带来变革性发展。某航空公司的技术团队建立了“预订取消的旅客姓名记录”分析模型，通过数据挖掘技术确定了一组变量，帮助描述客户的预订取消行为。这有助于经理们更好地理解为什么有些客户会选择取消预订，帮助航空公司通过有针对性的改进提高收益。

4. 运输

运输包括运输控制，是运营管理的一个相关课题。通过大数据分析可以解决各种运输问题，如降低运输成本和优化运输路线等。例如，研究者利用某航空货运量的大数据，可以对货物物流风险条件密度函数进行灵活的估计，这有助于物流公司区分货物物流风险的来源。又如，菜鸟物流将大数据分析技术运用到打包环节中，构建出菜鸟网络智能打包算法。系统通过将商品数量、重量、体积等商品属性和包装材料尺寸以数据形式输入，借助打包算法，输出所需箱型和物品摆放方案，以节省包装材料和提高装载率，从而整体提升运输效率。

5. 供应链管理

大数据时代的到来对供应链管理有着巨大的影响，大数据分析可能会彻底改变供应链设计，并可能改变供应链中的产品生命周期管理。例如，京东利用大数据分析技术进行供应链成本控制。京东拥有一个信息量庞大的数据库，技术团队利用数据分析技术，通过准确预测消费者需求、实时库存管理、优化配送等方式降低供应链成本。此外，京东还通过该技术实现与供应商、生产商以及生产商上游原材料提供者的信息共享和合作来进行供应链的成本控制。当大量顾客购买同款产品时，京东利用大数据分析技术在商城发起问卷，对产品进行调查，并将结果反馈给供应商，帮助他们进行改善，这样通过信息共享便形成了一个正向循环的生态链。

16.2 AR与运营管理

16.2.1 AR的概念

人类已掌握极为丰富的数据，然而，数字世界与应用这些数据的物理世界之间，横亘着一道天然断层。人类生存的现实世界是3D状态，但指引人们做出决策的数据却囿于2D的页面和显示屏。今天，全球已拥有数十亿台智能互联产品，它们带来了极为丰富的信息和数据。然而，这道断层却大大限制了人们运用这些数据的能力。而增强现实（Augmented Reality，AR）这一以数据和成像为基础的新兴技术，有望弥合这一断层，释放人类未被开发的特殊潜能。

实际上，早在几十年前就已经实现了AR技术的应用，但仅仅是在有限并且相互独立的领域中。从本质上说，AR技术就是将数据分析转化为成像或动画，并将其叠加到现实世界中。例如，《宝可梦GO》或Snapchat上搭载的滤镜都是AR的娱乐应用成果。在B2B和B2C领域中，AR技术也大有作为。例如，在不少车型中，AR抬头显示器能将导航、碰撞预警等信息投射到驾驶者的视野之中。在生产运营中，AR淘汰传统操作手册和培训方式的节奏也在不断加快。

更深层次上，AR创建了一种新的信息呈现范式，这种新范式将深刻影响互联网数据构建、呈现和管理的模式。与目前的数据呈现和存储方式不同，AR技术将数据信息投射到真实的环境和物体中，人们通过AR同时处理数字和物理信息，无须再对两种信息进行相互转换，这大大提升了吸收信息、执行和决策的效率。

16.2.2 AR如何创造价值

智能互联产品在工厂、办公室和家庭中不断普及，用户可以实时监测产品的运行状态，对产品进行远程控制，并利用实时数据优化产品的性能。在一些场景下，人工智能和互联功能可以让产品全自动运行。而AR成倍放大了这些能力所能创造的价值。无论是用户对监测数据的获取和视觉化，还是接收产品运行的引导和指示，甚至对产品的控制和互动等方面，AR 都大有贡献。

1. 视觉化

AR 技术能提供类似于 X 射线的透视功能，能让用户看到平时无法看到的内部结构。例如，医疗器械公司 Accu Vein 推出了一种 AR 技术，能将患者血管中的心脏跳动信号转化为血管脉络成像，并投射到患者的肌肤上，让医护人员轻松地确定血管位置。这大大提升了抽血和其他相关血管治疗的成功率。这种技术使抽血一次成功率提升了 2 倍多，其他辅助措施的使用减少了 45%。

2. 指示和引导

AR 已经颠覆了传统指示、培训和教练系统。过去，这些关键职能肩负着提升生产效率的重任，但存在成本高、成果参差不齐和劳动密集等天然缺陷。传统的纸面装配指南常常难以理解且耗时费力；标准指导视频则缺乏互动性，且难以满足个体的学习需求；实地培训价格昂贵，并要求教师和学生同处一地，且高度重复。如果恰好缺少某个特定设备，受训者还需要经过额外培训，才能将所学知识转化为实际操作经验。而 AR 通过实时、实地且分步骤的视觉指导，完美解决了这些问题。尤其是在产品组装、机械操作和仓库物流等领域，通过 AR 技术，人类的想象力和理解力都得到了解放。手册中复杂的 2D 图样转化为互动的 3D 全息成像，便可以一步步带领用户完成所有必需流程。例如，波音公司在复杂的飞机制造流程中引入 AR 培训，极大地提升了生产效率。在该公司进行的一项研究中，AR 用来引导学员组装机翼部分的 30 个零部件，总共 50 道工序。在 AR 帮助下，学员花费的时间比使用普通 2D 图样文件缩短了 35%。经验较少或零经验的学员初次完成装配任务的正确率提升了 90%。

3. 互动

在过去，人们只能用物理控制（如按键、旋钮等）进行互动。随着智能互联设备的崛起，触摸屏幕和手机应用逐渐替代了物理控制器，让人们获得远程控制能力。现在，AR 让用户交互上升到了一个全新的境界。AR 头戴装置可以直接将虚拟控制面板投射到产品上，用户可以用手势和声音指令进行控制。而在不久的将来，佩戴智能眼镜的用户可以通过眼神和手势直接启动产品的虚拟用户界面并进行操作。例如，一位佩戴智能眼镜的工人可以观察多台设备的表现，并通过眼神或手势进行调整，而不必触摸任何一台设备。目前，AR 技术的互动功能还在起步阶段，但具备颠覆性潜力。又如，现实编辑器（Reality Editor）是一款 MIT 媒体实验室 Fluid Interfaces 团队开发的应用，可以在任何智能互联设备上搭载 AR 互动功能。如用户可以通过现实编辑器“注视”智能电灯，获得控制其亮度和颜色的界面，并设置声音命令，如“明亮”或“心情”等。

16.2.3 AR 与运营管理

AR 在可视化以及指示方面的应用对企业运营管理影响巨大，在互动功能方面的应用对企业运营的影响也初见成效。现今 AR 可以运用在产品开发、制造、物流、服务等相关运营管理问题上。

1. 产品开发

尽管工程师使用计算机辅助设计（CAD）进行 3D 建模已经有 30 多年的历史，但通过

2D 屏幕与这些模型进行交互仍有诸多限制，工程师常常难以将设计全部转化为现实。AR 将 3D 模型的全息影像投射到现实世界中，大大提升了工程师对模型进行评估和改进的能力。例如，AR 可以创造一个等比例的建筑机械模型，工程师可以进行 360°的观察，甚至走进机械内部，实际观察操作者的视线角度，检验设备是否符合人体工程学设计。

2. 制造

制造流程通常极为复杂，包含几百个甚至上千个步骤，一旦发生错误，就会造成巨大的损失。通过 AR 的指示和引导功能，能在合适的时机将正确的信息发送给组装流水线上的工人，从而减少错误，提升效率和生产率。在工厂中，AR 还能从自动化控制系统、次要传感器和资产管理系统中捕捉信息，并让每一台设备或每个流程的监测和诊断数据可视化。通过获得效率和残次率的数据，维修人员能够了解问题的源头，并通知工人进行预防式维护，从而避免设备损坏导致的停工，大大减少了损失。例如，Iconics 是一家工厂和建筑用自动软件公司，已经开始将 AR 融入产品用户界面。产品用户界面将相关信息以一种易于理解的布局投射到最理想的观察位置，这样人们就能通过 AR 设备更有效地监测设备或流程。

3. 物流

仓库运营成本大约占企业全部物流成本的 20%，而从货架上取货的成本大约占仓库运营成本的 65%。在大多数仓库中，工人还采用原始的纸质清单来寻找和收集货物，这种方法不仅速度慢，而且错误率高。某物流企业使用 AR 技术改进仓库取货流程。AR 设备指引工人前往每一个货物的准确位置，并设计好取走下一个货物的最佳路线。这项技术不仅减少了错误率，提升了员工的积极性，还让企业的生产效率提升了 25%。英特尔公司也在仓库中使用 AR 技术，使取货时间缩短了 29%，错误发生率接近 0。与传统培训方式相比，AR 应用让新工人的取货速度立即提升 15%。

4. 服务

以售后服务为例，AR 可以协助技术人员为消费者提供服务。通过收集产品的预测分析数据，AR 可以实时指导技师进行维修，或与专家进行远程连线。现场技师可以通过 AR 技术发现某个部件将在一个月内损坏，并立即进行替换，提前为客户解决潜在的问题，防患于未然。例如，欧洲电信设备供应商 KPN 部署了 AR 技术，工程师借助智能眼镜进行现场或远程维修时，就能看到显示产品历史维护记录、诊断信息和地理位置的虚拟信息面板。这些 AR 显示功能帮助工程师更好地决策，降低了维修团队的整体成本，并且使误操作率降低了 17%，使维修质量也随之提升了。又如，施乐公司采用 AR 设备让现场工程师与专家之间建立通信，而不是像从前一样提供传统的维修手册和电话连线。正是如此，首次维修成功率提升了 67%，工程师的效率提升了 20%；解决问题的平均时间缩短了 2h，减少了人力需求。如今，施乐公司正在使用 AR 技术让客户与远程专家直接交流。客户在没有现场帮助的情况下成功解决问题的概率提升了 76%，不仅为公司节省了大量的差旅费用，也缩短了客户的停工时间，并且使客户满意度提升到 95%。

参考文献

[1] GÖLZER P, FRITZSCHE A. Data－driven operations management：organisational implications of the digital transformation in industrial practice［J］. Production Planning & Control，2017，28（16）：1332-1343.

[2] MATTHIAS O, FOUWEATHER I, GREGORY I, et al. Making sense of big data-can it transform operations management? [J]. International Journal of Operations & Production Management, 2017, 37 (1): 37-55.
[3] PORTER M E, HEPPELMANN J E. Why every organization needs an augmented reality Strategy [J]. Harvard Business Review, 2017, 95 (6): 46-57.
[4] CHOI T, WALLACE S W, WANG Y. Big data analytics in operations management [J]. Production & Operations Management, 2018, 27 (10): 1868-1883.
[5] MORSE G. One company's experience with AR [J]. Harvard Business Review, 2017, 95 (6): 60-61.
[6] COHEN M C. Big data and service operations [J]. Production & Operations Management, 2018, 27 (9): 1709-1723.
[7] SANDERS N R, GANESHAN R. Big data in supply chain management [J]. Production & Operations Management, 2018, 27 (10): 1745-1748.
[8] 冯芷艳, 郭迅华, 曾大军, 等. 大数据背景下商务管理研究若干前沿课题 [J]. 管理科学学报, 2013, 16 (1): 1-9.
[9] 孙新波, 钱雨, 张明超, 等. 大数据驱动企业供应链敏捷性的实现机理研究 [J]. 管理世界, 2019, 35 (9): 133-151, 200.

学习资源清单

附录

标准正态分布表

$$\varphi(x) = \int_{-\infty}^{x} \frac{1}{\sqrt{2\pi}} e^{-\frac{t^2}{2}} dt = P(X \leqslant x)$$

x	0.00	0.01	0.02	0.03	0.04	0.05	0.06	0.07	0.08	0.09
0.0	0.500 0	0.504 0	0.508 0	0.512 0	0.516 0	0.519 9	0.523 9	0.527 9	0.531 9	0.535 9
0.1	0.539 8	0.543 8	0.547 8	0.551 7	0.555 7	0.559 6	0.563 6	0.567 5	0.571 4	0.575 3
0.2	0.579 3	0.583 2	0.587 1	0.591 0	0.594 8	0.598 7	0.602 6	0.606 4	0.610 3	0.614 1
0.3	0.617 9	0.621 7	0.625 5	0.629 3	0.633 1	0.636 8	0.640 4	0.644 3	0.648 0	0.651 7
0.4	0.655 4	0.659 1	0.662 8	0.666 4	0.670 0	0.673 6	0.677 2	0.680 8	0.684 4	0.687 9
0.5	0.691 5	0.695 0	0.698 5	0.701 9	0.705 4	0.708 8	0.712 3	0.715 7	0.719 0	0.722 4
0.6	0.725 7	0.729 1	0.732 4	0.735 7	0.738 9	0.742 2	0.745 4	0.748 6	0.751 7	0.754 9
0.7	0.758 0	0.761 1	0.764 2	0.767 3	0.770 3	0.773 4	0.776 4	0.779 4	0.782 3	0.785 2
0.8	0.788 1	0.791 0	0.793 9	0.796 7	0.799 5	0.802 3	0.805 1	0.807 8	0.810 6	0.813 3
0.9	0.815 9	0.818 6	0.821 2	0.823 8	0.826 4	0.828 9	0.835 5	0.834 0	0.836 5	0.838 9
1.0	0.841 3	0.843 8	0.846 1	0.848 5	0.850 8	0.853 1	0.855 4	0.857 7	0.859 9	0.862 1
1.1	0.864 3	0.866 5	0.868 6	0.870 8	0.872 9	0.874 9	0.877 0	0.879 0	0.881 0	0.883 0
1.2	0.884 9	0.886 9	0.888 8	0.890 7	0.892 5	0.894 4	0.896 2	0.898 0	0.899 7	0.901 5
1.3	0.903 2	0.904 9	0.906 6	0.908 2	0.909 9	0.911 5	0.913 1	0.914 7	0.916 2	0.917 7
1.4	0.919 2	0.920 7	0.922 2	0.923 6	0.925 1	0.926 5	0.927 9	0.929 2	0.930 6	0.931 9
1.5	0.933 2	0.934 5	0.935 7	0.937 0	0.938 2	0.939 4	0.940 6	0.941 8	0.943 0	0.944 1
1.6	0.945 2	0.946 3	0.947 4	0.948 4	0.949 5	0.950 5	0.951 5	0.952 5	0.953 5	0.953 5
1.7	0.955 4	0.956 4	0.957 3	0.958 2	0.959 1	0.959 9	0.960 8	0.961 6	0.962 5	0.963 3
1.8	0.964 1	0.964 8	0.965 6	0.966 4	0.967 2	0.967 8	0.968 6	0.969 3	0.970 0	0.970 6
1.9	0.971 3	0.971 9	0.972 6	0.973 2	0.973 8	0.974 4	0.975 0	0.975 6	0.976 2	0.976 7
2.0	0.977 2	0.977 8	0.978 3	0.978 8	0.979 3	0.979 8	0.980 3	0.980 8	0.981 2	0.981 7
2.1	0.982 1	0.982 6	0.983 0	0.983 4	0.983 8	0.984 2	0.984 6	0.985 0	0.985 4	0.985 7
2.2	0.986 1	0.986 4	0.986 8	0.987 1	0.987 4	0.987 8	0.988 1	0.988 4	0.988 7	0.989 0
2.3	0.989 3	0.989 6	0.989 8	0.990 1	0.990 4	0.990 6	0.990 9	0.991 1	0.991 3	0.991 6
2.4	0.991 8	0.992 0	0.992 2	0.992 5	0.992 7	0.992 9	0.993 1	0.993 2	0.993 4	0.993 6
2.5	0.993 8	0.994 0	0.994 1	0.994 3	0.994 5	0.994 6	0.994 8	0.994 9	0.995 1	0.995 2
2.6	0.995 3	0.995 5	0.995 6	0.995 7	0.995 9	0.996 0	0.996 1	0.996 2	0.996 3	0.996 4
2.7	0.996 5	0.996 6	0.996 7	0.996 8	0.996 9	0.997 0	0.997 1	0.997 2	0.997 3	0.997 4
2.8	0.997 4	0.997 5	0.997 6	0.997 7	0.997 7	0.997 8	0.997 9	0.997 9	0.998 0	0.998 1
2.9	0.998 1	0.998 2	0.998 2	0.998 3	0.998 4	0.998 4	0.998 5	0.998 5	0.998 6	0.998 6
3.0	0.998 7	0.999 0	0.999 3	0.999 5	0.999 7	0.999 8	0.999 8	0.999 9	0.999 9	0.999 0